2017～2018年度浙江省高校重大人文社科攻关计划资助（2018N003）

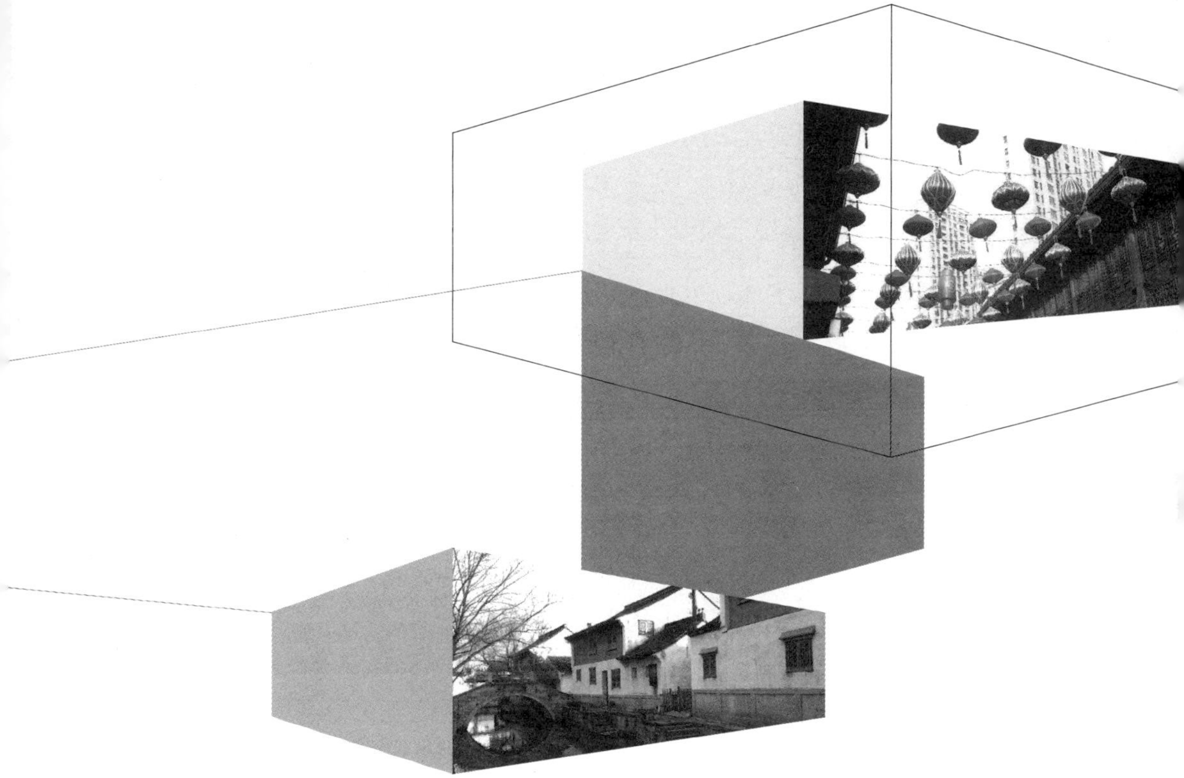

特色小镇与职业教育协同创新实践探索

邱璐轶 著

中国财经出版传媒集团
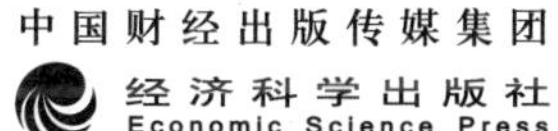
经济科学出版社
Economic Science Press

图书在版编目（CIP）数据

特色小镇与职业教育协同创新实践探索/邱璐铁著.
—北京：经济科学出版社，2020.1
ISBN 978-7-5218-1301-2

Ⅰ.①特… Ⅱ.①邱… Ⅲ.①小城镇-城市建设-
研究-浙江②职业教育-研究-浙江
Ⅳ.①F299.275.5②G719.2

中国版本图书馆CIP数据核字（2020）第023340号

责任编辑：李　雪
责任校对：郑淑艳
责任印制：邱　天

特色小镇与职业教育协同创新实践探索
邱璐铁　著
经济科学出版社出版、发行　新华书店经销
社址：北京市海淀区阜成路甲28号　邮编：100142
总编部电话：010-88191217　发行部电话：010-88191522
网址：www.esp.com.cn
电子邮箱：esp@esp.com.cn
天猫网店：经济科学出版社旗舰店
网址：http://jjkxcbs.tmall.com
固安华明印业有限公司印装
710×1000　16开　15.5印张　260000字
2020年3月第1版　2020年3月第1次印刷
ISBN 978-7-5218-1301-2　定价：66.00元
（图书出现印装问题，本社负责调换。电话：010-88191510）

前　言

近年来，浙江因地制宜，开拓创新，聚焦信息经济、旅游、时尚、金融、高端装备制造等优势产业和新兴产业，培育和发展了一批功能产业“特而强”“聚而合”、体制“新而活”的特色小镇。特色小镇的发展迫切需要知识型、科技型、技术型、创新型的人才加入。“十三五”期间，浙江众多高职院校以特色小镇建设为契机，加快小镇产业对接，优化专业群布局，完善专业结构，布局了一批与产业紧密结合的“优势专业”和“特色专业”，培育了一批具有良好的职业素养、较强的专业技能和创新意识的高素质技术技能型人才。如何通过职业教育与特色小镇的协同发展，提升小镇的人才水平、科技水平和信息水平，成为职业院校服务地方经济的新抓手、新方向。

本书从产业经济和协同创新双重视角，研究特色小镇与职业教育如何协同发展，如何构建协同创新生态圈，并从不同的角度对特色小镇与职业教育的协同创新实践展开了全面系统的研究和阐述，全书共六章。

第一章从产业集群、产业生态圈、产业链等多个经济学视角对特色小镇与职业教育的协同发展做出详细解读，同时阐述了特色小镇与职业教育协同创新的理论基础、核心理念和发展内涵。第二章主要通过借鉴国外特色小镇产教融合的发展经验，探讨了德国“小镇大产”背后的双元制人才培养、瑞士精工小镇的双规制教育、澳大利亚的职业教育培训包、美国硅谷的高科技小镇以及英国剑桥的教育小镇发展模式。第三章以杭州都市圈为例，阐述杭州都市圈如何以信息经济为引领，发展形成了梦想小镇、云栖小镇、萧山信息港小镇等多个特色小镇产业集聚空间。同时，通过对杭州都市圈的“小镇创客”“小镇青年”“小镇高层次人才”进行深入访谈，分析信息经济时代青年人才就业空间和就业理念的新变化，为特色小镇在新时代人才培养和创业生态链打造方面提出了合理的建议。第四章通过提炼浙江特色小镇与职业教育协同发展的典型案例，归纳了六大特色小镇与职业教育协同创新的模式。第五章以挑战杯、互联网+创业创新、大学生乡村振兴、电子商务等竞赛为切入点，从大学生竞赛的角度看特色小镇、特色产业集聚区的成长之路。第六章对全书进行了总结和分析，并提出构建特色小镇与职业教育协同创新生态圈的新思路、新理念和新行动。

本书的撰写有以下几方面特色：一是角度新颖，从产业经济和协同创新双重视角，对特色小镇和职业教育的协同发展进行较为全面的探讨和解读。例如，职业院校如何联合小镇搭建跨专业的“教学工厂”，职业教育如何带动小镇农村电商、现代物流、智能制造、文化创意等新型产业的发展，职业教育如何建设特色小镇创新创业基地。二是案例丰富，浙江小城镇数量众多，尤其在特色小镇建设中走在全国前列，这些小镇分布地域不同，在自然风貌、产业特色、人文环境、文化沉淀等方面都具有一定的典型性。本书在编写过程中，研究团队走访了浙江近30个特色小镇，从小镇企业、小镇社区、小镇产业园获得了许多一手资料，为研究团队提供了丰富多样的调研素材。三是影响力大，作者和研究团队提炼了20多个浙江职业院校与特色小镇协同创新的典型案例，包括协同建设小镇青年创业基地、协同开展小镇体育赛事、协同打造小镇电商物流中心，形成一套可行性强、可复制性强的产教协同模式。通过这些案例引导大学生更好地走进特色小镇，服务特色小镇，在小镇实践中更好地将知识、技能转化为振兴乡村的力量，具有较强的社会影响力。

本书在写作过程中，参考和借鉴了国内外多位学者的相关理论和研究成果，在此深表谢意。除此之外特别感谢宁波职业技术学院的董鸿安、丁镭、杨林生、陈之顺、王欣、林林、林晶羽等老师的共同协助，在著作的写作过程中，老师们提供了许多宝贵的资料和素材，也给出了许多诚恳的意见。同时，与黄燕、王一名、张琼、华忆迪等老师一起组建竞赛团队，以特色小镇、特色园区、特色基地、特色产业为研究对象，在挑战杯、互联网+创业创新、大学生乡村振兴、电子商务等竞赛中指导学生完成了多项优秀作品。

作为班主任老师，我非常感谢2017级国际经济与贸易专业的叶旭升、胡俊杰、徐丽平、励鑫汝、应珍儿、王洪梅、吴吉如、余婷等同学，这些同学利用课余时间和寒暑假时间，一起参与浙江省特色小镇与职业院校协同的专题走访、人物访谈和案例撰写。在走访特色小镇专题走访过程中，同学们的足迹遍布浙江省的特色小镇，通过接触、通过感受，去领略当地最有特色的人文风貌，去聆听当地最有特色的事，走访最有故事的人，这种主题式的实践活动使课外教学更加充实，同时也促进了知识的升华；在小镇企业、人物、事件的访谈过程中，同学们相互之间分工合作，配合默契，主动肩负起拍摄、录制、采编、排版的工作，主动查阅资料和分析数据，形成良好的团队合作氛围，在并肩作战的过程中收获满满；在特色小镇和职业教育协同创新案例素材收集和编排的过程中，同学们会为了一个小细节争得面红耳赤，通过不断研讨，不断修改，最终确定案例编写的方案和细节。

由于笔者水平有限，本书的一些研究观点可能有些偏颇，书中不足之处在所难免，烦请各位读者与专家学者提出宝贵意见，以便修正。

作者

2019 年 12 月

目　录

第一章　特色小镇与职业教育协同创新理论与实践

特色小镇是新型城镇化背景下经济转型、科技创新、城镇发展的重要抓手。职业教育具有教育和经济的双重属性，是联系行业最紧密的教育类型。职业教育和特色小镇协同发展，有效提升了小镇科技水平、信息水平、人才水平，开辟了高校服务地方经济的新领域。

第一节　特色小镇概念界定

近年来，全国各地涌现了一批以信息经济、商贸物流、智能制造、休闲旅游等产业为主要特色的小镇，这些特色小镇通过特色定位、精准打造，在新常态下焕发出勃勃生机。传统的小镇更多强调产业的发展定位，而特色小镇是依托产业、围绕产业来更好地完善生活、娱乐、休闲等多重功能叠加的小镇。特色小镇与传统意义上的建制小镇有着本质的差异，传统意义上的建制小镇基本上由产业镇优化升级转变而来，产业相对固化，并没有形成一定的生态系统，与当前提出的特色小镇并非同一概念。当下的特色小镇不再强调行政上的规划，也不再强调传统工业的主导，更加强调技术、知识、资源的共享，强调科技、人才、智力的推动，强调小镇资源的合作共享，共同进步。

一、特色小镇与产业园

相比较于特色小镇，工业园区的发展在我国起步较早。陈根（2017）①

① 陈根．特色小镇创建指南［M］．北京：电子工业出版社，2017.

认为经过了几十年的发展，全国各地各种形态的开发区、工业园区、产业集聚区、高新区等产业园区的招商平台、配套服务、管理体系都相对比较完善。特色小镇与产业园区都是以产业为依托，以产业为支撑，强调产业的定位、产业的特色、产业发展的平台等。目前中国产业园主要开发模式包括政府主导开发模式、企业引导模式、产业地产商模式和综合运作模式。其中，综合运作模式既能发挥政府的指导作用，又能在合理范围内引入多元投资主体对厂房、仓库等项目进行建设和改造，最后以租赁、合资、合作等方式来管理项目并获取利润。

产业园的发展主要根据产业的集聚程度和集成创新度来衡量，园区内的各个创新主体之间不仅仅在物理空间上有着较近的距离，而更强调园区内的主题通过各种信息手段、技术手段进行优势互补，相互发展。产业园的类型根据产业的发展定位来分类，主要包括工业园区、贸易园区、科技园区、文创园区等类型。工业园区是产业园种发展比较早的一种类型，大多数工业园区偏离城市核心居住区，但又大都靠近铁路、港口以及公路，且具有良好的基础设施接入，这类园区主要通过在一个相对固定的地点提供综合性的基础设施和税收优惠政策，从而吸引更多的企业入驻，产生园区的集聚效应。产业园区主要侧重于产业的集聚，在传统的规划中更多的是考虑工作环境与工作配套的问题；而特色小镇不是单纯的以工业制造业为主的园区开发，特色小镇还承载了除工业产业集聚功能以外的居住、生活、休闲、文化、旅游等其他功能，其更侧重于产城融合，更强调构建集产业、生活、生态一体化的空间，强调产业、生活、生态、环境的协调共存。

所以，总体来说特色小镇建设既符合产业发展要求，又能够满足人居需求，综合考虑的元素更多。例如，创新创业型小镇一般选址于大城市周边的科技园区、高新技术园区或高校较为集中的地方，该类小镇以知识、信息、人才作为基本发展要素，以研究空间、众创空间、互联网空间作为主要发展场所，以科技研发、技术创新、企业孵化、云计算、大数据等作为基本产业，为年轻人创造宽阔的逐梦舞台、为创业者打造全产业孵化链条、为创业者提供良好的生态环境。

二、特色小镇与新型城镇化

特色小镇是中国新型城镇化发展过程中的重要载体，其本质是产业价值、文化价值、空间价值与社会治理相融合的新型城镇化推进。在新型城镇化背景下，特色小镇建设由浙江掀起，形成一股新的热潮，探索新型城镇化的新动力、新空间逐渐扩展到全国范围。刘海斌在研究西方城镇化发展理论过程中发现，城镇化发展是随着城市规划思想的变迁而逐渐变化，新型城镇化就是将这些形态模式通过中国化城镇化思维得以呈现出来①。

新型城镇化可以说是城乡空间和结构变迁的过程，是小城镇和农村在城市大规模运动的推动下不断整合与重组的过程。当然，这场运动不仅仅对小城镇有提升的作用，对城市也有着重要的影响。通过新型城镇化，城市内部空间得到了有效利用和调整，城市的空间布局和功能设置更加科学，城市外围规模也不断扩大。通过与小城镇和农村的多元融合，城市的产业分工更加细化。同时，在这场运动中，有一部分农村空间纳入城市空间中，通过相互融合，形成新型城乡价值网络体系。所以，新型城镇化的演变不仅仅体现在城乡人口比例、城乡建设规模等“量”的指标变化，更深层次的表现则是城镇产业价值链和产业空间的变化。

随着新型城镇化水平的提高，人民对于精神文明有了更高的追求，这种更高的追求，如今已经不仅仅体现在一线、二线、三线的城市，如今它已经落实到各个县城和各个小镇。我们知道在中国很多小县城，年味儿总是特别浓的，大伙儿坐一起吃个团圆饭，嗑嗑瓜子，打个麻将。记得去年春节在走访小镇的过程中，我们路过绍兴的一个特色小镇，这里除了我们经常吃到的年味儿，鞭炮味儿，还会体会到一种新的味道，那就是书香的味道。小镇当地成立了小型图书馆，这些图书馆春节期间不放假，很多镇里的老百姓都选择到这个镇里的图书馆补充精神食粮。一个戴眼镜的小伙子，一边看书，一边摘抄；一位头发花白的老人，鼻梁上架着老花镜，聚

① 刘海斌．中国特色小镇从存活到夺目（特色小镇全新价值链构造及价值创造过程）[M]．成都：四川大学出版社，2018.

精会神地阅读；一些孩子趴在桌上，用手指着字，非常专注地念着绘本里他们能够认识的汉字……小镇在建设过程中出现了很多新鲜的事物，在传统氛围中也引进了很多新鲜的事物，正是这种变与不变融合，让小镇的建设更加的多元，让新型城镇化的步伐在小镇的变化中迈得更大。中国未来的区域、城镇增长模式也将发生根本变化，尤其是以产业价值链及产业价值为基础产业结构的合理空间配置，将对支撑区域增长起到越来越重要的作用。城镇化、城镇集群和区域经济一体化将成为产业布局的空间体现。长三角地区的城镇化水平相对较高，吴福象、沈浩平（2013）以长三角城市群作为典型案例，分析了长三角的几个主要地区在城镇化过程中如何形成以人力资本为代表的创新要素的空间集聚。他们认为与城市中心建设相比，在新型城镇化体系构建中，更应该发挥要素的空间溢出效应，促进人才和产业的双向互动。就跟美国作家罗伯特·伍斯诺在《小镇美国》一书中提到小城镇的环境其实并不差，一推开窗就能遇见鸟语花香；小城镇的人际关系也相近融洽亲切，一出门就会遇见熟悉的朋友；小城镇的物价水平还更加平易近人，大伙儿愿意把自家种的东西拿到集市上卖，既新鲜又便宜，那是城市里的人羡慕不来的。其实，大家并不是不愿意来小城镇生活，主要是碰到经济大环境不景气的时候，小城镇的产业就容易受到影响。失去了就业机会，人自然留不下来。所以，每个小城镇还是要形成一定的产业特色，只要有了就业机会，人就愿意流动，一旦有越来越多的人流动到小镇，小镇的产业分工格局才能更合理，这是一环扣一环的。

目前，中国城镇化经过改革开放四十多年的快速推进已进入新型城镇化历史阶段，但中国城市发展和小镇发展的资源还存在不平衡的问题，城市群发展过程中部分城市“一城独大”的现象普遍存在，北京、上海等特大城市的人口过度集聚问题依然很突出。特色小镇等新型城镇化的资源投入，更侧重政策引导，通过引导实现资源的合理分配和人员有效流动，我们期待在政策引导下能打破这种城乡资源发展不均衡的问题。

三、特色小镇与美丽乡村

吴清秀（2019）通过探讨产业生态化和美丽乡村建设的意义，分析了二者之间的共性和互利性，说明了产业生态化与美丽乡村建设共同促进对社会发展有着积极作用。特色小镇与“美丽乡村”虽然发展重点不同，但存在一定程度的契合性，不应该将其人为地分割。“美丽乡村”更像是埃比尼泽·霍华德（Ebenezer Howard，1902）田园城市理论所论述的田园城市形态的特色小镇，这样的小镇具有深层（次）的区域文化传统与独有的农业经济形态。比如法国的普罗旺斯小镇、美国纳帕谷的葡萄酒小镇、加拿大洛基山脚下的班夫小镇、日本长野县的温泉小镇就具有这样的经济形态。在当时，田园城市形态的小镇发展的初始原因或许是为了疏散过于拥挤的城市人口，但一群有情怀的人回归乡村，参与返乡建设，带动小镇产业生态圈不断打磨、不断斟酌、不断完善，建设了美丽乡村。

美国作家罗伯特·伍斯诺在《小镇美国》一书中还写到小镇是很多美国人的精神家园。虽然大城市有更多的掘金机会，但更多人还是很向往小镇的生活。小镇有清新的空气，和谐的人际关系，自给自足的农场，悠闲的乡村生活。美国有三千万人居住在小镇，他们中的大部分人原本可以选择去城里生活，通过城市里的各种就业机会，赚更多的钱，享受更便捷的生活，但他们依然选择了小镇。美国的小镇其实是介于村庄和小城市中间的一种形态，并且更偏向于微型小城镇。书中访谈了数百个美国小镇和近千名小镇居民，从小镇居民的日常生活、宗教信仰、社区活动、子女教育等问题，描述了小镇这种形态在美国社会形态中的扮演的重要角色。在小镇，农业占据了小镇主要的就业机会，农场成为小镇居民赖以生存的主要场所。但同时，小镇也有提供就业机会的小型工厂、小型学校、小型医疗机构，让小镇的居民得到更广泛的工作机会、教育机会，以及更全面的医疗保健。

一定程度上而言，“美丽乡村”与“特色小镇”都是新型城镇化建设大背景下催生的发展形态，以特色小镇与“美丽乡村”为基础构造的新型城镇化，首先是以城乡一体化和城乡统筹发展为标志，通过小镇布局空间的改善，乡村风貌的变化，基础设施配备的提升，将生活品质推往更高的平台。无论是“美丽乡村”还是“特色小镇”。虽然两者都具有城镇化发展的价值关联，但是发展导向与发展模式存在巨大的差别，这种差别主要包括概念形态、产业定位、建设主体和发展目标几个方面。

新型城镇化发展结构转化模式如图 1－1 所示。

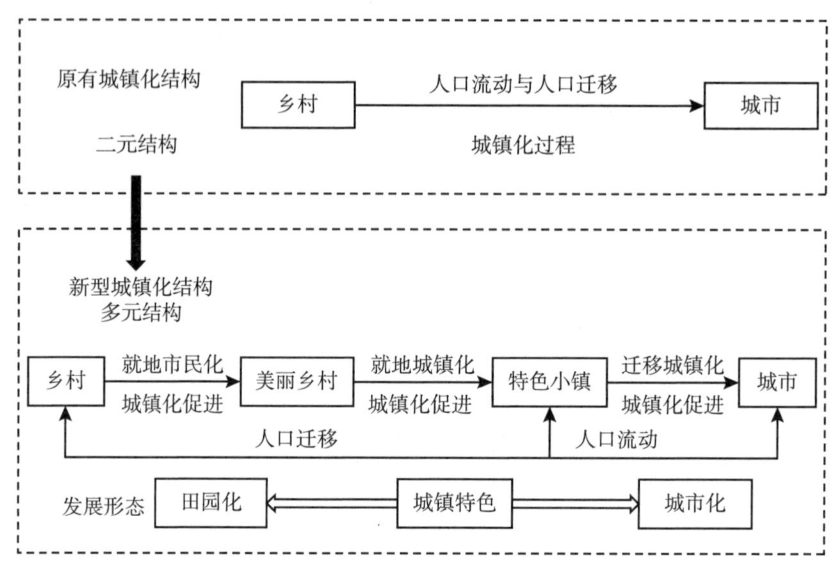

图 1－1　新型城镇化发展结构转化模式

四、“特色小镇”的自定义

特色小镇定义：特色小镇是一种产业与城镇互动的发展模式，强调特色产业与新型城镇化、美丽乡村的融合，特色小镇的发展有助于整合区域资源，促进青年人才返乡，缩小城乡差距。

浙江省特色小镇评定规范中明确指出特色小镇要具有明确的产业定位、文化内涵、旅游业态和一定社区功能的创新创业发展平台，特色小镇要强调因地制宜、特色鲜明、产城融合、改革创新。相比传统产业园工厂密集、劳动力密集的产业形态，特色小镇在产业定位上更符合时代的趋势，其核心主要聚焦于信息经济、环保、健康、旅游、金融、高端装备制造等产业，倡导打造“高精尖”特色。例如，以云计算产业为主的云栖小镇、以地理信息产业为核心的德清地理小镇、以互联网关联产业为核心的乌镇“互联网小镇”、以金融投资为核心的玉皇山基金小镇等，均围绕着“轻、新”产业业态，彰显了聚焦战略新兴产业和发展升级产业。

根据产业类型不同，浙江的特色小镇主要分为信息经济、环保、健康、时尚、旅游、金融、高端装备制造和历史经典八类。虽然这八类小镇的产业特色不同，但浙江特色小镇评定规范的共性指标都包括小镇功能“聚而合”、小镇形态“小而美”、小镇体制“新而活”，并且从产业专精发展程度、高端要素集聚程度、投入产出效益三个方面来评价特色小镇的产业发展情况。从产业本身来看，特色小镇所承载的云计算、供应链、大数据、互联网创业等产业，更需要以新理念、新业态、新技术和新模式来推进。同时，特色小镇将释放产业、生活、商业、文旅等多层次叠加效应，通过优化区域产业生态系统，成为青年人才就业和创业的新空间，为区域经济可持续发展构筑了新的平台。

特色小镇和谐生态圈如图 1 –2 所示。

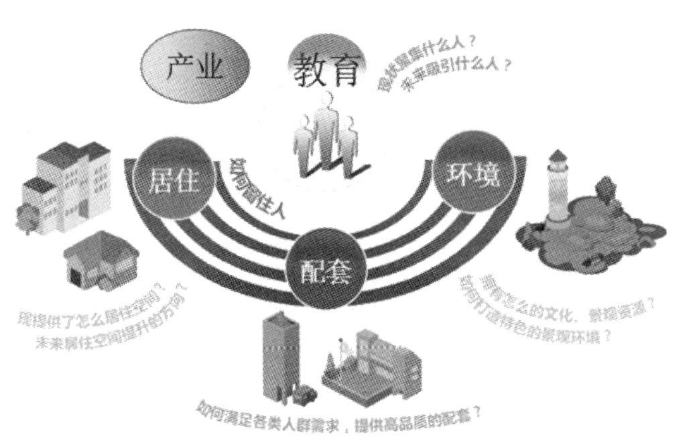

图 1 –2　特色小镇和谐生态圈

特色小镇除了承载区域产业发展功能以外，还承载了研发、服务、孵化等功能，同时也包括居住、文化、旅游等其他功能。小镇内的科技空间、孵化空间、生产空间、居住空间、休闲空间相互作用，加速推进了小镇人才、科技、资本、信息等高端要素的集聚。同时，政府通过合理的规划布局和便利的交通将小镇的核心空间与辅助空间链接到一起，构成了共享、智能、开放的新型产业集聚空间。可以看出，特色小镇不同于产业园区，特色小镇具有更多元的功能、更完善的服务和更浓郁的生活氛围，特色小镇的特色不仅仅局限于产业，还可以从小镇布局、建设风貌、自然景观、历史人文、生态环境、生活方式等方面形成特色。因此，“特色小镇”有其自己的定义，与传统意义上的产业园、工业园、科创园、美丽乡村都不能混为一谈。

特色小镇空间布局及功能定位如图 1 – 3 所示。

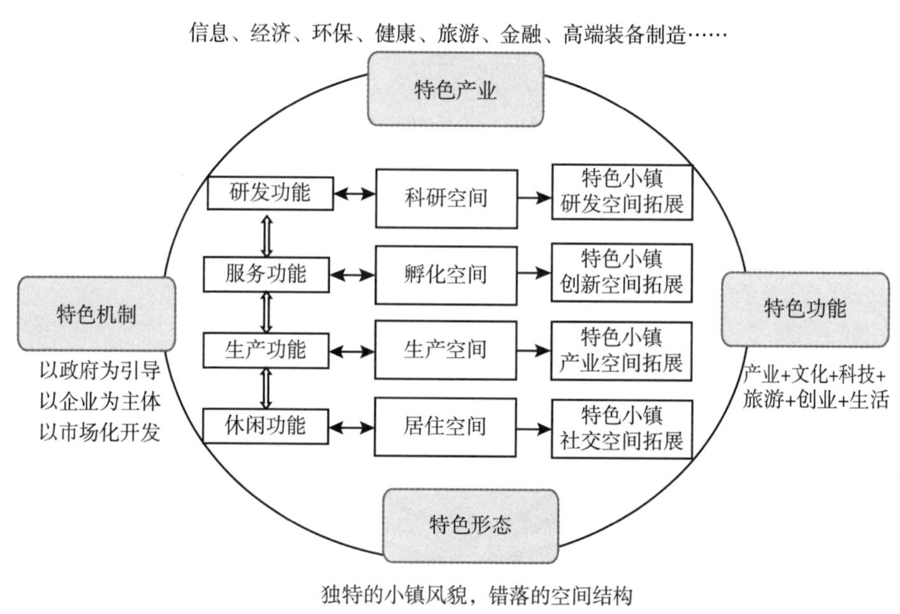

图 1 – 3　特色小镇空间布局及功能定位

第二节　特色小镇产业协同发展综述

从全球特色小镇的发展轨迹来看，不难发现良好完善的产业生态系统和产业环境是小镇成长的重要基础。小镇的开发模式、空间布局、产业定位、功能构成、经营运作等方面都与产业发展要素有着密切的关系。例如，中国的小镇和美国的小镇在产业发展形成的轨迹上还是有较大差距的，美国的小镇一般是先有就业机会，再形成小镇。比如，美国某个地方发现了煤矿，这里就会慢慢地聚集就业人口，配套各类生活设施，小镇也就逐渐形成。但待到资源枯竭的时候呢，小镇居民就搬到其他地方去，小镇也就逐渐没落了。美国小镇的转型非常困难，一旦没有了就业机会，人们就会离开小镇，所以美国的小镇的人口流动数据也比较大。而中国的小镇很少有这样的消亡，因为中国的小镇会通过转型，创造就业机会，让小镇逐渐发展成适应时代潮流的形态。我们研究样本里的这些小镇，可以说是比较有中国特色的小镇，更是中国在新时代的发展道路中一种经济运营方式、社会发展方式、生活居住方式变革的代表。近年来，国内外对于小镇产业协同的研究多通过产业经济视角展开，包括产业集群视角、协同创新视角、产业生态圈视角、产业链视角等。

一、产业集群视角

小城镇在都市外围和都市圈周边的集聚发展对都市经济的增长和结构优化起到了重要的作用。产业集群理论为特色小镇对区域经济的推动作用提供了规范的理论基础和科学的解释。梳理空间视角下产业集聚的理论，阿尔弗雷德·韦伯（Alfred Weber，1909）最早从工业区位角度对产业集聚进行了深入研究。他把产业集聚分为两个阶段，第一阶段是企业自身的扩张和发展，第二阶段是通过大企业的规模效应吸引更多同类企业的集聚，他创立的工业区位理论为20世纪90年代新经济地理学的兴起奠定了一定的基础。哈佛商学院教授迈克尔·波特（Michael E. Porter，1990）对产业集群做出了较为明确的定义。我国学者蔡宁（2002）在波特“钻石模型”基础上，将产业集群内企业协作与竞争、产业关联性、生产要素条件及需求条件、环境和政府这六个要素综合起来考虑，他认为产业集群的竞争优势源主要来自各要素的质量水平。产业集聚程度的高低，一定程度影响企业规模、效益、成本、创新力和上下游产业链的发展。廖淑琼（2008）认为产业集群有利于推动区域创新、提升区域竞争力、促进区域经济发展，产业集群是区域创新体系建设的基础和有效途径。可见产业集群作为区域经济发展不可分割的重要力量，已经成为区域竞争优势的主要来源。

产业集聚区产业竞争力提升路径如图1－4所示。

近年来，有部分学者从集成创新的视角对特色园区、特色小镇、特色产业展开研究。徐琪（2004）认为一些典型的小城镇，例如：以大中型乡镇企业为依托，以经济开放区、工业园区为基地的一系列小城镇，它们可以通过开发特色产品，发展相关产业来形成特色化专业镇，将小城镇打造成以加工制造业为主导型的特色产业城镇。黄可人（2015）提出产业链与产业集群是特色农业产业发展的重要载体的观点，培植和整合产业链，发展产业集群，可促进特色农业优化、升级，推动特色农业发展。

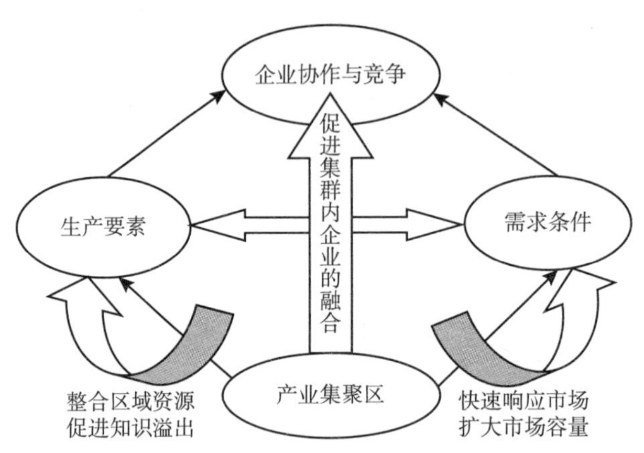

图 1－4　产业集聚区产业竞争力提升路径

二、协同创新视角

随着经济全球化、信息技术与互联网快速发展，产业集群的概念也从集成创新的角度进一步延伸，更多的研究从组织、战略、知识、产品、产业网络结构和市场创新等方面的集成展开。早期的集成创新并没有延伸到很多领域，主要是围绕技术创新领域展开，但随着信息技术与互联网快速发展，集成创新从单一的技术创新，延伸到生产流程创新、商业模式创新、市场体系创新等各个领域。

协同创新是在集成创新理论发展基础上的进一步延伸，协同创新是围绕创新目标，多主体、多因素共同协作、相互补充、配合协作的创新行为。从协同创新的视角来分析特色小镇的发展，陈宇峰（2016）认为特色小镇是多种产业要素集聚，产业集中化、模块化和专业化的体现。徐梦周、王祖强（2016）指出空间环境、系统结构、支撑制度等要素协同作用形成的创新和激励机制是特色小镇运行有序的重要保障。秦诗立（2015）认为“产人”融合是特色小镇发展的基础，实现产业与人才队伍的培养壮大是发展以智力密集型为主导产业小镇的重要支持。特色小镇有着独特的“特色”资源与优势，对于“特色”的塑造将从根本上改变中国城镇千城一面的呆板形态，将这种特色挖掘好、提炼好、开发好，并运用于小镇新型生态系统的构建中，这尤为重要。

目前，国内也有部分学者从产业协同的视角论述职业教育与区域产业的互动。沈陆娟（2010）在高职教育与区域产业结构的互动研究中阐述了高等职业教育与区域产业结构互动的架构，并运用伯顿克拉克运用“协调三角形”进行分析。孙峰（2014）从产业集群协同视角阐述设置专业群是高职院校融入区域经济发展的新途径。高职院校专业群的设置要立足于本区域的特色产业集群，同时又要适度超前区域内的产业集群发展。还有学者从教育与经济的双重视角来对区域经济与职业教育的协同创新展开论述。刘永泉、李萍（2019）从如今浙江省高职院校创新创业人才培养模式的现状入手，通过对浙江特色小镇的调查问卷分析创客对创新创业人才的需求，提出了高职人才分层培养的“三层次，一核心”模式。如何将高职人才合理地流向特色小镇的创业创新当中，使高职人才能与小镇创新协同创新，更好地适应并发展浙江的新经济模式，是一个值得深入研究的问题。

三、产业生态圈视角

产业生态圈是在区域创新的基础上形成的一种“产业多维网络体系”，是一种新型的产业布局模式。产业生态圈是指某种产业在某个地域范围内形成的以这种主导产业为核心的地域产业多维网络体系，这种产业网络体系最终促使合作的建立和产业生态圈的形成，从而显著提升产业的竞争力。在产业生态圈内，我们要积极运用技术创新手段，联动多个要素，推动区域经济增长。提高产业生态圈内的劳动者素质，提升企业的运营效率；提高产业生态圈的管理水平，提升要素的配置效率；提高产业圈内的企业技术水平，通过技术扩散，提升区域整体技术水平。通过以上三个举措，有效地解决产业生态圈内技术创新落后，发展不协调问题，为生态圈建设提供新的思路和举措。这里重点要强调的是“产业多维网络体系”，该体系是指在主导产业生态圈核心产业的基础上，通过产业链的纵向拓展所形成的与核心产业相互依存、相互协作的产业主体。

产业生态圈内技术创新推动经济增长如图 1－5 所示。

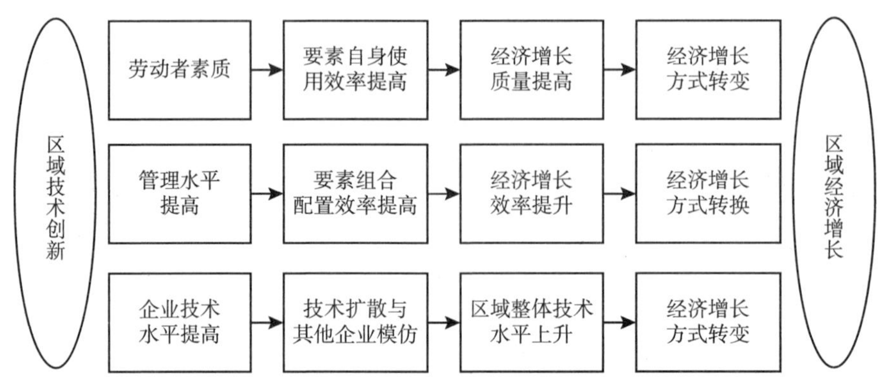

图 1－5　产业生态圈内技术创新推动经济增长

童晶（2019）认为产业生态圈是一种产业集聚的新理念，市场各类要素可以在功能区平台上进行更为有效的配置，从而让城市的主导产业集聚度更高、生命力更强，以生态圈理念构建主体产业功能区，从多种维度支撑主导产业的集聚和升级。也有学者认为特色小镇产业生态圈是以某个主导产业或特色产业为核心的区域产业多维网络体系的构建。胡清（2019）通过对甪直模具产业的产业特色、产业链和产业生态圈的分析，从生产要素、科技要素、服务要素、劳动要素、公共要素五个方面提出促进小镇企业协同发展，提升小镇服务水平、改善小镇营商环境、加速产业升级的策略。

特色小镇是指依赖某一特色产业和特色环境因素，比如地域特色、产业特色、人文特色、生态特色、旅游特色等，打造的具有明确产业定位、文化内涵、旅游特征和一定社区功能的综合开发体系。杭州梦想小镇打造众创空间，集聚创业团队，使梦想小镇的创业团队在产业集聚中获得优势，梦想小镇打造的孵化平台、社交空间、中介机构、天使基金等十大创业要素，让创业生态圈主体充分沟通，实现了小镇创业生态圈的良性运转。因此，特色小镇既不是单一的旅游风景区或产业园区，也不是传统的建制镇，而是集多种功能为一体、独具特色的小镇。特色小镇构建的出发点要着力于建立起一个富有内生发展动力、富有感染力、充满活力的组织生态圈，在新型城镇化背景下构建小镇产业多维网格体系把特色小镇打造成和谐共生的人类居住新模式等。

四、产业链视角

特色小镇要从粗犷型城镇化发展向专业型的城镇化发展转化，只有从产业价值链与空间价值链的协同发展中，才能找到出路。为实现特色小镇可持续发展，形成一个完整的价值链，就需要加强各个方面的创新和融合。很多地方政府采用产业价值链作为突破口，依托产业链，搭建区域产业平台进行产业集聚。从产业价值链出发，搭建产业平台，如产业园、自贸区、经济合作区、专业市场，让这些区域成为产业链培育的核心载体，成为技术、人才、资金等要素的聚集地，逐步发展形成特色小镇。

刘海斌（2018）基于产业价值链的区域竞合发展视角，通过产业价值链的区域竞合发展视角与空间价值链的转型成长模式两个角度思考特色小镇的成长路径。生产要素的产业流动、空间聚焦对企业的创新行为，政府的创新行为都有一定的影响，这些行为将体现在企业的价值链重组和空转移上，同样也作用于特色小镇的价值链成长、拓展和重组中。杨水根（2011）认为产业链、产业集群与产业竞争力是相互促进、相互吸引的关系。产业链的完善有利于加强产业集群的发展，提高产业竞争力，加快“龙头企业”发展，实现规模经济，扩大经济范围，解决发展“软肋”，创造良好的产业环境。

结合发达国家城镇化经验，可以基于价值链的区域演化机理及经济发展规律研究，调整及优化特色小镇价值链。运用互联网＋思维（用产业链思维以一个核心产业带动产业链）的方式结构推进新型城镇化，打造特色小镇。让特色小镇与产业链相结合，围绕特色小镇优势，通过纵横联系，建设新链条，延伸产业链。杭州的梦想小镇围绕“互联网＋”创业的定位，与龙头企业、专业机构、高校合作，构筑“孵化—加速/产业化”的企业发展全程接力式产业链条，成为年轻人实现创业梦想的理想空间。因此，需要进一步研究区域价值增值、区域结构优化、城镇各区域功能升级，促进城镇区域重组和转型，以此提升特色小镇整体竞争力和可持续发展能力。

产业链视角下的特色小镇如图 1－6 所示。

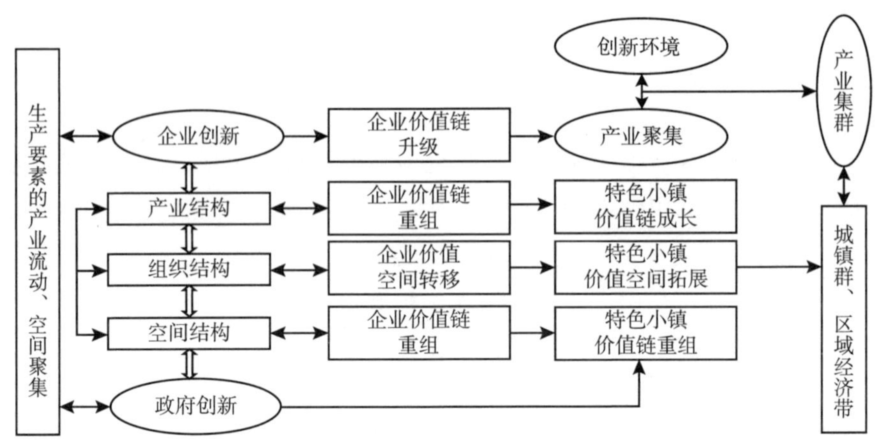

图 1－6　产业链视角下的特色小镇

目前基于产业经济和协同创新的双重视角来论述职业教育与特色小镇如何开展互动的文献资料还是比较少的。特色小镇是浙江创新经济的新模式，如何通过多种协同创新的方式对产业、资本、智力、人文等要素进行重构，营造特色小镇良好的生态环境，从而实现特色小镇和职业教育发展的“双赢”，是本研究需要进一步开展调研和分析的。

第三节　职业教育协同创新发展内涵

职业教育是一种主要是面向区域经济、区域产业和区域大众的教育形式，它与地方经济发展密切相关，地方经济发展要求职业教育为其提供智力支持。同时，职业教育也要求地方为其提供经济支持。职业教育对区域经济发展的作用可以从区域经济内涵、区域经济科技创新、区域经济平衡发展及区域产业结构发展等多个角度进行研究。区域经济的发展为高等职业教育提供资金支持和发展空间，职业教育对经济发展的服务作用也越来越明显，二者相辅相成。因此，各地区在加快形成教育与产业协同创新体制机制的同时，需要着力推进人才、科技、教育资源的有机整合，实现教育、产业、经济、社会联动发展。

一、产业协同创新系统

产业创新系统中的创新活动要素可以分为内部要素和外部要素，内部要素主要包括企业内部组织、人力资源、技术、文化，外部要素主要包括科研机构、大学、竞争对手、供应商、政府和客户。这些创新活动的要素通过产业集聚的方式整合到一起，通过一定的机制相互作用，产生协同创新。协同创新主要从两个层面来解读：第一个是企业层面，企业通过与其自身存在业务关系的科研机构、大学、竞争对手、客户和供应商之间的互相合作和影响，形成企业和相关主体的协同创新；第二个是产业层面，不同产业之间通过特定的机制互相作用，以产业集群和产业集成的关系为切入点，形成产业与产业之间的协同创新。产业协同创新是把不同的产业集聚到一起，不同的主体共同参与，利益共享，风险共担，共同开展协同创新的过程，使企业创新变成产业协同创新。以信息与软件服务业为代表的生产性制造业和服务业之间的协同创新系统就比较典型。这个系统内部系统由生产性制造业创新系统、生产性服务业创新系统和信息与软件服务业系统构成，外部系统由市场环境、区域地理环境、政策法律环境、文化环境等环境要素构成。

产业集聚区或产业园是由各种社会力量和要素互相推动、互相作用形成的产业协同创新的产物。经过若干年的发展之后，当产业集聚区的价值创造能力为区域赢得了更多的认可后，就会有更多的投资商、中介、管理者、服务外包企业和个人加入这个系统中来。在这个系统里，他们既是合作者又是竞争者，这些不同的行为主体在形成发展过程中相互牵制又协同发展，他们通过合作获得共赢：市场得到开发、政府得到税收和区域发展、投资者得到利润回报、人才得到创业平台、产业集聚区也因此得到更大的发展空间①。我们以服务业集聚区为例，服务业集聚区是工业化和城市化发展的必然产物，也是服务业发展的重要载体。对于区域发展而言，服务业集聚区对提高区域资源配置、服务功能、环境改善都具有非常重要

① 邱璐轶．服务外包产业集聚与协同创新发展研究［J］．哈尔滨商业大学学报，2014（5）．

的意义。

产业集聚区多方主体集成创新发展模式如图 1－7 所示。

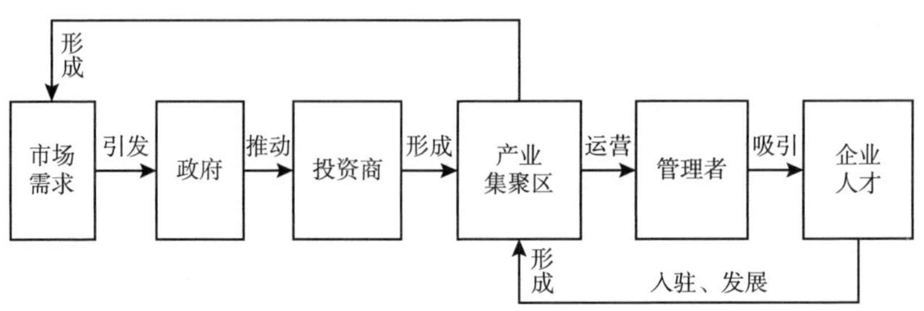

图 1－7 产业集聚区多方主体集成创新发展模式

（一）有利于提高区域资源配置

服务业集聚区可以充分利用国内外两种资源、两个市场，突出高效配置全球资本、人才、技术等资源要素，提升集聚区的国际竞争力。第一，在资源配置全球化的背景下，公司纷纷调整全球战略布局，服务业集聚区不仅能够吸引国际性的大项目落户，同时也能加快本土企业走出去的步伐；第二，城市 CBD 的服务业集聚区能够把金融保险、物流、研发设计、会展和各类服务业集成发展，使它成为辐射全国及全球的重要载体；第三，服务业集聚区的辐射和带动过程往往通过集聚区内的高端产业、先进技术、创新思维代替相对落后地区的产业、技术、思维，从而提高资源的配置效率。

（二）有利于完善区域服务功能

服务业集聚区通过完善的功能吸引资本、技术、人才和信息等要素。第一，服务业集聚区能汇聚中心城市高端资源，吸引大型跨国公司地区性总部和职能机构落户，使城市具有全球的投资决策和产业配置功能；第二，服务业集聚区是区域经济发展的新引擎，服务业集聚区可以在区域内形成空间比较优势，实现资源共享，降低交易成本，形成服务经济优势；第三，服务业集聚区以其庞大的体量，吸引城市资源向集聚区集聚，通过产业乘数效应来带动现代服务业发展，提高主城区的经济效益和经济总量。

（三）有利于改善区域环境

服务业集聚区有利于塑造城市多样、包容、开放的环境，凸显城市的集聚力和竞争力。第一，集聚区内的商务楼宇竞合态势鲜明，国际化从业氛围浓厚，商务楼宇不仅能提升城市的整体形象，同时也焕发了城市多样、包容、开放的国际化特点；第二，集聚区在社会、人文的交流上应给予国际交流更多创新融合的空间，通过品牌效应协调推进，推动服务设施向高品质、高层次发展，使集聚区内的企业获得市场更高的认同度和占有率，从而进一步提高该区域服务产品的市场需求。

二、产学研协同创新系统

产学研合作主要从技术创新理论思想的角度来延伸，是对技术创新理论的实际运用，也是对我国创新体系建设的有力推动。从合作主体来看，产学研合作是产业系统、教育系统和科研系统相互融合的有机整体，作为主要合作参与者的企业，最应该学会借力，坚持内引外联，积极走产学研合作发展之路，以提高自身的合作创新和集成创新能力；从科研成果产业化的过程来看，产学研合是将理论或应用性的研究转化为生产力的一体化进程，是企业、高校、科研院所优势互补、合作共赢的交流过程。同时，我们在研究中发现影响高职与企业产学研合作的外部环境包括社会文化环境、科研技术环境、经济环境、教育环境和政策环境。这些外部环境因素会直接或间接地为合作创新活动提供创新要素、创新空间和创新规范，当然，它们在为合作提供正常发展保证和动力的同时，也会在一定时期约束合作创新的发展。

在高等职业教育领域，产学研合作主要包含两层意思，一是指产学研合作搞科研，另外一层含义指的是产学研合作搞教育，与行业企业、研究所联合培养人才。近年来，高职院校围绕区域经济发展西药，积极参与企业技术改造、产品开发等服务，与企业建立了紧密的合作关系，形成了多样化的产学研合作局面。高职院校与中小企业较为成功的合作模式主要包括以下几种：与企业共建校内外实践基地，提高学生核心技能；与企业共建二级学院，利用企业技术、设备等优势培养高技能人才；与政府、企业共建产学研发机构，为它们提供技术、管理咨询等服务；与政府、企业共建科技园区，集聚高端人才；与产业集聚区共建产学研合作平台等，服务区域经济。经过几年的探索，产学研合作已经从单纯的合作研究、合作生产走向合作育人、合作就业、合作发展，工学结合的人才培养模式改革不断深入，对地方经济发展作出了很大贡献。

产学研合作的环境及资源结构如图 1－8 所示。

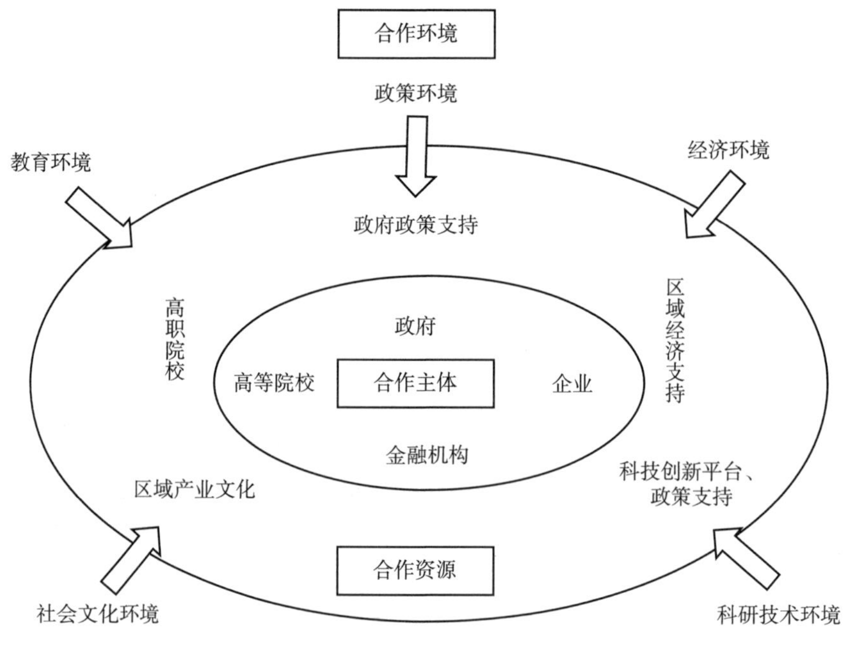

图 1－8　产学研合作的环境及资源结构

对于企业而言，开展产学研合作的核心是经济效益，企业要集成各种有效要素进行创新，以占有更多的市场份额，创造更大的经济效益；而对于学校而言，开展产学研合作的核心是教育，目的主要是提高学生对生产实践的适应能力和创新能力。虽然产学研合作双方的利益不同，而且合作项目也包容了多种组合方式和运作模式，但产学研合作基本都可以通过其三个本质特征的不同组合来实现集成创新，它们分别是科学研究与技术开发、生产试制与市场营销、政策支持与中介桥梁。

高校最大的优势在于人才结构齐全，知识密集度高；而企业经费充足，对新技术、新工艺最为渴求。因此，高校与企业合作建设科技研发中心，使智力要素与生产要素紧密结合起来，开展技术咨询、技术服务、技术创新，能够发挥很好的协同效应。目前，这种与企业共建产学研发机构的合作模式主要包括“校企共建联合研究室”“校企共建合作研究中心”“校企共建工作室”等。另外，引起学者们关注的是在全球范围内发展较为迅速的大学科技园区。大学科技园是以高校为依托，充分利用高校的人才、学科和技术优势，以高科技产品为支柱产业，将高校的综合智力资源优势与其他社会优势资源相结合，为高校科技成果转化、高新技术企业孵化、创新创业人才培养、产学研结合提供支撑的平台和服务的机构。例如，英国东南部的剑桥科技园就是依托剑桥大学成长起来的大学科技园区，该园区在生物科技、电子信息技术等领域拥有丰富的人才资源和科技资源，具有很高的全球影响力。

三、跨区域产教协同创新系统

近年来，很多学者从产业经济、社会利益、技术邻近、协同创新的视角对产教协同的基本要素和实施路径展开研究，产教协同创新系统中的各类要素通过一定的机制相互作用，协同创新。唐智彬（2015）认为职业教育与产业发展密不可分，他从产业经济的视角研究区域产业生态圈如何在资源、价值和利益共通的条件下，构建校企多元主体协同的长效机制。夏丽娟（2017）从邻近视角分析了区域邻近、技术邻近及社会网络邻近对跨区域产学协同创新绩效的影响。贾旻（2019）基于共生理论指出产教协同是加强国际间区域合作的一种有效途径，其中主导方可以是企业、行业协会、院校或者职教联盟，但无论哪方主导，产教协同都必须遵循共赢共存、合理分工、合作竞争的原则展开。祝蕾（2016）是较早对职业教育“走出去”展开研究的学者，她认为在“一带一路”倡议实施过程中，职业院校应该助力企业“走出去”，协同企业在海外人才培养、技术服务、平台建设等方面实现增值，为“一带一路”海外市场开发提供重要的人力和智力支撑。

在“一带一路”倡议持续推进的新时期，我国加快布局与“一带一路”沿线国家在教育文化领域的交流与合作，推进与沿线国家教育资源共享，通过“引进来”和“走出去”两种方式，将教学资源、教学标准、专业人才、专业设备进行“引进”和“输出”，形成辐射“一带一路”的生态合作网络。2018 年，宁波市教育局积极推动宁波与“一带一路”沿线各国职业教育多层次、多形式、多领域的交流与合作，启动《宁波市“一带一路”国家职业教育合作发展三年行动计划》（如表 1－1 所示），全市应用型本科、中高职院校、成人（社区）学校、职业教育校企合作公共服务平台、先进制造业公共职业培训平台等院校和机构积极响应参与。其中，宁波职业技术学院等高校依托援外培训项目，积极探索人才培养模式改革，建立了符合“一带一路”沿线国家要求的人才培养标准和体系：以学校、“一带一路”沿线国家的职业院校和在这些国家的中资企业为人才培养主体，以企业需求为导向，构建以培养国际化高端运营与管理人才为主线，遵循中国和“一带一路”沿线国家的地域特色、技术水平、文化差异等，开发可供沿线国家借鉴的行业标准和课程标准。

表 1－1　宁波市“一带一路”国家职业教育合作发展三年行动计划重点项目建设目标

1	三平台提升项目	改造提升宁波市先进制造业、现代服务业、职业教育校企合作三大平台，推动与“一带一路”沿线国家及地区相关服务平台互联互通，建立面向“一带一路”国家及地区服务的集信息发布、技术咨询、教育培训、产教对接等多种功能为一体的模块系统
2	校企双主体人才培养项目	推动职业教育产教融合，发挥行业职业教育专业指导委员会作用，推动职业院校与“一带一路”沿线国家和地区龙头、骨干企业、行业、职业院校和社会组织深度合作，建成一批职教集团、校企合作共同体、校企合作优秀企业基地、现代学徒制示范企业，提升校企双元育人能力
3	高技能人才培养项目	深化与欧洲发达国家的行业组织或职业院校合作，建立符合欧盟人才需求标准的高技能人才培养模式，引入德国工商协会、手工业行会等考证体系，成立华东地区培训考试认证基地，形成培养符合欧盟标准的高技能人才能力
4	先进技术课程开发创新项目	围绕我市企业“走出去”战略，依托、整合相关应用型本科高校开发的专业课程、企业研制的技术工艺规范及引进的国外课程，重点聚焦我市主导产业发展亟须的技术、工艺，实施相关联的先进技术课程、配套实验仪器设备管理、教育技术的研发、应用和推广。累计立项建设 5 个左右先进技术课程开发创新项目

续表

5	跨区域产学研成果转化项目	立足服务导向，联合宁波“走出去”企业，培育高水平产教协同创新成果10个，引进高级别产教协同创新团队和项目20个，促进产学研成果与不同区域产业、企业和院校精准对接，推动产学研成果深入推广、应用
6	成人教育与培训双向互济项目	统筹宁波职业教育、成人教育培训资源，通过实施市企业职工培训项目，组织“一带一路”企业家大讲堂、跨境电商培训、创业创新培训、职业教育东西协作等多种途径，每年培训适应“一带一路”发展需求的人才5万人次以上
7	“一带一路”人才培养标准、专业标准研究项目	立足于宁波主导产业（优势产能）相关联的旅游管理、电子商务、物流、建筑、汽修等专业，制定沿线国家人员来宁波接受职业培养和培训的培养标准、专业标准、课程标准、质量标准等，累计完成10个专业的标准研究项目

注：宁波市“一带一路”国家职业教育合作发展三年行动计划［R］. 宁波市政府，2018.

第四节　浙江特色小镇与职业教育协同创新理论与实践

一、浙江特色小镇和职业院校分布

（一）浙江特色小镇发展历程

浙江民营经济发达、民间资本雄厚，是我国小城镇资源最丰富、经济最发达的地区之一。改革开放至今，浙江中小企业形成了近500个工业产值在5亿元以上的产业集群，众多的产业集群形成一定规模的“块状经济”。但由于“块状经济”存在着产业低端、空间分散、技术创新能力弱等问题，“十三五”期间，浙江将从更高的起点把“块状经济”向技术密集、资本密集、人才密集的高端产业转型升级。

在新型城镇化建设浪潮中，浙江各地因地制宜，大胆的探索，逐渐从松散的“块状经济”过渡到小城镇发展，实现新型工业化、信息化、城镇化和农业现代化同步发展，通过小城镇建设，全面提升城乡统筹发展水平，广大城乡居民共享现代化建设成果的发展模式。经过培育发展，浙江小城镇建设涌现了“栖塘模式”“横店模式”“织里模式”等多种典型。

2015 年 1 月，特色小镇正式被写入政府工作报告，浙江各地都大力支持，全面部署推进特色小镇建设。如今的特色小镇已经成为浙江的一张“金名片”。截至 2019 年 10 月，浙江全省共有 22 个省级命名的特色小镇、110 个省级创建特色小镇和 62 个省级培育小镇。其中，余杭梦想小镇、西湖云栖小镇、诸暨袜艺小镇、德清地理信息小镇、桐乡毛衫时尚小镇等 22 个特色小镇产业优势明显，特色鲜明，被正式命名成为特色小镇建设“第一梯队”成员。

浙江省特色小镇创建发展历程如图 1－9 所示。

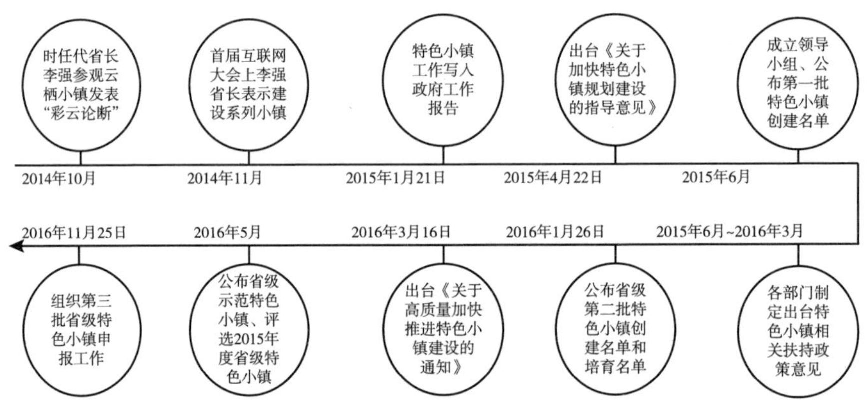

图 1－9　浙江省特色小镇创建发展历程

（二）浙江特色小镇发展类型

根据浙江特色的小镇产业发展类型，我们将特色小镇分为四大类（如图 1－10 所示、表 1－2 所示），主要包括：工业型小镇、商贸型小镇、旅游型小镇和科技型小镇。工业型小镇主要以“工业 4.0、中国制造 2025”为引领，发展高端智能制造产业；商贸型小镇注重服务传统产业，重点发展新媒体营销、商务咨询、服务外包等智力服务产业，同时培育创意产业发展；旅游型小镇以休闲度假旅游为主，满足市民短期出行、休闲度假的需求，同时开发展会旅游、体验式旅游等特色项目；科技型小镇主要以互联网、物联网等 IT 科技产业为主，围绕大数据、金融、云计算、物联网等科技产业发展形成。

图 1-10　浙江省特色小镇发展类型

近年来，经过多方的努力，浙江涌现了一批以产业经济为导向的休闲旅游、商贸物流、现代制造及互联网特色小镇。例如，以“中国制造2025”试点示范城市宁波基于扎实的制造业基础，培育形成了“宁海智能汽车小镇”“余姚模客小镇”“江北动力小镇”等颇具智能制造特色小镇。阿里巴巴的总部所在地杭州，以大数据、云计算、互联网金融为龙头产业，在短短几年内打造了“梦想小镇”“云栖小镇”等一批具有互联网特色的小镇。这些特色小镇通过精准治理，突出了自身优势，在新常态下焕发出勃勃生机①。

浙江特色小镇发展类型如表 1-2 所示。

① 邱璐轶．产业经济视角下特色小镇与职业教育协同发展模式探究——以浙江省为例［J］．三江论坛，2017（10）：33-35.

表 1-2　　浙江特色小镇发展类型（根据产业分类）

类型	特点	典型小镇
工业型小镇	以高精尖的制造业为主，聚焦智能制造，突出自主研发，遵循产城融合理念，包括智能汽车小镇、能源小镇、光伏小镇、核电小镇、智能装备小镇等	宁海智能汽车小镇、长兴新能源小镇、江北动力小镇、海盐核电小镇、新昌智能装备小镇、路桥沃尔沃小镇
商贸型小镇	依托商贸产业，形成商品聚集效应和市场辐射效应，从而带动小镇及周边发展，类型主要包括：原产地型、集散地型、交通节点型和商贸文化旅游型	义乌丝路金融小镇、下城跨贸小镇、鄞州四明金融小镇、义乌陆港小镇、萧山空港小镇
旅游型小镇	依托自然资源、人文资源、社区资源等发展旅游业，小镇主要功能为旅游，也同时具备人居、生产、商业、服务等其他功能，多功能融合共存	武义温泉小镇、杭州湾新区滨海欢乐假期小镇、普陀沈家门渔港小镇、东钱湖旅游（健康）小镇
科技型小镇	以科技智能、互联网等新兴产业为主，区域产业基础较好，产业园集聚效应突出，包括电商小镇、机器人小镇、互联网小镇、大数据小镇等	余杭梦想小镇、云栖小镇、临安云制造小镇、上虞 e 游小镇、桐乡乌镇互联网小镇

（三）浙江特色小镇和职业院校空间分布

据统计，在我国接受职业教育的学生 60% 以上来自农村，职业教育在促进农村劳动力转移、产业结构优化、城镇化水平提升等方面都发挥着重要作用。浙江是我国经济发展较快的省份，小镇资源丰富、产业集聚效应明显。改革开放 40 多年来，浙江因地制宜，开拓创新，更多地将视线聚焦在信息经济、环保、健康、旅游、时尚、金融、高端装备制造等优势产业和新兴产业，发展特色小镇成为新常态下浙江经济发展的战略选择，也成为浙江推进新型城镇化的有效载体。“十三五”规划期间（2016～2020 年），浙江众多高职院校以特色小镇建设为契机，结合自身的办学定位，凝练专业特色，强化社会服务，推进职业教育与特色小镇协同发展。

浙江省典型产业集群、特色小镇及职业院校空间分布如表 1-3 所示。

表1-3　　浙江省典型产业集群、特色小镇及职业院校空间分布

地区		产业集群	特色小镇	职业院校（优势、特色专业）
杭州都市圈	杭州	杭州女装、萧山化纤厂、滨江通信技术、下沙生物医药	上城玉皇山南基金小镇、下城跨贸小镇、西湖云栖小镇、余杭梦想小镇	浙江金融职业学院（国际商务、金融管理、投资与理财、保险、会计）
	嘉兴	海宁皮革、平湖服装、桐乡羊毛衫业	海宁皮革时尚小镇、桐乡毛衫时尚小镇、桐乡乌镇互联网小镇	嘉兴职业技术学院（软件技术、物流管理、服装与服装设计）
	湖州	织里童装、南浔建材、安吉竹制品加工	湖州丝绸小镇、安吉天使小镇、南浔善琏湖笔小镇	湖州职业技术学院（旅游管理、建筑工程技术）
甬温台沿海	宁波	鄞州服装、余姚塑料、镇海石化、北仑模具、港口	余姚模客小镇、宁海智能汽车小镇、余姚塑料家电O2O小镇	宁波职业技术学院（应用化工技术、模具设计与制造、物流）
	温州	鞋类服装、苍南标牌、瑞安汽摩配、乐清电器	瓯海时尚智造小镇、瑞安汽配智造小镇、温州肯恩小镇	温州职业技术学院（鞋类设计与工艺、电气自动化技术、工商企业管理）
	台州	椒江塑料制品、温岭鞋类、汽摩配件	黄岩智能模具小镇、路桥沃尔沃小镇、温岭泵业智造小镇	台州职业技术学院（数控技术、机电一体化技术）
	舟山	舟山水产品精深加工、海洋药物、船舶修造	定海远洋渔业小镇、普陀沈家门渔港小镇	浙江舟山群岛新区旅游与健康职业学院（休闲服务与管理）
浙中地区	金华	东阳磁性材料、义乌中国小商品城、永康小五金	义乌丝路金融小镇、东阳木雕小镇	义乌工商职业技术学院（产品艺术设计、电子商务）
	衢州	常山轴承、龙游竹制品加工	龙游红木小镇、江山光谷小镇、衢州循环经济小镇	衢州职业技术学院（艺术设计、汽车检测与维修）
	丽水	龙泉伞业、青田鞋革业、云和木制玩具	龙泉宝剑小镇、庆元香菇小镇、缙云机床小镇、松阳茶香小镇	丽水职业技术学院（园林工程技术、林业技术）

二、浙江特色小镇与职业教育协同发展实践研究

（一）研究思路

研究基于产业经济和协同创新理论，通过实证分析和调研，研究浙江多个特色小镇与职业教育协同创新的理论与实践。研究团队以浙江近30个特色小镇和20余所职业院校为主要调研对象，研究职业教育与特色小镇如何在人才培养、社会服务、产业互动中实现协同创新。同时，从协同创新的角度研究职业院校专业群如何结合区域产业特色，主动对接区域小镇，构建特色小镇与职业教育协同创新生态圈。

课题研究跨经济学和教育学两个领域，从以下三个视角展开：首先，从产教协同的视角分析高职院校如何以特色小镇建设为契机，结合自身的办学定位，凝练专业特色，强化社会服务，推进职业教育与特色小镇协同发展；其次，从城镇化的视角分析职业教育如何在农村劳动力转移、产业结构优化、城镇化水平提升等方面发挥重要作用；最后，从产业集聚的视角分析特色小镇如何通过集聚人才、信息、文化等高端要素，孕育都市圈框架下的新型发展平台。研究特色小镇与职业教育协同创新有着重要的现实意义：

1. 对区域产业协同发展具有重要的理论与现实意义

“十三五”规划期间（2016～2020年），高职院校以特色小镇建设为契机，加快与小镇产业对接，有效提升了小镇科技水平和信息化水平，开辟了高校服务地方经济的新领域。本书的研究从产业经济和协同创新的视角，探讨了浙江特色小镇与高职院校协同发展的模式，包括协同共建小镇特色学院、协同构建小镇产学研基地、协同打造小镇创业创新基地、协同推进小镇社区联动发展，对区域产业协同发展具有重要的理论与现实意义。

2. 对职业院校专业群人才培养具有指导意义

研究团队以浙江地区20余所职业院校的国际商贸、环保化工、电子信息、智能制造等专业群为研究对象，展开实证分析及案例研究，形成了一套可行性强、可复制性强的产学协同模式。例如，专业群如何联合小镇行业企业搭建跨专业的“教学工厂”；专业群如何带动小镇农村电商、现代物流、智能制造、文化创意等新型产业的发展；专业群如何组建特色小

镇外贸产业人才培养联盟、如何建设特色小镇创新创业基地等具体案例和措施。

3. 对大学生特色小镇创业实践具有指导意义

研究团队通过对特色小镇创客群体开展问卷调查，分析小镇对创新创业人才的需求，同时形成了优秀毕业生案例集、创业竞赛文本、论文和调研报告等成果。本书的研究在数据调研基础上提出的对策和建议。可以为相关部门制定和完善浙江省大学生创业创新发展提供一定参考。

本书的课题研究项目及思路如图 1－11 所示。

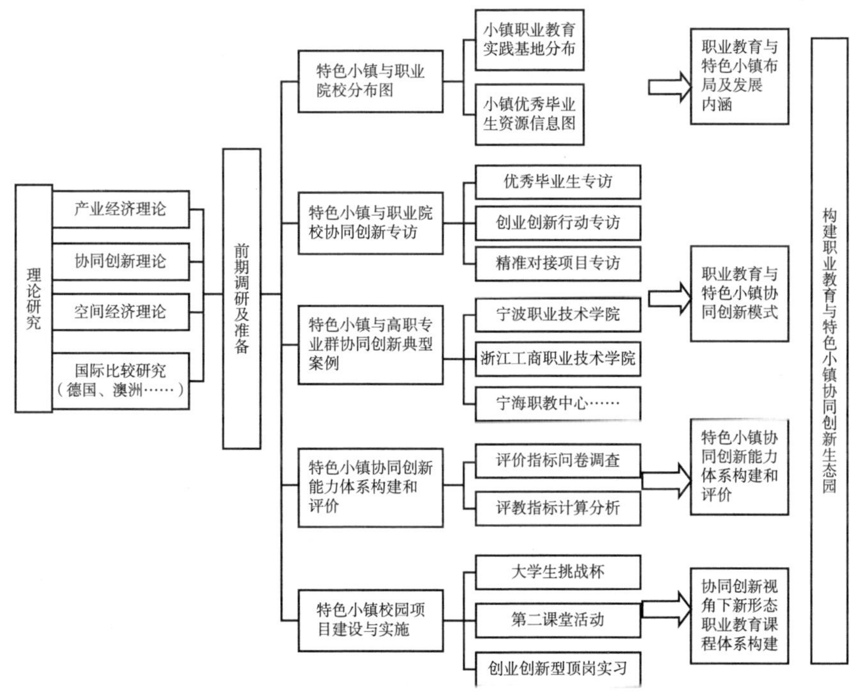

图 1－11 课题研究项目及思路

（二）研究方法

（1）问卷调查。统计分析对浙江近 30 个特色小镇和 20 余所职业院校开展深入调研，对象主要包括：小镇企业、小镇园区、在校学生、毕业学生（创客、就业、顶岗……），分析特色小镇在职业院校学生的创业、就业过程中发挥的特点、优势与存在的不足。

（2）专题访问。开展“专人专访”“专校专访”“专题专访”，提炼浙江职业院校与特色小镇协同创新的典型案例，形成一套可行性强、可复制性强的产学协同模式。

（3）层次分析法。构建“特色小镇协同创新能力评价体系”，并对浙江近20个特色小镇的协同创新能力进行评价和研究，由此分析特色小镇协同创新元素及对职业教育的作用。

研究团队开展了一系列职业教育与特色小镇发展的调研（如表1－4所示），包括特色小镇优秀毕业生专访、职业院校特色小镇创业创新项目专访、特色小镇职业院校精准对接项目专访。然后，团队通过提炼若干典型案例，并运用到“第二课堂”、大学生挑战杯、“互联网＋”创业创新等竞赛和教学活动中。

表1－4　特色小镇与职业教育协同发展研究项目

★ 特色小镇和高职院校分布图 1. 浙江特色小镇分布图 2. 浙江职业院校分布图 3. 小镇职业教育实践基地分布图 4. 小镇创业创新基地分布图 5. 小镇产学研基地分布图 6. 小镇优秀毕业生资源信息图	★ 特色小镇与职业教育协同创新典型案例 1. 协同共建职教特色小镇 2. 协同共建小镇产教联盟 3. 协同打造小镇特色实践基地 4. 协同构建小镇产学研合作基地 5. 协同打造小镇创业创新基地 6. 协同助力小镇乡村振兴
★ 特色小镇协同创新能力评价体系构建 1. 问卷调查、专家打分 2. 数据分析	★ 特色小镇就业青年访谈 1. 问卷调查 2. 电话、微信、面对面访谈
★ 特色小镇与职业院校协同创新专题访问 1. 特色小镇职业院校优秀毕业生专访 2. 特色小镇职业院校创业创新行动专访 3. 特色小镇职业院校精准扶贫专访	★ 特色小镇校园项目建设与实施 1. 第二课堂：特色小镇创业创新行动 2. 大学生挑战杯竞赛 3. 大学生互联网＋创业创新竞赛 4. 企业经济管理案例竞赛 5. 乡村振兴竞赛

（三）研究创新性

1. 从产业经济和协同创新双重视角，研究特色小镇与职业教育协同

特色小镇是产业创新升级的发动机，开放共享的众创空间，集聚创业创新要素的平台。本书课题研究运用经济学家阿尔弗雷德·韦伯的空间产

业集群理论，从空间角度对特色小镇的块状功能进行整合，让特色小镇与职业教育在更高层次上完善支撑彼此的功能要素，实现共同发展。同时，研究还基于协同创新理论，构建了特色小镇协同创新能力评价体系，并运用层次分析法，选取了杭州都市圈内部分以信息经济产业为主要发展类型的特色小镇，对其协同创新能力进行评价和研究，由此分析特色小镇协同创新元素和需求及对职业教育的作用。

双重视角下的特色小镇与职业教育协同研究如图 1－12 所示。

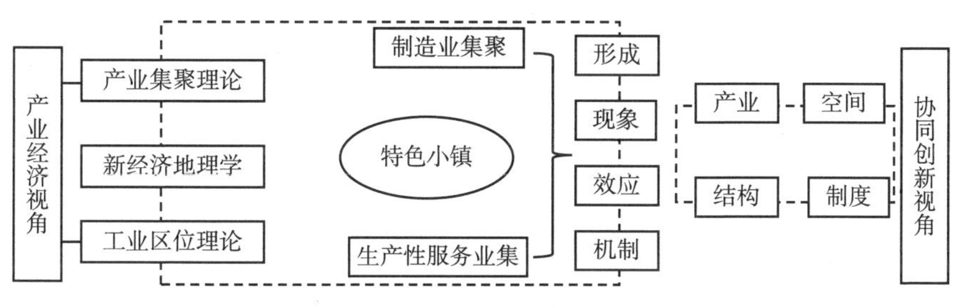

图 1－12　双重视角下的特色小镇与职业教育协同研究

2. 通过“专人专访”“专校专访”“专题专访”，提炼典型案例

研究团队以浙江近 30 个特色小镇和 20 余所职业院校为研究对象，展开实证分析及案例研究。例如，专业群如何联合小镇行业企业搭建跨专业的“教学工厂”；专业群如何带动小镇农村电商、现代物流、智能制造、文化创意等新型产业的发展；专业群如何组建特色小镇外贸产业人才培养联盟、如何建设特色小镇创新创业基地等具体案例和措施。开展“专人专访”“专校专访”“专题专访”，提炼浙江职业院校与特色小镇协同创新的典型案例，形成一套可行性强、可复制性强的产学协同模式。

3. 通过案例研究，探讨职业教育与特色小镇协同创新模式

研究团队通过对浙江近 30 个特色小镇开展深入调研和典型案例研究，探讨了高职院校与特色小镇协同发展新模式，包括协同共建职教特色小镇、协同共建二级学院、协同打造产学研合作基地、协同打造职教产业联盟、协同助推新农村建设、协同助推区域产业发展。在调研过程中，我们发现浙江的职业院校大胆“走出去”，通过走进小镇企业、小镇社区、小镇产业园，建立新型城镇化示范点，拓展多元化办学，成立创业创新工作

室、工作坊及科研团队，有序引导小镇产业转型升级，构建职业教育与特色小镇协同创新生态圈。

4. 挖掘特色小镇“毕业生名片”，形成顶岗实习案例集

研究团队通过跟踪走访、问卷调查和统计分析等形式，对浙江职业院校的“小镇创客”“小镇青年”“小镇实习生”进行了深入研究和分析，通过对在特色小镇工作的优秀毕业生和顶岗实习学生的走访，分析特色小镇在职业院校学生的创业、就业过程中发挥的特点、优势与存在的不足，为特色小镇在人才培养和创业生态链打造提出了合理的建议。

5. 通过实证研究，探讨高职院校专业群如何融入特色小镇

研究团队以浙江 20 余所高职院校的国际商贸、环保化工、电子信息、智能制造等专业群为研究对象，通过麦可思的就业质量评估报告、优势专业、特色专业调研数据，展开实证分析及案例研究。例如，专业群如何联合小镇行业企业搭建跨专业的“教学工厂”，为教师开展科研和技术服务搭建平台；专业群如何带动小镇农村电商、现代物流、智能制造、文化创意等新型产业的发展；专业群如何组建特色小镇外贸产业人才培养联盟、如何建设特色小镇创新创业基地等具体案例和措施。

第二章　国外特色小镇产教融合发展经验

小镇经济是现代经济演进过程中的一种重要发展模式。在城市化高度发达的欧美国家，一些历史经典产业和新型经济业态也同样布局在小城镇上，在欧洲传统的旅游线路中，你一定会经过童话小镇、温泉小镇、古堡小镇、葡萄酒小镇……这些小镇都有各自的特点。小城镇强大的生命力和巨大的发展空间不容小觑，美国的硅谷在斯坦福大学的引领下，成为大学城和小镇产业融合发展的典范；英国的剑桥凭借其深厚的文化底蕴和优质的教育资源，成为全球闻名的教育小镇；德国则以产业城镇聚集区为载体，优先在小城镇发展尖端产业集群，推动“大城小镇”双赢发展……

第一节　德国：“小镇大产”背后的双元制人才培养

德国的城镇体系发展均衡，其中小城镇的数量多达到13500个，很多企业都分布在乡镇，为当地新就业人员及失业人员创造了大量的就业机会，实现了高达90%以上的城镇化比率。以小城镇为数众多的两个最大的州为代表，位于德国南部的巴伐利亚州人口总数1200万，拥有小城镇数量2200个；位于德国北部的北莱茵—威斯特法伦州人口总数1800万，拥有小城镇数量390个。德国著名的汽车小镇是沃尔夫斯堡和英戈尔斯塔特，它们分别是全球闻名的大众和奥迪汽车的总部所在地；科技创新小镇蒙绍市坐落于德国西北部北威州，该州集聚了200多家中小企业，成为德国新兴的科技型、就业型小城镇。

一、德国“小城镇、大产业”

德国的产业大多聚集在小城镇和乡村，相比城市的现代化产业体系，小镇环境优美，交通便捷，产业布局完整，精细化程度高，小镇居民很多都愿意选择在本镇或附近城镇工作。德国小城镇的发展也经历过起起落落的三个阶段：早在19世纪初，德国城镇化快速发展，人口集中涌向人口密集的城市中心，小城镇发展进入“缓慢期”；1960年开始，居民为了追求更好的居住环境，逐步向城市周边的小城镇迁移，“郊区生活、市区工作”逐渐被当地的居民所认可，德国小城镇现代化程度越来越高，为德国小城镇的繁荣奠定了基础；1980年起，越来越多的小城镇在中心城市的辐射带动下实现了快速发展，靠近中心城市且地处交通走廊沿线的小城镇人口集中，德国城市工业布局与小城镇发展融合的特点越发明显。

（一）产业集群推动“小镇大产”

德国工业小城镇从不单枪匹马，每个小镇都有自己的优势产业，与此同时，小镇还与相邻的小镇共同发展，互帮互助，形成区域大产业链的生态圈。在区域产业链的形成过程中，依附型小城镇承担了大城市的部分产业转移，一定程度上大大降低了中心城市的就业压力。与此同时，“互联网+”小城镇形成了对中年人群有相当明显吸引力的分工协作产业集群。以小镇群为空间载体、以互联网服务为连接枢纽的产业集群，是德国小城镇工业强盛的前提条件。德国巴伐利亚的新兴产业集群中，企业和企业之间相互学习，小镇和小镇之间相互合作，形成区域大产业的生态圈。机械制造、汽车工业、电气工业、信息通信、能源环保都是巴伐利亚州的重点产业，这些产业所在的小镇产业集聚区依托当地的大学来提升企业的竞争力。巴伐利亚州拥有像慕尼黑工业大学、纽伦堡大学等一批在工程技术领域全球领先的大学，很多大学的校区都坐落在小城镇，教学楼分布在小镇的各个角落，大学通过与当地的产业基地合作，创造了多样化的教学模式和发展机会，同时也为小城镇创造了更多的就业机会。

（二）打造宜居的产业集聚区

德国小镇在打造工业小镇的同时，也十分注重城镇的环境与风貌，德国小城镇依托相互协作的产业集群、交通便利的地理优势和安居的生活空间品质，推动区域发展和环境改善。伯布林根—辛德尔芬根经济区是德国著名的工业区，像戴姆勒—奔驰、博世等享有盛名的不胜枚举的国际企业的总部或工厂都设于该区域，加特林根镇就有约 40% 的当地居民是戴姆勒工厂的职员。尽管是小镇，但它有与城市相媲美的现代生活水准，居民家中的生活电器设备齐全，网络设施完善，废水、废弃物的废物处理同城区一致。小镇交通便捷，出行方便。S－Bahn 列车的开通，使从加特林根行驶或是乘火车到伯布林根—辛德尔芬根区域只需花费大概 15 分钟，还有四通八达的高速公路，都给当地居民带来了显而易见的生活便利。值得注意的是小镇整套教育系统、医疗养老系统都非常完备，图书馆、餐馆、超市也是一应俱全。

全欧洲盛名的汽车制造商——大众汽车集团的总部就矗立在德国萨克森州的沃尔夫斯堡（如图 2－1 所示）。作为汽车城，沃尔夫斯堡以汽车、技术、科技为主题，通过合理布局用地功能，产镇融合，使“工业小城镇”的概念和形象得到了翻天覆地的变化，沃尔夫斯堡小镇日益发展成为宜居、宜业、宜游的“三宜”多元化智能生态“汽车小镇”。

◎空间方面：与当地主要现代汽车产业的大体形式相融合，搭建循环渐进的小镇新框架。小镇的服务功能连接了慢行系统及微型体验系统，并将研发、专业咨询、商业贸易、接待等功能注入，形成了新型的综合性服务体系。

◎产业方面：打造出完整的生态产业供应链，将汽车产业的研发技术、制造、管理及其零部件制造都致以高度智能化。同时协同发展包括研发创业、金融、旅游、文化展示、居住等功能的完善配套。

◎生态方面：充分利用生态资源丰富的优势，互利共生，构造了枕山臂江的绿色生态“汽车之城”。

◎配套方面：为使汽车产业更具完整性，高效落实了各项保障性服务项目，积极配合产业发展，使“汽车小镇”拥有高品质的综合服务。

德国沃尔夫斯堡大众汽车产业布局如图 2－1 所示。

图 2-1　德国沃尔夫斯堡大众汽车产业布局

（三）健全系统化的职业教育体系与企业专业培训

德国 80% 的企业对员工培训十分重视。企业建立培训点，针对公司职员主要进行以下两个方面的培训：一是新员工培训，使新成员成为熟练的技术人员；二是使在岗熟练技工培训，使在岗员工不断提高专业技能。在德国，若要需求一份工作，三年的专业职业教育也是不可或缺的。除了成年人在上岗前必须经过专业的培训外，针对对口学校毕业的高中学生，也得进行 3 年的双轨制职业教育培训。学员要在培训之前和企业签订培训合同，员工每周在学校进行 1 ~2 天的理论知识学习，在企业进行 3 ~4 天的实践操作，企业将承担员工这 3 年的培训费及学徒薪酬，并且对双方的责任与义务都做出详细的描述。

在这里，我要提一下颇具德国特色的一个职业培训机构“跨企业培训机构”。该机构的设立有效地促进了德国双元制职业教育与培训的培养，堪称德国职业教育体系的“第三元”，它的诞生不仅为德国人提供了终身学习和继续教育的条件，更是为学习者创造了在职业领域中提升自我及晋升的机会。

二、德国“小镇大产”背后的双元制人才培养

在各联邦州中，德国高等教育领域分为综合大学、应用技术大学和职业学院三类高校形式。德国的职业教育受到众多家长的认可，凭借其办学特色、学制短、技术应用性强与就业率高的优势，成为可与综合大学、应用技术大学同样受追捧的一种高等教育方式。目前，德国共设立了 73 所职业学院，例如在萨克森州设有 7 所职业学院，分别位于德累斯顿和莱比

锡两大城市，以及格劳豪、里萨、鲍岑、普劳恩、布赖滕布伦等小镇①。与综合大学、应用技术大学相比，德国的职业学院在人才培养模式上具有以下几个特点：

第一，与企业联合招生，企业教师联合培训。职业学院面向整个招生市场目标群体众多，不仅招收职业院校的学生，也招收实科中学（real school）的学生。但是德国的职业学院需要学生在入学前与一家企业签订为期 3 年的培训合同之后，才可注册入学。意味着在校学生身兼双重身份，不仅是职业学院的学生，亦是企业培训的员工。当然，企业也必须具备培训资质才能与学生们签订相关协议。针对理论知识培训，职业学院的专职教师占 30% ~40% ，而兼职教师主要聘请了企业中具有一定管理经验的管理人员和具备实战经验的技术人员，另外，又加入一些综合大学和应用技术大学的教师。

第二，校企合作培养双元制人才。德国“双元制”教育当中的“双元”分别是学校和企业，双元制人才的培养既让职业学院的毕业生迅速融入工作，适应企业，也为企业节约了成本，提升效绩。据统计，职业学院毕业生的平均年龄为 23 岁，而综合大学的毕业生为 29 岁，职业学院的学生将拥有更多的就业机会。职业学院的学制为 3 年，学生在学期期间必须经过职业学校和企业或公共事业单位等校外实训机构的专业培训，修满 180 个学分。在企业和职业学院合作办学的模式下，交替循环进行教学和培训，职业学院的学生没有寒暑假，他们必须充分利用时间将理论知识学习和实践操作训练在 6 个学期加速完成。

第三，从企业需求的角度考虑专业设置。德国的职业学院在设置专业时，充分考虑企业对人才的需求，从而有效保障企业需求而且提高了毕业生就业率。例如，德累斯顿职业学院围绕萨克森州首府德累斯顿的支柱产业，开设了生物信息学、木材工程学、媒体信息更新等技术类专业；萨克森州的沃尔夫斯堡因为有大众等汽车企业集聚，所以在小镇周边就有很多与汽车相关的职业培训学校和综合型院校。其中，布伦瑞克工业大学就紧挨着大众汽车的“狼堡”总部，学院的学生不仅可以在学校学习专业知

① 段言．德国职业学院：双元制人才培养模式及启示［J］．职业技术教育，2014（5）：73 -77.

识，而且可以在跨学科的研究机构——萨克森车辆工程研究中心得到很多有意义的学习和实习机会，这便将学院与企业的合作体现得淋漓尽致。

第四，职业教育模块化特点。德国企业培训规则是在联邦政府文化部长联席会议统一制订的框架教学计划基础上，由联邦政府委托德国联邦职业教育与培训研究所组织各类专家负责开发的。培训规则最终落实到实践模块上。实践模块是按每一培训项目中的具体的能力要求，设计构成不同培训时段内的主要培训内容整体框架。为使学生拥有与企业匹配的职业行为能力，因此制定了相关的教学计划及培训。职业学校、跨企业培训中心或企业严格按照教学计划或培训规则确定具体可实施的授课方案。

第五，高质量高水平的职业考试评估体系。为确保德国高水平的职业教育，其考试评估体系是德国职业教育高质量的保证。考试的组织管理并不是由学校和老师构成的，而是由各类行业协会组织实施。并颁发职业资格证书的。考试分为中间考试和结业考试，《职业培训条例》规定了各种职业考试的最低标准，对考试的目的、内容、科目、时间和形式做了详尽的规定。考试命题由行业协会的考试委员会组织行业专家进行统一的命题，目前，德国高水平职业考试的考试命题中心主要有三个，它们是根据行业进行分类的：工业和手工业职业考试命题中心（PAL）、商务职业考试命题中心（AKA）和印刷职业考试命题中心（ZFA）。由考试委员会统一评分。评判成绩的参考准则包括专业性准则（根据教学计划中的教学目标和培训规则制定不同职业的具体准则）、社会性准则（各成绩段学生数量的分布）、个性准则（对每个学生的促进作用）。

三、总结

德国小城镇依托工业成为德国的新型产业中心，踏出了属于小城镇的胜利步伐。德国近乎完美的小城镇体系告诉我们，要发展新产业，小城镇在其中一定发挥了重要的作用。但德国小城镇的成功离不开双元制职业教育体系对人才的培养，德国的双元制职业教育培训体系是全球职业教育吸纳行业企业深度参与的典范之一。学生带职到高等学校学习、在企业内部进修、进行专项职业技能的培训，为德国培养了一批具高水平、高质量、高技能专业人才，也为德国小镇产业的繁荣，以及小镇高效率、低成本的运营打下了坚实的基础。

第二节　瑞士：精工小镇中成长起来的职业学徒们

瑞士，一个充满童话故事的国家，它位于欧洲中部阿尔卑斯山脉，国土面积4.1万平方公里、人口约750万。从全球范围来看，瑞士是一个高度发达的国家，人均国民收入一直处于世界领先行列。瑞士人将精益求精的理念发挥到极致，其中瑞士的医药、机械、化工、纺织、精密仪器、高档钟表等行业，产品质量精良，技术水平先进，形成了全球称赞的“精工细作”模式。除了发达的工业，瑞士还有颇具盛名的金融业、旅游和酒店业，国际上具有很强的竞争力，因此还吸引了大量国外学者、教育学家、企业家到瑞士来学习它们的经验。

瑞士非常重视职业教育，瑞士的奇迹一定程度上得益于它完善的职业教育体系和“双轨制”人才培养模式。双轨制模式需要年轻人们用一半的精力在学校读书，一半精力在工厂实习，相当于我们国内的职业教育，针对市场需求有目的地去培养人才。瑞士人认为：职业教育对提高劳动者的素质发挥着关键性的作用，是提高国家核心竞争力的要素。

一、瑞士小镇

（一）拉绍德封精工小镇

坐落在瑞士西北部的拉绍德封是闻名于世的制表圣地，更被号称“世界钟表之都”。早在16世纪，当地人就开始将创新和传统融于一体，用自己超强的手工能力和不愿意向贫穷屈服的意志，打造了闻名远近的钟表小镇。到17世纪，制表成为小镇最为兴旺的产业，一直到19世纪末，小镇的制表业开始逐步转型，越来越多的现代化、规模化制表工厂开始出现，卡地亚、百年灵、尚维沙、香奈儿等手表品牌纷纷选择在这里设立工厂。1900年，在小镇生产输出的手表量已占据世界手表产量的一半。

拉绍德封钟表技术学校和日内瓦钟表学校并称“双雄”，它们为全世界培养了最多的钟表人才。全球闻名的芝柏表就诞生于瑞士拉绍德封，2019年7月，芝柏表与拉绍德封当地的应用艺术学院携手合作，助力学院学生完成毕业设计。艺术学院的毕业生们拥有了一双灵巧的双手和不同寻常的专注力、创新力，芝柏表汲取了应用艺术学院雕刻工艺专业的学生们所贡献出的创意想法，让年轻人才用现代方式完美诠释了作品。学生们在产品设计中所表现的丰富性与多样性是拉绍德封应用艺术学院雕刻艺术工艺培训课程充满活力的证明，也展现了自身的创新创意与恒心。

（二）职业教育成为瑞士年轻人的主要选择

如果你去过瑞士生活过，你会发现上高中、读大学并不是年轻人的首选，瑞士联邦职业教育及技术局2018年最新数据显示，约2/3的瑞士年轻人选择接受职业教育与培训。在瑞士，像拉绍德封这样注重技能型人才培养的小镇有很多，这也是瑞士双轨制教育在全国各地的体现，小镇产业的发展和双轨制教育体系密不可分。

所谓的双轨教育体制，是指高等教育与职业教育并行。在瑞士，每个人都会很尊重职业教育，形成了学历无止境、职业无贵贱的社会风气。九年的义务教育结束后，学生们有两种选择，一是去职高院校学习技术，二是继续上高中读大学研究学术。统计数据显示，只有近三成的瑞士学生选择上普通高中，高中学习毕业后继续读大学；而70%～80%的学生则选择半工半读，进入职业学校后学徒可以领取企业发放的补贴，用来支付基本的生活费和减轻家庭的经济负担，待职业学徒期满后正式进入职场。

二、瑞士双规教育体制

（一）瑞士高等职业教育的实施形式

瑞士职业教育的主要特征是“双元制”，实行州政府、各个行业机构和联邦政府三方合作的管理机制。2004年版的《瑞士职业教育法》中明确提出了对高等职业教育的概念，高等职业教育的主要形式是高等专业学校，学制分为2年和3年，主要为了提高学生的职业能力，从而胜任更高级别的工作①。

瑞士高等职业教育主要有两种形式：第一种是参加联邦考试，通过联邦职业考试者获得联邦职业证书，通过联邦高级专业考试者可以获得联邦学位文凭。第二种是接受高等专业学校学习，毕业后可以获得高等专业学习的文凭。表2-1给出了瑞士高等职业教育的形式与学位。

表2-1　　瑞士高等职业教育的形式与学位

教育方式	方向/目标	证书/学位称号	举例
职业考试（BP）	初级专门化 专业知识深化 专业责任的承担	联邦专业的证书	社会保险专业员、汽车诊断员、全咨询员、电气、物流专业员、市场专业员
高级专业考试（HFP）	获取专家知识 承担企业管理职能	学位文凭（Diolom） dipl（职业名称） [职业名称]+联邦学位文凭 [职业名称]-技师	经济审计员、边境警卫、税务专员、建筑技师、公关主管、园艺技师
高级专业学位（HF）	专门化和获取专家知识 承担企业管理职能	高等专业学校学位文凭（Diplom HF） dipl.[职业名称] HF	技术、运行技术、企业经济、福利 社会教育、旅游等职业领域

资料来源　吴全全．瑞士职业教育基本情况及发展现状[R]. 2011-5-21.

（二）瑞士高等职业教育的实施政策

瑞士的高等职业教育主要分类两大类，一类是普通公立院校以及应用科学大学提供大学级别的专业教育，另一类是由高等技校提供的职业技能培训。在瑞士有100多个受联邦政府直接管理的高等技校，它们提供150多种职业技能的培训，为愿意接受技能学习和继续教育的群体提供了很好的渠道。瑞士小镇的居民并不是在一个领域的某个岗位中一直重复机械地工作，他们也会期待通过获取新鲜的知识和技能，获得更好的职位和更高

① 姜大源．当代世界职业教育发展趋势研究[M]. 北京：电子工业出版社，2012.

的薪水。因此瑞士老百姓非常重视终身教育，他们会选择在人生的不同阶段，接受各种提升自我的教育和培训。瑞士各个高等院校的学制和教育大纲由政府统一指导完成，为了使高等职业教育能跟上时代变化的潮流，政府会根据市场情况五年调整一次。

在瑞士，70%的年轻人会选择进入职业高中，在学校和企业的合作培养下接受学徒培训，成为技术工人或服务业从业者。因此，瑞士高等职业教育每年都会向各行各业输送的大批优秀高技能人才，有力支撑了其具有国际竞争力、创新力和高质量的工业与服务业。当然，选择职业高中和选择普通高中，这两条道路并不是割裂的，而是可以交叉，一个普通高中的学生可以随时转向职业教育，而学徒也可以在职业培训结束后报考大学攻读学位。瑞士高等职业教育领域，企业参与度非常高，学生通过接受非传统学术领域里的职业教育或通过继续教育，获得宽厚的职业能力，具备优秀的专业素质和管理素质。在瑞士西北部一个900人口的小镇上，有一家小型的钟表制造型企业，他们的老板经常会给员工灌输继续教育的理念，并为员工量身定制学习计划，鼓励员工通过各种渠道参加进修。老板认为，员工接受继续教育培训，对企业而言，可能不会获得立竿见影的效果，但对于企业长远发展来说，肯定是很有帮助的。而且，即使有一天这个员工离开了小镇的企业，他也会因为拥有较高、较全面的技能，而在其他地方或者城市获得更好的工作机会。远在南半球的澳大利亚，职业教育理念也深受年轻人的欢迎。澳大利亚TAFE教育中的职业培训包资格框架以终生教育为理念，让年轻人在就业前和就业后都有机会获得良好的职业教育，实现无缝衔接。记得我们在墨尔本走访的时候，有一名新移民张小姐，她在国内的旅行社有一定的导游从业经历，移民澳洲后为了能更好地融入当地社会，也为了更好地适应当地的旅游业工作，她就选择在TAFE学院继续攻读旅游管理类的大专文凭，使二次择业者变得更加容易。

（三）瑞士职业教育“双轨制”

瑞士职业学校对教职人员有很严格任职资格要求。教职人员上岗之前不仅要获得相应的职业资格证书，修完教育学、心理学及教学法课程，还要累积一定的企业工作的经验。职业学校的学生一部分时间是在学校里上课，另一部分时间则在企业当学徒，参与企业的生产，学习职业技能。对企业来说，接收实习生是一件两全其美的事，在此期间企业既可以得到技术熟练且廉价的劳动力，又能享有税收减免的优惠。在最后的考核指标中，在校内的表现和企业学徒期间的表现各占一半，两部分内容都要经过严格的考核，任何一个部分不合格都会被取消毕业资格。

与此同时，瑞士非常提倡“终生教育”，瑞士的职业教育和高等教育没有完全隔绝，而是能真正地实现“无缝对接”。对于学生而言，从职业院校毕业并不代表“学历的终止”。相反，学生可以从个人的职业规划和兴趣爱好出发，在高等教育、职业教育和社会就业三者之间自由切换，灵活地选择个人未来的发展道路。职业教育的毕业生并不是到了学历的终点站，他们在毕业后既可以转向全职工作，也可以在学徒期满后直接申请应用技术类大学。

总的来说，双轨教育体制在很大程度上支撑起了高信誉、高质量的“瑞士制造”。但这种模式也不是哪里都能随便效仿的，瑞士之所以能运行成功也是得益于瑞士人是一个非常忠诚，讲诚信的山地民族，他们不惧怕劳苦，发挥工匠精神，用最少的原料制作最精良的工业品，用最完善的教育体系培养最优秀的“工匠”。

第三节　英国剑桥：一座独具魅力的教育特色小镇

在欧美国家，教育小镇有很多，英国的剑桥小镇就是其中一座独具魅力的教育特色小镇。英国作家尼克拉斯·克莱姆斯（Nicolas Chrimes）在《剑桥：大学与小镇 800 年》讲述了剑桥宏观环境与微观环境下的历史与今朝，作者认为剑桥更像是一座庄严的小镇，更是在黑夜中发光的明珠，而不仅仅只是大学；它是属于所有热爱仰慕剑桥的莘莘学子及广大群众的，而不仅仅只属于剑桥。剑桥镇位于伦敦东北部 37.5 公里，占地 47 平方公里，是英国英格兰东部剑桥郡县府所在地，2013 年人口规模达到 12 万，每年保持 11% 的增长。剑桥镇的产业主要以教育业为基础，以高科技为主导，以旅游业为衍生。

一、剑桥镇主要产业

（一）教育是剑桥镇的基础产业

1284年，艾利修道院的休·德·巴尔夏姆主教创建了彼得豪斯学院——剑桥的第一所学院。历经数个世纪的演变，剑桥目前有女王学院、国王学院等35个学院，每一个学院都具有独特的建筑风格。除了拥有古老的建筑景观之外，还拥有剑河、叹息桥、数学桥和徐志摩诗碑等，在剑桥镇中，无论是观景还是游学，其魅力都是无可替代的。根据2016年调查数据显示，剑桥大学的研究生高达17000人，国际研究生就有7000名，本科生10000余名，其中国际本科生约为3500名。上万名国际学生带给剑桥大学和小镇的收入超过了2亿英镑。剑桥大学年收入13亿英镑，除了国际学生缴纳的学费以外，还包括各个领域的研究收入。这些固定的在校生的日常生活消费就带动了整个小镇的相关配套产业与就业。

（二）科技是剑桥镇的主导产业

剑桥大学发展科技产业历史悠久。1967年剑桥大学采取科技振兴行动，促进大学科技成果和产业界联系，实现校企共同发展科技产业。20世纪60年代，只有为数不多的科技企业建立在剑桥大学附近，而在1984年，剑桥大学科技园区拥有了322家科技企业。围绕着剑桥大学各个学科专业的发展，这里集聚了越来越多的科技企业，逐渐形成了相互学习、相互交流的氛围。在过去的30年中，园区每年为英国创造5000个就业机会，剑桥科技园区成为世界重要的科研中心，剑桥区域的GDP每年增加6.3%，占英国GDP的15.8%，剑桥科技园区累计为英国创造税收高达550亿英镑。

（三）人文景点为剑桥镇带来衍生产业

剑桥小镇是一个集旅游和教育为一体的小镇，国王学院、三一学院和剑桥书店推动了小镇教育、文化旅游产业的发展。其中，著名的旅游景点有三一学院、国王学院、女王学院等，剑桥大学的历史建筑和剑河风光吸引了众多游客前来观赏。作为一个以教育为特色兼顾旅游业发展的小镇，剑桥镇的公共服务配套相当完善。在剑桥小镇上大大小小的书店随处可见，为大学生们提供了许多学习和研究的资料，充满了浓浓的学术气息。剑桥镇内的医院是由剑桥大学 NHS 信托基金建设与管理的，它在小镇上设立了医疗中心，还建有急救站、警务站、消防局等。据统计，每年来到剑桥小镇和剑桥大学旅游的人数高达 400 万人，每年收入为 4.7 亿英镑。

（四）小镇与大学资源共享，融合发展

剑桥的大学都是没有“围墙”的大学，学校的教学楼、学生的生活区都错落有致地分布在小镇的各个区域。在小镇中，除了有世界文明的剑桥大学，还配置了优秀的幼儿园、小学、初中和高中，小镇居民和大学生们同享大学的各种设施，资源的共享、合理配置，使大学城和居民生活实现完美融合。剑桥是一座充满现代田园风情和教育创新理念的大学小镇，无处不在的戏院、美术馆、画廊也可以让学生在课余时间充分领略和享受英国的文化氛围。小镇把教育、经济、旅游、文化有机结合起来，充分挖掘自然资源和人文资源，依托当地美丽的资源风光、悠久的产业历史、良好的教育体系，发展旅游业，吸引全球游客的到访。

二、英国剑桥科技园

剑桥科技园位于英国东南部的剑桥郡，周边有剑桥大学和成片的高科技生物技术机构，其中著名的剑桥大学成为该地区研究活动开展的核心。剑桥科技园主要由工业区、研究开发区、高等教育区、居住及城市服务区五个模块构成，在剑桥大学的带动下以高科技为核心的创新增长方式闻名于世。1970 年，剑桥大学的圣三一学院充分利用学院科技和创新优势，建立了剑桥科学公园。过去 30 年中，科技园平均每年增加超过 5000 个就业岗位，国民生产总值增长率超过 6%，这种持续的高增长也是剑桥地区长期保持经济活力的主要原因之一。

（一）完善的配套设施

剑桥科技园与伦敦市中心距离并不远，园区周边风景秀丽、文化多元、交通便捷，成为在伦敦大都市圈生活的年轻人向往的就业目的地之一。园区配备非常齐全，有众多专业高端机构入驻剑桥科技园，其中包括专业的风险投资机构以及欧洲最顶尖的会计师事务所和律师事务所。剑桥科技园主要是由英国当地的著名高校、科研机构、企业、政府部门共同参与开发、投资而建设而成的。园区的管理主要由剑桥圣三一学院和管理剑桥不动产的比韦尔公司共同负责与承担的，并设置专职管理人以及“工业联络办公室”，其职能是为大学与企业界联络相关事宜。除此之外，剑桥科技园区建立了全方位、多层次的科技协作服务体系，园区的孵化器、俱乐部和各类协会都融入其中，积极为仍在发展中以及刚兴起的公司提供各项服务，使其体系更加完整。

（二）雄厚的科学技术支撑

作为剑桥科技园重要技术支持和创新源泉，剑桥大学具有强大的技术创新能力和高水平的科学研究能力。剑桥大学非常重视应用科学的研究。剑桥大学拥有的纳米科技前沿和先进计算机辅助技术，为高新技术产业中心的形成创造了有利条件。剑桥科技园依托剑桥大学丰富的科技创新成果及人才资源，对生物技术、节能环保、电子信息技术、通信技术和纳米技术等高新科技成果进行转化和孵化。同时，对科技成果产业化过程中遇到的各类问题，提供多方面的专业技术服务和商业配套支持。例如，园区培育了一批在生命科技领域表现突出的跨国企业，包括像中国启迪控股集团等大型公司纷纷入驻，将园区在生物医药等领域的先进技术和成果进行全球推广应用。

（三）紧密的产学研结合

剑桥大学为促进科技园的发展，制定了一系列有利于科学技术成果向校外转移的政策，这里主要来讲一下专业转化。剑桥科技园管理中心成立了产行业联络办公室，负责园区的成果转让工作。任何专利的权利人，包括个人、课题组或院系，都可以自主转化对科学技术成果的所有权。为鼓励本校知识产权的转让，它们制定了“抓大放小”的分配政策。根据所得（纯收入）数额，在发明者、所在院系和大学三方之间按一定比例进行分配。

（四）特色产业网络体系

剑桥大学为让科技成果转化筹集更多资金，成立了“剑桥技术服务公司”，代表剑桥大学与产业界的各个企业进行商务洽谈，并以剑桥大学的科技成果作为资本入股。在实现自身科技成果转化的同时，剑桥大学的教学和科研领域也与产业界保持紧密的联系，依托剑桥大学的科研优势，园区不仅与跨国企业建立了一批联合研究所、联合实验室，还吸引了一批跨国企业的直接入驻，形成了大学与企业紧密协作的特色产业网络体系。有了很多企业的入驻，园区围绕大学逐渐形成了公共研发中心、展示交易中心、教育培训中心等一系列成熟的公共服务配套和创意支持，形成了著名的“剑桥现象”。

三、剑桥经验

剑桥镇在建设初期提出了推进教育产业的持续性发展规划，在此后的将近 1 个世纪的发展中，小镇的历史与教育特色并存，35 个学院、88 位诺贝尔奖得主和 2 万在校学生的剑桥大学都注入小镇中，使教育产业成为剑桥镇的基础产业，向外输出的人力资源促进了科技产业的发展，小镇逐步成为未来科技中心。欧洲的科技园区竞争非常激烈，德国、奥地利、芬兰、瑞士都建有产业特色鲜明的科技园区。科技剑桥科技园区在剑桥大学的引领下，建立了独具特色的科技生态系统，浓厚的商业化、市场化气息环绕着整个园区。而以下的四个方面为科技园建立奠定了基础：一是顶级的大学科研支持；二是浓厚的商业氛围；三是稳定的社交网络；四是年轻学生创新创业。这些方面使大学、企业、学生与创投者紧密联合，为在校学生创新创业提供了充足的资金支持，也为园区的成长提供了支撑。

剑桥小镇的发展主要围绕着剑桥大学，一所好的大学不仅能够带动区域的教育发展，还能带动旅游、文创、科技等关联产业。小镇在做大做强教育产业的同时，旅游业、零售商业、科技创业新、新媒体等行业也日益蓬勃，为小镇创造了不计其数的就业机会。

第四节 美国硅谷：大学城与产业融合发展的成功典范

一、硅谷的形成

如果要问哪里能被誉为全球高新技术集聚区开发的领头雁，那答案毋庸置疑是“美国硅谷”。硅谷是一个传奇的地方，我们大家所熟知的乔布斯和比尔·盖茨等知名企业家，都是从此地开始他们最初梦想的。硅谷位于旧金山东南部的圣克拉拉谷地，著名的斯坦福大学、加州大学伯克利分校都位于硅谷。围绕着大学城，硅谷区域内集中了上万家大中小型高科技公司，其中约60%是以信息为主的实业公司，约40%是为实体公司的生产销售和研究开发提供各种配套服务的服务型公司。

硅谷的成功离不开制度和技术创新，更离不开人才。大学城使硅谷集聚了大量优秀的人，同时，硅谷也为人才提供一个优质的成长环境。硅谷的形成和发展与大学城有着密不可分的关系，其中最具代表性的就是斯坦福大学。1951年斯坦福的弗雷特·特曼（Frederick Terman）教授在校园内建立了世界上高技术产业区雏形——斯坦福工业研究园，开创了大学与产业在校园内合作的先例。早期阶段，硅谷内的许多公司都是由斯坦福大学的师生一起创办的。20世纪50年代初，斯坦福大学为了增加收入、增强与当地工业领域中各个企业的联系，在579亩的校园地皮上修建了轻型生产基地、实验室和办公用房。凡伦公司、惠普公司陆续搬到校园里办公，这里逐渐形成了一个科技工业园。

从校友企业、工商企业到高科技企业聚集地，而今的硅谷就是科技工业园区历经20多年的风雨，逐渐向南延伸形成的，全球知名的英特尔、苹果、雅虎就是硅谷的三大奇迹。一直以来，斯坦福大学鼓励学生积极进行自主创业，通过互联网信息传递最先进技术和知识，以保持学生们的创新思维。斯坦福大学孕育了无数的硅谷创业人才，为硅谷的高科技创新活动创建了一支强大的队伍。斯坦福大学是美国著名的拥有浓厚创业风气的研究型大学，硅谷的高科技公司在选取企业新职员时，总是先把目光投向斯坦福大学，斯坦福大学每年都会向硅谷企业输送一大批富有创造性思想的技术人才。

二、硅谷是个大学城

硅谷是一座名副其实的大学城，这里不仅培育了著名的斯坦福大学，还有加州伯克利分校、圣何塞州大学等7所知名大学和10余所专科院校。这些高等院校都为硅谷提供了优质的研究资源和充足的产业人才，推动了硅谷科学、技术与生产的全面发展。此外，硅谷优良的创业环境还吸引了印度、中国等全球人才的注意力，硅谷以开放和包容的姿态接纳来自全世界的出色人才，并且通过这些人才带来多元的文化创新。

（一）硅谷成为企业与高校互相融合的孵化器

硅谷内的高等院校与企业之间有着紧密的互动与合作关系，硅谷企业也为在校生提供了实习机会，互利互惠下，企业从高校那里获得管理、技术和人才知识，双方拥有了更多的合作机会。硅谷内的高等院校通过制定联盟计划，促进学术的优势互补、交流及合作，从而提高大学在硅谷中所发挥的作用。特曼教授很早就意识到技术研究和基础教学相结合的“混合教育”是大势所趋。20世纪50年代斯坦福大学通过与企业的合作计划，大力支持电子企业工程师们参与大学的研究生课程的学习，同时，让学生到当地的电子公司学习实践，从那里获得课题。这一计划不仅强化了研究型大学和区域企业之间的联系，也有助于企业工程师们第一时间获得最新技术的学习。

（二）产业结构与大学课程动态协作

为适应企业对不同层次人才和职工培训需求，硅谷以斯坦福大学为参考，兴建多所高水平综合性大学，实现了对学术、创新、职业的兼顾。以斯坦福大学为例，不仅包含了专科层次的短期大学，本科层次的学院，研究生层次的研究院，还有为企业创办的培训班。与此同时，硅谷内的高等院校还通过不断地改革专业结构和学科结构，满足企业对不同专业的需求。首先，硅谷内的高校通过设立创新与创业思维的课程，从入学开始就强化学生们的创新意识，提高学生们的创造能力；其次，为了适应企业对复合型专业人才的需求，硅谷的高校将社会学科、人文学科和自然学科等大类别的综合基础课相结合，培养出大众通用型专业人才；最后，为了满足企业对实用型人才的需求，满足新兴产业的职业岗位需求，强化职业教育课程，加重理工科课程的比例，强调学生对理论知识的运作以及实践操作。

（三）硅谷高校致力于培养学生的创新精神

大多数人对硅谷的第一印象就是高科技、新经济及巨额财富，而硅谷成功的最主要原动力是“硅谷创新精神”。硅谷高校优质的教学质量和高水平的研究保证了企业对专业人才的需求，也培养了一批有创业思想的年轻人。斯坦福大学大力鼓励学生把自己的研究发明推向应用市场，大力倡导、支持毕业生开创属于自己的公司。1947 年，特曼教授鼓励学生们在校自主创业，使学生们拥有管理能力及创新思维，即对产品与产业的新设想。斯坦福大学的这种做法是具有开创性的，在当时是胆略超群的。有了人才就有科技，有了科技就有资本，科技、人才、资本齐全自然会吸引全世界的高才生来这里淘金，这样的良性循环，使硅谷成为当今世界融科学、技术、生产于一体的知名小镇。

（四）高校承载了科技企业的“孵化与催化”

当年，伟大的特曼教授思考如何在近 600 亩的校园地皮上修建的办公用房、实验室和轻型生产基地，这些思考转换成行动，强化了斯坦福大学的孵化功能。硅谷发展的初期，大多数的公司都聚集在工业园区周围，这些公司充分利用大学资源，迅速发展，其中也包含了大学的师生投资办企业。1984 年，在斯坦福大学任教的里奥纳德 · 博萨克夫妇利用他们发明的路由器技术，以房产作为抵押，成立了在互联网领域知名的全球科技领导厂商思科（CISCO）公司。不仅仅是思科公司，苹果、雅虎、惠普等知名企业，都是斯坦福大学的校友和师生所创立的。因此，斯坦福大学成为名副其实的“硅谷黄埔军校”。

三、硅谷成功的因素

硅谷是一个充满梦想、创新与个性的神圣之地，它是如何成为世界高科技产业园区的代名词呢？其中的奥秘和成功之法着实耐人寻味。硅谷从一个小镇发展到如今的科技创新园，离不开其自身独特的发展模式与不断适应、不断转变的发展意识，硅谷形成的“科技引领创业，创业驱动创新，创业创造财富”的体制与机制，实现了由量变到质变的转化过程，值得世人称赞。

首先，研究型大学对于人才进行了理论知识灌输以及创新思维的培养，并与硅谷内的科技企业紧密合作，在强强联手下，大学培养出了一批又一批出类拔萃的毕业生，为硅谷未来的发展提供了核心原动力。我们知道，高校是科学技术成果的生产者之一。校企合作的理念在硅谷科技小镇的发展中同样扮演着不可或缺的角色。硅谷坐落于加州著名的斯坦福大学附近，绝佳的地理位置为硅谷科技小镇的校企合作提供了非常好的条件，同时也为大学科技园的建设提供了一个良好的发展平台。依托斯坦福大学将商业模式、新技术、新理论和技术人才等融入产业领域中，从而形成了最具硅谷特色的品牌效应。

其次，硅谷的成功也离不开一些高科技的中小企业以及国际知名企业的发展。这些企业在硅谷吸纳人才，同时也为人才创造了一个良好的发展环境，从而激发他们的潜力，为公司创造更多价值。公司的良好发展，吸引了更多的投资，使硅谷产业规模不断扩大，并以硅谷为中心，呈放射性向外延伸模式，带动周围的区域聚集，形成了一个相对完整、健全的区域。

最后，硅谷出色的产业生产及完整的基础设施配套建设保证了硅谷的持续发展，在企业文化的开放性延伸上硅谷也保持着开放、平等和不断学习的姿态。硅谷的成功得益于金融机构、中介组织、创新平台、非营利性组织等多元主体协同互动的网络创新模式。服务型企业伴随科技企业应运而生，根据市场的发展而调整，数量庞大，门类齐全，目前主要发展为以下几类：

（1）金融服务类：银行、投资公司、保险公司、租赁公司、证券公司、产权交易市场、各种基金机构等。

（2）中介服务类：会计师事务所、律师事务所、咨询公司、人才服务机构等。

（3）商业服务类：公共交通、邮电、通信、运输、情报信息、广告、装潢以及各种供应商、代理代销商等。

（4）生活服务类：零售、餐饮、旅馆、医院、文化艺术、体育、旅游、休闲、家庭服务、环卫、修配等。

（5）创新服务业：创意设计、产品设计、技术服务、商业服务。

图 2－2 为作者在美国硅谷的 Google 公司学习调研时的图片。

(a) (b)

图 2－2　作者在美国硅谷的谷歌（Google）公司学习调研

第三章　特色小镇：一种新型的信息经济集聚空间

杭州都市圈以信息经济为引领，发展形成了梦想小镇、云栖小镇、信息港小镇等多个新型的信息经济产业集聚区。特色小镇作为杭州都市圈信息经济产业集聚的一种新型载体，已然成为新常态下杭州都市圈经济转型升级的新引擎。在此契机下，各县域、小城镇也加速融入都市经济圈，在信息经济的引领下，按照各自的竞争优势参与分工合作，“都市经济圈”的信息经济网络体系变得越来越成熟。

第一节　杭州都市圈信息经济空间集聚模式

信息经济空间的集聚强调专业化、网络化和功能化。杭州是全球电子商务龙头企业阿里巴巴、物联网领军企业海康威视、网络设备制造企业华三通信的总部所在地，作为全国电子商务中心，杭州具备信息经济发展的良好条件和先发优势。在龙头企业的引领下，越来越多都市圈辐射范围内的企业开始用信息技术对传统产业进行改造升级，实现信息化和工业化的深度融合。在此契机下，各县域也加速融入都市经济圈，在信息经济的引领下，按照各自的竞争优势参与分工合作，“都市经济圈”的信息经济网络体系变得越来越成熟。

一、信息经济空间集聚发展特征

随着信息技术、互联网技术的不断进步和发展，以软件技术为支撑、以云计算和大数据为核心的信息产业正改变着传统的经济格局。从全球范围看，信息产业主要集聚在北美、西欧、亚太、拉美等地区，其中美国、西欧和日本以信息产业的创新区为主，亚太地区则主要以制造区为主。近年来，中国的信息产业也取得了较大的进步，就区域而言主要集中在京津唐、长三角、珠三角地区。京津唐地区主要以北京为信息经济核心区，进行知识产权的自主研发，以及软件、信息服务业的发展；长三角地区则凭借扎实的工业基础和开放的国际经济环境，在上海、杭州等城市的引领下大力推进信息经济的快速发展；珠三角地区则以深圳为核心，在腾讯、华为、比亚迪等前沿企业的带领下，承接国际信息产业的转移，信息设备制造业较为发达。

全球主要信息经济空间分布如表 3－1 所示。

表 3－1　　全球主要信息经济空间分布

北美地区	美国的硅谷、波士顿 128 公路、德州的奥斯汀
欧洲地区	英国的剑桥、芬兰的赫尔辛基、法国的格勒诺布尔
亚太地区	新加坡的“硅岛”、印度的班加罗尔、日本的东京城市群、中国台湾的新竹
中国	京津唐、长三角、珠三角地区

信息经济空间集聚主要分为技术创新集聚区和制造生产集聚区两类。其中，技术创新集聚区致力于技术研发、学术研究对产业的推动，主要依托高素质、高技能的人才优势，进行高新技术的研发和创新；而制造生产集聚区则主要是集技术应用、生产制造、市场营销于一体的多功能区，在互联网＋智能制造领域有更多的研究和突破。我们根据信息经济空间集聚的特征，将其分为以下四类：

（1）集聚在高新技术园区、软件园区。高科技园区、软件园这类园区信息要素、科技要素的集聚程度比较高，成为信息技术成果转换的重要载体，这类园区通常拥有成熟的资金运作体系和完善的基础设施。

（2）集聚在大学和科研机构周围。大学城是科研机构和青年人才最为集中的地方，其主要依托大学和科研机构的人才优势，实现知识外溢效应。该类集聚区以信息技术产品的设计与研发为主，入驻企业能够获得较低廉的人力成本、创业成本和相对充足的发展空间。

（3）集中在大都市的 CBD 区。对于外围环境和服务的要求较高，以靠近客户市场为目的，周边集聚了较多的信息服务企业的总部，银行可以凭借 CBD 区域的商业混合布局，以及便捷的通信与交通，协调和管理信息经济空间各主体。

（4）集中在环境优美的地区。相比传统的写字楼，产业园会拥有更开阔的空间，享受花园式的办公环境，它所提供的并不仅仅是一个办公空间，而通过协同，将研发、设计、展示、体验、营销、仓储、物流等多种元素融入一个优质的空间内。

二、杭州都市圈信息经济空间集聚模式

杭州都市圈位于长江三角洲经济圈的核心区域，主要包括杭州、湖州、嘉兴、绍兴四个城市。2018 年扩容后，该都市经济圈以杭州市区为中心，形成以湖州、嘉兴、绍兴、衢州、黄山为副中心，杭州市域 5 县市及德清、安吉、海宁、桐乡等杭州相邻 6 县市为紧密层的都市圈。扩容以后，杭州都市圈的面积约占长三角区域的 1/3。

杭州都市圈发展历程如表 3 – 2 所示。

表 3 – 2　　杭州都市圈发展历程

杭州都市圈 1.0 时代	2007 年，杭州都市圈第一次市长联合会议召开，杭州都市圈发展为以杭州市区为极核，湖州、嘉兴和绍兴为副中心，杭州市域 5 县（市）及与杭州相邻的德清、安吉、海宁、桐乡、绍兴、诸暨 6 县（市）为紧密层，联动发展形成长江三角洲的“金南翼”
杭州都市圈 2.0 时代	2016 年，《长三角世界级城市群发展规划》公布，杭州都市圈被列入“一核五圈四带”的“五圈”之一，这意味着杭州都市圈上升为国家战略
杭州都市圈 3.0 时代	2018 年 10 月 25 日，杭州都市圈第九次市长联席会议在杭州举行，会议批准衢州市、黄山市加入杭州都市圈，杭州都市圈拓容，都市圈的辐射力、影响力持续扩大

在产业空间集聚形态上，杭州都市圈已经形成了高新技术产业园区、软件园区、高教园区、商务园区、小微园区、特色小镇、特色创业街区等

不同的产业空间载体，根据载体的不同，我们将杭州都市圈的信息经济空间归为以下四类（如表3－3所示）。

表3－3　　　　杭州都市圈新经济空间集聚模式

序号	类别	特点	典型代表
1	以高新技术产业园为载体的信息经济空间	高研发强度、高附加值、快技术更新	杭州国家高新技术产业开发区
2	以高教园区为载体的信息经济空间	依托优质的教育和人才资源，实现“产学研”合一	杭州下沙高教园区
3	以商务园区为载体的信息经济空间	城市经济、文化、商业的汇集场所，人员、信息、服务高度集中的区域	杭州跨境贸易电子商务产业园
4	以特色小镇为载体的信息经济空间	产业、城市、人口融合的新平台	上城玉皇山南基金小镇

（一）以高新技术产业园为载体的信息经济空间

高新技术产业开发区以智力集中、技术集中、环境开放、政策优越等条件为依托，成为区域产业集聚重要的发展模式和经济可持续发展的战略选择。以信息产业为主要内容的高新技术新产业已经成为区域经济发展的全新增长点，它在推动地区产业结构转型升级、科技竞争力提升、人力资源集聚等方面发挥着重要作用。高新技术产业园区一般具有完善的基础设施和成熟的资金运作，对提高园区企业经济效益、拓宽企业成长空间有较好的推动作用。当前，高新技术产业园区已成为杭州都市圈信息技术产业化和发展信息经济的重要载体，杭州滨江高新技术产业开发区和杭州城西科创产业集聚区就是典型代表。

以高新技术产业园为载体的信息经济空间如表3－4所示。

表 3－4　　以高新技术产业园为载体的信息经济空间

名称	所在地	批准年份
杭州国家高新技术产业开发区	杭州滨江区	1991
杭州临江高新技术产业开发区	杭州大江东	2015
余杭省级高新技术产业园	杭州余杭区	1997
萧山省级高新技术产业园区	杭州萧山区	1998
杭州青山湖高端装备高新技术产业园区	杭州余杭区	2012
杭州未来科技城	杭州余杭区	2013

杭州大江东产业集聚区位于杭州湾“V”字形产业带的拐点，是浙江省 15 个省级产业集聚区之一。其中，杭州国家高新技术产业开发区于 1991 年 3 月经国务院批准为国家级高新区。该产业开发区集聚了杭州市 60% 以上的高新技术企业，企业总数 5000 家左右。同时，开发区涌现了阿里巴巴、新华三、海康威视、大华技术、浙江中控、聚光科技等一大批行业领军企业，形成了电子商务、智慧互联、智慧物联、智慧医疗、智慧安防、智慧环保等“互联网＋”的产业集群，该产业区正逐步成为浙江省最有影响的科技创新基地、高新技术产业基地。

杭州城西科创产业集聚区位于杭州主城区西部，浙江 15 个省级产业集聚区之一。该集聚区毗邻浙江大学，规划面积 302 平方公里，下辖杭州未来科技城和青山湖科技城。近年来，该集聚区形成了以阿里巴巴为代表的信息技术主导产业，以及生物医药和节能环保产业。其中，杭州城西科创产业集聚区内高端人才和高端研究机构集聚，其中包括 50 余名“国千”专家和 80 余名“省千”专家，另外，杭州电子科技大学、杭州师范大学、北京大学创新研究院杭州分院院等知名院校和研发机构纷纷入驻。

杭州大江东产业集聚区、城西科创产业集聚区主要发展指标如表 3－5 所示。

表3－5　　杭州大江东产业集聚区、城西科创产业集聚区主要发展指标

项目	杭州大江东产业集聚区					杭州城西科创产业集聚区				
	2013年	2014年	2015年	2016年	2017年	2013年	2014年	2015年	2016年	2017年
入区企业数（个）	1063	752	812	1034	1190	3298	3554	5413	13297	12506
投产企业数（个）	145	115	250	261	285	430	481	482	667	543
当年产业增加值（亿元）	113.60	87.37	142.33	202.16	220.98	402.62	500.18	578.61	1013.70	1013.70
#工业增加值（亿元）	89.76	70.00	116.00	195.00	211.90	89.20	87.00	92.00	147.00	111.06
#服务业增加值（亿元）	1.09	2.18	3.22	7.16	9.08	301.78	392.48	486.60	835.70	902.24
实际引进内资（亿元）	41.20	45.92	57.45	66.89	68.54	63.52	59.61	73.94	63.60	44.80
实际到位外资（亿美元）	4.80	5.12	5.94	6.58	6.00	5.19	4.15	4.16	3.20	2.40
科技活动经费支出（亿元）	13.52	6.94	10.54	15.27	18.11	34.09	15.99	17.86	166.00	164.74
科技活动人员数（人）	4040	2673	3044	4174	4401	11059	7193	6919	17156	16261
固定资产投资完成额（亿元）	189.15	178.61	210.73	228.40	160.47	130.29	236.28	296.26	366.90	366.90
工业总产值（亿元）	590.83	411.96	629.63	1013.40	1030.53	507.81	475.91	475.21	518.90	494.78

续表

项目	杭州大江东产业集聚区					杭州城西科创产业集聚区				
	2013年	2014年	2015年	2016年	2017年	2013年	2014年	2015年	2016年	2017年
服务业营业收入（亿元）	50.06	62.26	154.32	170.96	193.69	696.55	969.70	1483.50	2494.70	2226.81

资料来源：根据杭州统计局数据整理。

（二）以高教园区为载体的信息经济空间

信息经济的发展离不开技术、人才、企业、市场等要素的支撑，其中人才要素在信息经济发展中的作用不可小觑。教育科研资源的集聚往往伴随着技术和人才资源的共享，这种资源共享可以进一步扩大知识在一定范围内的溢出效应，促进知识创新，为高校和企业发展提供更多的创新支持，满足高教园区内越来越多的创业主体的需求。杭州都市圈高校数量众多，高教园区通过整合信息经济发展的要素，在区域内形成与大专院校、科研院所及各类创新主体的生态网络，促进区域技术创新与扩散，实现"产学研"合一，成为发展信息经济的重要载体①。杭州都市圈拥有下沙高教园区、滨江高教园区、萧山高教园区、小和山高教园区等多个知名的高教园区（如表3－6所示），以就业、创业或者与本地企业开展校企合作的形式，为都市圈信息经济发展提供了大量的人才和科研技术支持。

表3－6　　杭州都市圈主要高教园区

名称	数量	主要高校
杭州下沙高教园区	14	杭州电子科技大学、浙江理工大学、中国计量大学、浙江传媒学院、浙江工商大学、杭州师范大学、浙江财经大学、浙江金融职业学院、浙江经济职业技术学院、浙江水利水电学院等
杭州萧山高教园区	5	浙江同济科技职业学院、浙江建设职业技术学院、浙江师范大学萧山校区等

① 沈翔，戚建国．杭州都市圈发展报告（2016）［M］．北京：社会科学文献出版社，2016.

续表

名称	数量	主要高校
杭州滨江高教园区	6	浙江中医药大学、浙江机电职业技术学院、浙江医学高等专科学校、浙江艺术职业学院等
杭州小和山高教园区	6	浙江工业大学、浙江科技学院、浙江外国语学院、浙江长征职业技术学院等
绍兴镜湖高教园区	3	越秀外国语学院、绍兴文理学院元培学院等
嘉兴	5	嘉兴学院、嘉兴职业技术学院、同济大学浙江学院、浙江财经大学东方学院等
湖州	2	湖州师范学院、湖州职业技术学院等

资料来源：根据浙江省统计局网站数据整理。

高教园区包含大学、研究机构及企业的研究开发部门，这些机构有大量的技术成果和优秀的技术人才，当这些优秀的元素相互碰撞，相互融洽，会更好地推动信息经济空间集聚发展。随着多条地铁线路的开通杭州都市圈内的高教园区的交通也更为便利。以下沙高教园区为例，杭州地铁一号线的下沙西站、金沙湖站、高沙路站、文泽路站串联起了近 10 所高校，加强了浙江财经、浙江金融、浙江传媒等下沙高校的联系，使高校资源更便捷地得以流通，高校之间的交流也更为频繁。杭州都市圈高教园区的发展，也加速推进了高教园区以及整个区域创新创业的步伐，孵化器、众创空间、微园区等项目全面铺开。据统计，2015 年杭州有 15 家众创空间纳入国家科技孵化器体系管理（如表 3 – 7 所示），以大学生为主题的创业企业大量涌现，浙江大学、浙江工商大学、浙江工业大学等高校创业型中高端人才不断涌现。

表 3 – 7　　杭州 15 家众创空间纳入国家科技孵化器体系管理

空间名称	所在区县	空间名称	所在区县
青创迭代空间	西湖区	福云创咖	西湖区
浙江大学 e – works 创业实验室	西湖区	西湖创客汇	高新区
贝壳社	高新区	创业蜂房	西湖区
创业定制	西湖区	腾讯创业基地（杭州）	西湖区

续表

空间名称	所在区县	空间名称	所在区县
青创迭代空间	浙江大学	六和桥	高新区
恒创客	余杭区	We－Link 之“1024”创新基地	杭州经济技术开发区
云咖啡	西湖区	王道互联网＋众创空间	高新区
楼友会	高新区		

资料来源：根据杭州市政府网站相关资料整理。

（三）以商务园区为载体的信息经济空间

以商务园作为载体的信息经济产业集聚区主要分为高端商务区和电子商务区。

高端商务区是城市经济、商业、文化的集聚中心，它能够把金融保险、物流、研发设计、会展和各类服务业集成发展，成为人员、信息、服务高度集中的区域。高端商务区的这些特性吸引了大量高端服务业尤其是信息服务业机构及企业总部的集聚，从产业协同发展的角度来说，能更有效地发挥信息产业对其他产业的融合和辐射。

电子商务作为一种新型经济形态，它通过互联网对工业、服务业、商贸流通等传统行业进行渗透与优化，延伸企业的价值链，促进企业信息化建设与转型升级。近年来，在阿里巴巴等电子商务龙头企业的引领下，电子商务已经发展成为杭州都市圈的支柱产业，时尚、旅游、教育、文化等产业在“互联网＋”的春风下迅速发展，杭州也因此被誉为“中国电子商务之都”。截至 2017 年底，杭州共发展建设电子商务产业园 80 余个，总计入驻园区企业 10000 余家，这些电子商务产业园主要定位于大中型网商商城、小型电子商务创业、物流供应链、文化创意、品牌网络运营跨境电子商务等不同领域。

杭州都市圈以商务园区为载体的信息经济空间如表 3－8 所示。

表3－8　　杭州都市圈以商务园区为载体的信息经济空间

名称	所在地	定位
杭州电子商务产业园	杭州西湖区	打造国家级电子商务示范园区、国家级科技企业孵化器，服务电商企业、科技企业开拓海外市场，开展高科技项目投融资
中国杭州跨境贸易电子商务产业园	杭州下城区	杭州跨境电商产业的商务集聚地、跨境电商中的中央商务区
杭州智慧电商示范园	杭州拱墅区	国家级电商示范基地，打造电子商务、信息软件、文化创意综合产业发展平台
中国（杭州）跨境电子商务空港园区	杭州萧山区	整合萧山机场保税物流中心的报关、报检、物流等机构，为跨境电商提供全方位服务
浙江逸龙文化创意产业园	杭州建德市	集“孵化、创业、投融资”为一体的大型特色产业园区，小微企业孵化中心、文化创意企业集聚地
杭州下沙电子商务园	杭州经济开发区	网上商城网络营销、广告策划、仓储物流等一条龙电子商务产业链
织里童装电子商务产业园	湖州吴兴区	依托童装产业集群优势和童装城线下资源优势，推动童装线上线下的融合互动，配套童装设计中心、视觉中心、商检中心，形成电商特色生态链
桐乡市电子商务中心	嘉兴桐乡市	综合性电子商务中心，桐乡市电子商务品牌网络运营总部

资料来源：杭州都市圈发展报告——信息经济与智慧城市发展（2016年）。

杭州于2015年3月正式获批中国（杭州）跨境电子商务综合试验区，跨境电商出口额达近50亿美元，杭州跨境电子商务的发展也带动了都市圈内“兄弟城市”一同坐上“互联网＋”的快车。例如，湖州建设跨境电子商务产业园，通过“互联网＋”为丝绸、童装、竹制品等当地传统外贸产品发展开拓了新的空间；嘉兴出台一系列跨境电子商务实施方案，依托上海人才、产业外溢的优势，培育经济发展新业态和新空间……通过多区联动发展，跨境电商成为杭州都市圈内信息经济引领产业转型发展的典型。

（四）以特色小镇为载体的特色信息产业集聚区

不论是产业园区，或者当前的特色小镇，两者都在尝试搭建资源集约化、人才集中化、产业集群化的产业体系和空间格局，形成独特的竞争优势。在信息经济时代，两者主要都将产业布局的重点放在金融、互联网、新能源、研发、设计、创新等上游领域，以及电子商务、物流、会展、策划等利润空间较大的领域；两者也都重视要素的产业集聚与创新，信息经济领域的特色小镇和产业园尤其强调高端要素和优质产业的集聚，为区域创新和特色产业发展作出了一定的贡献。

由特色产业支撑形成的小镇，大都以信息、金融、时尚、旅游、健康医疗等高端服务业为主，是一个融文化创意、研发创新、成果转换、体验应用于一体的立体化特色产业系统。杭州都市圈积极发展以特色小镇为代表的特色产业平台，截至 2017 年，杭州市的省级特色小镇创建对象、培育对象和市级特色小镇合计入驻企业数达 38740 个，吸引“新四军”人数 12183 个。

浙江特色小镇建设中涌现了一批成功的典范。其中，杭州的梦想小镇、云栖小镇、跨贸小镇等已成为全国创业创新特色小镇典范；绍兴诸暨的袜艺小镇、嘉兴海宁的皮革时尚小镇、湖州的丝绸小镇也已成为传统产业转型的特色小镇代表。2016 年浙江首批 37 个特色小镇考核“成绩单”显示，16 个年度考核达良好及优秀的小镇中，坐落于杭州都市圈内的有 11 个，占全部良好及优秀小镇总数的 69%。

2017 年杭州市特色小镇发展情况如表 3 – 9 所示。

表 3 – 9　　2017 年杭州市特色小镇发展情况

项目	企业数（个）	“新四军”人数（个）	固定资产投资（亿元）	特色产业投资（亿元）	工业企业主营业务收入（亿元）	服务业营业收入（亿元）	税收收入（亿元）
省级特色小镇创建对象	22031	8571	330	257	1251	1767	230
省级特色小镇培育对象	11110	2210	125	80	649	3529	96
市级特色小镇	5599	1402	140	97	392	296	47
合计	38740	12183	595	434	2293	5592	372

注：“新四军”：主要指以高校系、阿里系、海龟系和浙商系为代表的“创业新四军”。
资料来源：杭州市统计局网站。

自 2015 年起，浙江率先提出特色小镇的转型发展思路，在这一模式创新中，杭州都市圈无疑走在了前列。依靠杭州电子商务巨头阿里巴巴和都市圈内发达的物流体系，湖州、嘉兴、绍兴等都市圈内的几个城市借力杭州信息经济的春风，打破时空限制，搭上都市圈发展“顺风车”。例如，安吉的白茶、织里的童装、海宁的皮革、平湖的服装箱包、桐乡的毛衫、柯桥的纺织、湖州的丝绸、大唐的袜业等特色产业全面“触网”，通过“互联网 +”助推特色产业集聚区经济转型发展。截至 2019 年 10 月，浙江全省共有 22 个省级命名的特色小镇、110 个省级创建特色小镇和 62 个省级培育小镇。其中数字经济领域的特色小镇数量有 41 个，第一批被省级命名的数字经济领域的特色小镇包括余杭梦想小镇、西湖云栖小镇、萧山信息港小镇、德清地理信息小镇和上虞 e 游小镇，这 5 个小镇都位于杭州都市圈内。

浙江特色小镇行业分布如图 3－1 所示。

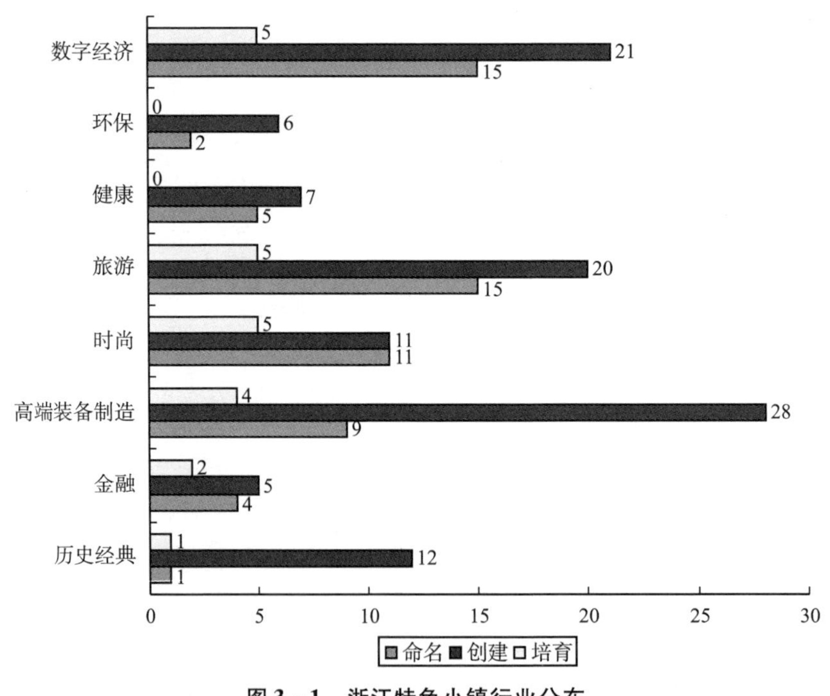

图 3－1　浙江特色小镇行业分布

第二节　杭州都市圈信息经济空间发展评价

产业集聚区（园区、小镇、街道）是产业聚集发展的载体、招商引资的平台、对外开放的窗口、经济发展和城市化进程的推进器。在创新驱动战略的引领下，以科技和信息经济为导向的“高新区”“科技园”“产业园”“特色小镇”等区域集聚发展模式层出不穷。因此，研究不同功能和不同载体的信息产业集聚区的发展，对提高城市资源配置、科技创新和对外开放都具有非常重要的意义。如何让这些产业集聚区在创新生态系统中做到协同、创新、高效，也成为亟待解决的问题。

一、杭州都市圈信息经济空间发展影响因素

从打造“天堂硅谷”到发展信息经济，从推进信息经济、智慧应用到建设具有全球影响力的“互联网 +”创新创业中心，杭州在信息经济领域的发展成绩显著，成为全国信息经济发展的领头羊。

杭州市“十二五”规划纲要中明确提出打造“1 +6”产业集群，打造一个万亿信息产业集群和文化创意产业、旅游休闲产业、金融服务产业、健康产业、时尚产业、高端装备制造产业六个千亿产业集群[①]。从2016 ~2017 的统计数据观察（见图 3 －2），信息经济产业增加值最大，2017 年达到 3216 亿元，占地区生产总值（GDP）的比重高达 25. 5%。从行业细分来看，2017 年软件与信息服务产业增加值高达 2318 亿元，占GDP 比重高达 18. 4%，是信息经济产业中唯一一个增加值超 2000 亿元的产业；另外，移动互联网、电子商务、数字内容、云计算与大数据四大产业增加值均超 1000 亿元。从各细分产业增速来看，电子商务产业增速高达 36. 6%，位列首位，其次为移动互联网产业为 35%，云计算与大数据产业也达 30% 以上的增速，表现较为突出。

① 《杭州市国民经济和社会发展第十三个五年规划纲要》。

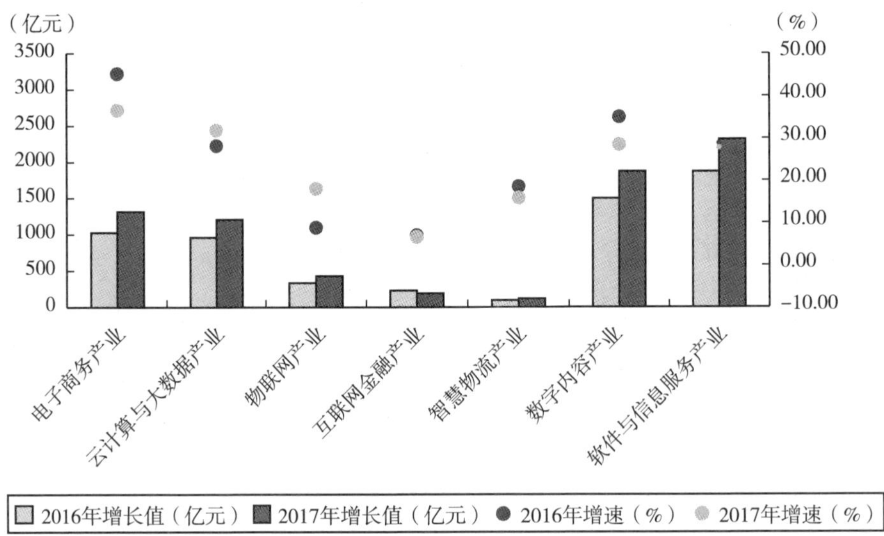

图 3-2　2016～2017 年杭州“1+6”产业集群增加值及增速变化情况

信息经济是以信息资源为基础，以信息技术为手段，以信息产业为主导，以通信、网络、计算机等技术为核心的服务业经济形态。已有的研究表明信息经济空间集聚会受到多种因素的影响，这些影响包括产业、科技、教育、人口、投资等。

影响信息产业集聚的因素主要包括信息企业集聚数量、总部数量、国际化程度等反映信息企业集聚度的指标，信息资源开发、信息商贸物流水平、信息经济消费水平等反映信息经济发展水平的指标。这些指标落实到细分行业，都能够反映影视、动漫、传媒、设计、广告、移动通信、数据传输、信息网络等行业的发展情况。另外，外商投资作为影响信息经济发展的要素之一，其作用也存在争议。一方面，外商投资确实为信息经济空间的改造提升创造了良好条件；另一方面，长期的外商投资也会产生不平等竞争、过分依赖和财富挤出等问题。

科技创新是原创性科学研究和技术创新的总称，主要可以分为知识创新、技术创新和管理创新三种类型。近年来，杭州都市圈在科技成果转化、新产品研发、高层次研发机构培育等方面取得了一定的成绩。尤其是众多中小企业在转型升级过程中加强新知识、新技术、新工艺的应用，在科研与试验发展活动中所投入的人力、物力、财力增速明显。因此，在创新投入方面，我们选取了较多跟R&D发展相关的指标作为衡量一个地区科技创新活动的规模和强度。在创新产出方面，我们把科技企业孵化器数量也列入重要评价指标。其实，关于企业孵化器的概念最早是从美国引入的，孵化器为新创办的科技型中小企业提供成长的摇篮和基础设施，随着风险资本的引入，孵化器还为中小初创型企业提供一系列的服务支持，进而降低其创业风险和成本。

关于教育、人才和信息经济，大多数学者认为一个地区高等教育水平对区域整体发展有一定的促进作用。但也有学者认为高等专业人才等人力资本作为一种流动的要素，具有“逐利性”和“不稳定性”，持续增长的教育投入和专业的人才资源不一定呈正相关关系。但高校毕业生一直被认为是衡量信息产业人才规模的重要指标。根据杭州都市圈人口持续增长和信息经济持续发展的统计数据，初步判断人口集聚有利于都市圈信息经济增长。为了科学地评价人才就业和区域经济发展的关系，这些指标还必须反映区域高校人才集中度和区域人才就业水平。因此，在人才就业指标的选取上，园区的人才服务中介数量、人才服务信息化水平、人才服务管理的提供和发展水平都是为大学生提供就业保障的重要依据。

杭州都市圈信息经济空间产业集聚、科技创新、人才就业体系如图3-3所示。

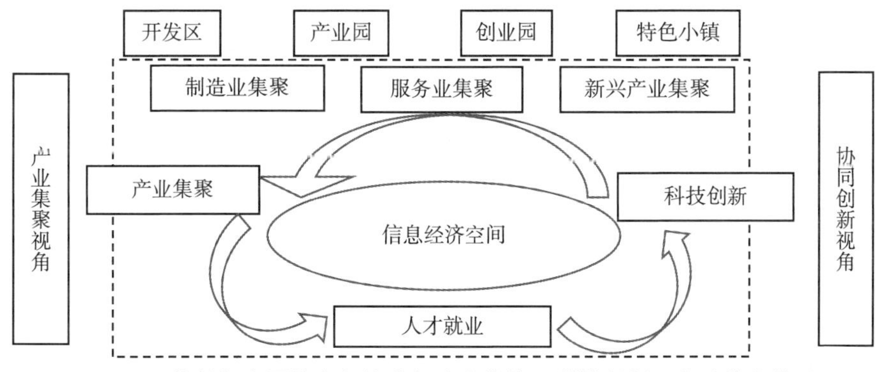

图3-3 杭州都市圈信息经济空间产业集聚、科技创新、人才就业体系

二、杭州都市圈信息经济空间集成创新能力评价

第二章中，我们提到有学者从集聚特征的视角将信息经济空间分为以下四类：以高科技园区为信息技术集聚的载体、以大学和科研机构的人才集聚形成的载体、以都市 CBD 商业中心为依托的载体、以环境优美的特色小镇（街区）集聚形成的载体。经过几年的发展，杭州都市圈已经形成了高新技术产业园区、高教园区、商务园区、特色小镇（谷）等信息经济空间形态。本章以杭州都市圈四种类型的信息经济空间为研究对象，从集成创新的角度评价这四类信息经济空间在产业集聚、科技创新和人才就业方面的集成创新能力，由此进一步探讨四类产业集聚区的发展重点和方向。

（一）信息经济空间集成创新能力评价体系构建

第一步，确立指标。

研究团队通过调研，并邀请多位专家研讨后对信息经济空间的产业集聚、科技创新和人才就业指标进行筛选和提炼，最终确定 30 个有效的评价指标。对评价因素指标进行层次分析，其中第一层为信息经济空间集成创新度的大类因素，分为产业集聚（X）、科技创新（Y）、人才就业（Z）；第二层为信息经济空间集成创新度的子因素，涉及信息经济空间集成创新能力评价的具体指标，分别根据产业环境、产业投资、信息技术、科技资源、人才服务、人才资源分为 30 个具体评价指标（如表 3 – 10 所示）。

表 3 – 10　信息经济空间集成创新能力评价体系

一级因素	具体指标
产业集聚（X）	X1：信息产业集聚程度
	X2：信息产业总部数量
	X3：信息产业国际化程度
	X4：信息经济消费水平
	X5：信息资源开发水平

续表

一级因素	具体指标
产业集聚（X）	X6：信息商贸物流水平
	X7：金融投资机构个数
	X8：金融机构国际化程度
	X9：外商投资情况
	X10：风投基金数量
科技创新（Y）	Y1：WIFI 和数字化覆盖度
	Y2：信息资源共享性
	Y3：信息资源开放性
	Y4：技术公共服务平台
	Y5：众创空间、孵化器
	Y6：科技研发机构水平
	Y7：研究与试验发展支出
	Y8：科技项目数量和层次
	Y9：与高校合作水平
	Y10：专利申请授予数
人才就业（Z）	Z1：人才服务中介数量
	Z2：人才机构国际化水平
	Z3：人才机构信息化水平
	Z4：人才居住环境
	Z5：人才政策
	Z6：人才法规
	Z7：留学回国人员水平
	Z8：高水平专家团队
	Z9：园区人才管理水平
	Z10：园区人才服务水平

第二步，选取结构熵权法计算权重。

结构熵权法的基本方法是将德尔斐专家调查法与模糊分析法结合，形成典型排序，然后对典型排序按照给定的熵决策公式进行熵值计算，“盲度”分析，减少不确定性，通过计算熵值确定权重。

由此我们可以得出一级指标的权重（如表3－11所示）；产业集聚指标的权重（如表3－12所示）；科技创新指标的权重（如表3－13所示）；人才就业指标的权重（如表3－14所示）。

表3－11　信息经济空间集成创新能力一级指标评分与结构熵权重计算

计算值	指标X	指标Y	指标Z
评估人1	2	3	1
评估人2	1	3	2
评估人3	1	3	2
评估人4	1	2	3
评估人5	1	2	3
评估人6	2	3	1
评估人7	2	3	1
评估人8	2	3	1
Mean 平均值	0.89624	0.57312	0.82312
bi(max) 最大值	1	0.79248	1
bi(max)－Mean	0.10358	0.21936	0.17688
bi(min)	0.79248	0.5	0.5
Mean－bi(min)	0.10376	0.07312	0.32312
Qj	0.10367	0.14624	0.25
1－Qj	0.89633	0.85376	0.75
Xi	0.80333	0.48931	0.61734
权重（%）	42.060	25.619	32.322

表3－12　信息经济空间产业集聚指标评分与结构熵权重计算

计算值	X1	X2	X3	X4	X5	X6	X7	X8	X9	X10
Mean	0.410	0.667	0.800	0.706	0.395	0.666	0.974	0.965	0.910	0.807
bi(max)	0.747	0.747	0.867	0.812	0.458	0.867	1.000	1.000	1.000	0.916

续表

计算值	X1	X2	X3	X4	X5	X6	X7	X8	X9	X10
bi(max) - Mean	0.337	0.080	0.067	0.106	0.063	0.202	0.026	0.035	0.090	0.109
bi(min)	0.289	0.578	0.671	0.578	0.289	0.289	0.916	0.960	0.747	0.578
Mean - bi(min)	0.121	0.089	0.129	0.127	0.106	0.377	0.058	0.005	0.163	0.229
Qj	0.229	0.085	0.098	0.117	0.085	0.289	0.042	0.020	0.126	0.169
1 - Qj	0.771	0.915	0.902	0.883	0.915	0.711	0.958	0.980	0.874	0.831
Xi	0.316	0.611	0.721	0.623	0.361	0.473	0.933	0.946	0.795	0.671
权重（%）	4.90	9.46	11.18	9.66	5.60	7.34	14.47	14.67	12.32	10.40

表 3-13　　信息经济空间科技创新指标评分与结构熵权重计算

计算值	Y1	Y2	Y3	Y4	Y5	Y6	Y7	Y8	Y9	Y10
Mean	0.446	0.550	0.708	0.830	0.908	0.943	0.889	0.634	0.840	0.551
bi(max)	0.747	0.671	0.812	0.960	1.000	1.000	0.960	1.000	0.916	0.916
bi(max) - Mean	0.301	0.121	0.103	0.130	0.092	0.057	0.071	0.366	0.076	0.365
bi(min)	0.289	0.289	0.458	0.289	0.812	0.747	0.671	0.458	0.671	0.289
Mean - bi(min)	0.157	0.261	0.250	0.541	0.096	0.195	0.218	0.175	0.169	0.262
Qj	0.229	0.191	0.177	0.336	0.094	0.126	0.145	0.271	0.123	0.314
1 - Qj	0.771	0.809	0.823	0.664	0.906	0.874	0.855	0.729	0.877	0.686
Xi	0.344	0.445	0.583	0.552	0.822	0.823	0.761	0.462	0.737	0.378
权重（%）	5.82	7.54	9.87	9.34	13.92	13.94	12.88	7.82	12.48	6.40

表 3-14　　信息经济空间人才就业指标评分与结构熵权重计算

计算值	Z1	Z2	Z3	Z4	Z5	Z6	Z7	Z8	Z9	Z10
Mean	0.877	0.727	0.932	0.770	0.767	0.775	0.754	0.550	0.621	0.671
bi(max)	0.960	0.916	1.000	0.916	1.000	1.000	0.960	0.671	0.960	0.960
bi(max) - Mean	0.083	0.189	0.068	0.146	0.233	0.225	0.206	0.121	0.339	0.289
bi(min)	0.812	0.458	0.812	0.458	0.289	0.458	0.289	0.289	0.289	0.289

续表

计算值	Z1	Z2	Z3	Z4	Z5	Z6	Z7	Z8	Z9	Z10
Mean - bi(min)	0.066	0.269	0.121	0.312	0.478	0.317	0.465	0.261	0.332	0.382
Qj	0.074	0.229	0.094	0.229	0.355	0.271	0.336	0.191	0.336	0.336
1 - Qj	0.926	0.771	0.906	0.771	0.645	0.729	0.664	0.809	0.664	0.664
Xi	0.812	0.561	0.845	0.594	0.494	0.565	0.501	0.445	0.413	0.446
权重（%）	14.31	9.88	14.88	10.46	8.71	9.96	8.83	7.84	7.27	7.85

第三步，研究对象选取和评分。

我们邀请了10位人员对杭州都市圈四个信息经济空间的产业集聚、科技创新、人才就业指标进行打分，评价人员是来自四个不同经济信息产业集聚区的就业人员，主要以刚毕业的大学生、青年创业群体、企业管理层、园区运营方等人群为主。根据指标的强弱程度，我们一共设置5个评价档次，分别为1～5，其中5表示最强、4表示较强、3表示一般、2表示较弱、1表示最弱（如表3－15所示）。

表3－15　杭州都市圈信息经济空间集成创新能力指标评价（A）

档次指标	A_1	A_2	A_3	A_4	A_5
意义	最强	较强	一般	较弱	最弱
评价分值	5	4	3	2	1

第四步，计算综合评价得分。

每个信息集聚空间的评价人员对各自所在的集聚区的产业集聚、科技创新、人才就业的具体指标进行评价，计算30个具体指标的加权分，人员评分 X_j 分别乘以其对应权重 α_j 得到加权分 Y_j，即 $Y_j = \alpha_j \times X_j$（$j$ 指具体的指标）。

将具体指标的平均分相加分别得出3个一级指标最终得分 Y'。

杭州都市圈信息经济空间集成创新能力评价如表3－16、图3－4所示。

表 3-16　　杭州都市圈信息经济空间集成创新能力评价结果

杭州都市圈信息经济空间	产业集聚	科技创新	人才就业	综合	排名
高新技术信息经济空间	1.413	1.401	1.504	4.318	1
高教园信息经空间	0.948	1.199	1.311	3.458	3
商务园信息经济空间	1.326	1.057	1.323	3.706	2
特色小镇信息经济空间	1.221	1.198	1.013	3.432	4

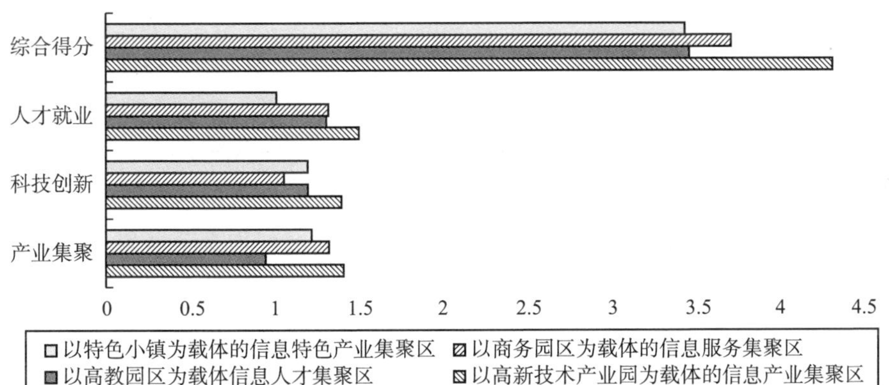

图 3-4　杭州都市圈信息经济空间集成创新能力评价

（二）评价结果分析

1. 产业集聚

从外产业集聚得分来看，高新技术信息经济空间以 1.431 分领先，而高教园信息经济空间则以 0.948 分排名最为靠后。具体到每个指标，我们发现该集聚区的信息产业总部数量、信息产业国际化程度都遥遥领先，充分体现了高新技术产业集聚区的信息企业集中水平和人才集聚效应。总体来说，企业首先看重的是信息产业集聚程度，产业集聚区能够有效地创造聚集力，通过共享资源、克服外部负效应，带动关联产业的发展，从而有效地推动产业集群的形成。产业是否集聚很大程度影响了企业之间能否共享资源，以及接下来的发展。还有就是信息经济消费水平，企业得根据自身的经济能力，评估产业集聚为自己带来的利益是否大于成本，来进行选择是否入驻产业园区。WIFI 和数字化管理覆盖是必不可少的，现在是数字化时代，这些是企业运营的基本条件。信息资源共享性也是很重要的，能帮助企业以更快的速度来改善自己的管理体系、产品更新、科技水平。

2. 科技创新

杭州国家高新技术产业开发区、杭州城西科创产业集聚区等以高新技术为载体的产业园区有着较好的发展基础，因此科技创新指标评价中优势明显。但这里值得一提的是，以特色小镇为载体的信息经济空间科技创新指标综合得分 1. 198 排名第三，仅次于高教园区信息空间 1. 199，并且超过了以商务园区为载体的信息经济空间。这表明，近年来在浙江特色小镇建设浪潮中，科技创新、高端人才、孵化项目等要素不断地加速集聚。另外，研究与试验发展的评价较高，说明高新技术产业集聚区在杭州都市圈创新主体培育、科技成果转化、创新能力提升中的示范带头作用正日渐凸显。对于一个企业来说，大数据时代下信息数据的利用是至关重要的，落户到产业园区中，形成产业集群，信息的共享性及开放性都将促进企业共同发展，吸引更多其他的企业加入该产业园区，提升变成产业中心的可能性。同时，企业内部管理、产品研发、人才培养都是一个公司能够持续发展的根，因此以上这些因素都是需要企业多研究分析，多方面综合考虑从而利于公司的未来发展。

3. 人才就业

影响人才就业的指标包括产业集聚区的人才管理水平，其中人才中介结构的专业化水平、信息化水平和国际化水平都会对人才的引进和落户产生重要影响，除此之外还包括人才居住环境、人才政策、人才法规等指标。评价指标显示，人才政策是影响人才就业的一个重要因素，相对优惠的人才政策或辅助政策，能帮助企业吸纳更多的人才，给企业带来更大的经济效益，从根本上提高企业的经营水平。从人才就业的指标来看，以高新技术为载体的信息经济空间综合指标 1. 504 位列第一，虽然以特色小镇为载体的信息特色产业集聚区位列最后，但与前面几位差距不大。可以看出特色小镇也正逐渐成为信息经济领域从业者的重要选择。在调研中我们发现，目前较多的大学毕业生都愿意选择环境优化、条件成熟、配套齐全的产业园或产业集聚区工作。他们认为产业园区环境良好，和校园环境不相上下，而且园区内同时工作的人年龄相仿，更容易相处，工作内容也细分得很详细，入职几周后就能掌握自己的工作主要职责。相比单一工厂，产业园的优势更明显一些。单一工厂地理位置偏僻，周边配套不够齐全，交通不便，而且单一的工厂职务分配比较混乱，一个人可能身兼数职，对于刚毕业的大学生比较容易产生心理落差。而园区的管理体系比较完善，职位分配明确，综合以上因素，大学生们更倾向于前者而并非后者。

杭州都市圈高校毕业生较为集中的特色小镇信息经济空间如表3-17所示。

表3-17　杭州都市圈高校毕业生较为集中的特色小镇信息经济空间

城市	特色小镇	定位
杭州	跨贸小镇	跨境电商综合试验区的落地实体，创新国际小包出口模式，扩大直邮进口规模，形成以跨境电商为产业定位的国际化人才集聚区
	移动智慧谷	致力于推动移动互联网科技产业、智能化产业快速发展的综合型高新技术产业园区
	上城玉皇山南基金小镇	金融产业集聚的小镇，入驻多家投资基金、私募（对冲）基金等财富管理类金融机构
	江干丁兰智慧小镇	杭州智慧城市建设试点之一，以电子商务、移动互联网、云计算等产业为主，推动智慧社区、信息服务业、文化旅游协同发展
	西湖云栖小镇	云计算产业生态聚集地，小镇围绕云计算产业，打造的一个以“云生态”为主导的产业小镇
	余杭梦想小镇	重点鼓励大学生、青年群体创业，是杭州市众创空间的新样板
	余杭尚艺小镇	打造国际时尚人才集聚中心、国际时尚创意交汇中心、国际时尚产品领导中心
	临安云制造小镇	位于杭州青山湖科技城，集聚云制造技术研发、云制造企业孵化、云数据存储服务等重要载体
绍兴	上虞e游小镇	以数字经济为核心，重点集聚数字游戏、数字影视、数字视听、数字出版等数字经济领域新业态
	诸暨袜艺小镇	以袜艺产业为核心，同步发展文化、旅游等行业，力争成为全球最先进的袜业制造中心、研发基地和袜业旅游目的地

续表

城市	特色小镇	定位
湖州	湖州丝绸小镇	发展“丝绸+游乐”“丝绸+度假”“丝绸+文化体验”，打造世界级丝绸创新平台，长三角特色休闲度假目的地
	德清地理信息小镇	代表了地理信息大数据的发展前沿，涵盖芯片研发、装备制造、数据生产、软件研制和信息服务等地理信息产业
嘉兴	海宁皮革时尚小镇	建设成为世界皮革时尚产业、皮革贸易、皮革旅游目的地，浙江省主要皮革时尚产业基地
	桐乡毛衫时尚小镇	以时尚产业为主导，开展毛衫类产品的电子商务、研发设计，打造一批知名的毛衫品牌
	乌镇互联网小镇	通过互联网大会、小镇旅游，打造开放共享的“互联网+”生态圈，建设具有诗画水乡特色的“互联网小镇”
	平湖国际游购小镇	打造新型进口商品批发综合体，形成国际游购园、e购产业园、e购服务园等平台
	秀洲智慧物流小镇	以智慧物流产业为主导、物流资源整合为核心、物流科技应用为支撑的智慧物流小镇

资料来源：根据浙江省特色小镇官网资料整理。

三、杭州信息经济空间产业集聚、科技创新与人才就业耦合协调研究

（一）杭州信息经济空间综合指标评价体系

都市圈的信息集聚、创新发展和人才就业是推动区域经济转型升级和高质量发展的关键所在。杭州都市圈位于长江三角洲经济圈的南翼，是长三角城市群重要的板块。杭州都市圈城市架构全面清晰，大城市、中小城市、小城镇空间布局合理，是全国产业集聚度、协同度最高的地区之一。“十三五”期间，杭州都市圈牢牢抓住互联网发展的机遇，在“数字经济”时代实现了信息经济与智慧城市的融合发展、区域创新与人才就业的协同发展。因此，研究杭州都市圈信息集聚、区域创新和人才就业的耦合协调关系，对推动三者协同发展，建立协调保障机制，实现都市圈信息、

科技、人才资源的优化配置，具有重要的现实意义。

朱文晶认为信息产业作为信息经济的核心内容，在时空规律上主要表现为信息要素的集聚，信息要素集聚程度一定程度上反映了地区信息化的发展程度和水平高地。研究者通常寻求宽带业务数、电信业务收入、信息产业值等指标来衡量一个区域信息要素的丰富程度。但斯托普（Storper，2004）认为信息要素可以分为硬件和软件两方面，其中信息人才、信息政策、信息服务等“软要素”更为关键，它能为信息经济空间的集聚发展提供智力、政策、创新和服务的支撑。从产业集聚和区域创新的角度分析，程中华认为知识和技术外溢有利于产业集聚，而不断扩大的产业集聚又加强了知识和技术的溢出，两者相互影响。城市经济学的空间集聚理论则更强调技术外部性（知识溢出）对于区域创新的影响，伴随着网络、通信以及信息技术的高速发展，知识和技术的空间溢出已成为影响区域创新的重要因素。从空间功能的视角，我们将信息集聚空间分为制造生产集聚区和技术创新集聚区两大类，伴随着新型城镇化的发展，基于技术创新的产业集聚区已经开始呈现出更大的空间集聚效应。通过技术创新，高效的网络和便捷的交通使小城镇的新产业、新业态、新模式不断涌现，这对小城镇的人力资本提出了更高的要求。对于小城镇而言，在充分吸收大城市服务业聚集空间溢出效应的同时，更要发挥本地服务业“小而精”的特色优势，凸显专业化规模效应和多样化融合互动，拓宽服务业就业渠道，提升就业吸纳能力，缩小与大城市的差距。

从量化分析来看，热拉尔（Geral，2007）采用区位熵方法计算不同空间的产业集聚指数，并以此来衡量产业集聚程度。例如，通过特定产业就业人口和区域总人口的指定关系可以用来评估该产业的空间集聚程度。这种测度虽然为信息空间集聚研究提供了有益的视角，但区位熵侧重反映某一产业部门的专业化程度，其衡量的指标不够全面，缺乏多维度、多层次、多形态的分析。结合杭州信息经济的发展基础和规模、区域创新的投入和产出、人才就业的规模和数量，最终构建了包含三个层级，24 个指标的信息集聚、区域创新与人才就业的综合评价体系（见表 3 - 18）。

表 3-18　信息集聚、区域创新与人才就业综合评价体系指标权重

评价体系		指标	单位	效应	权重
信息集聚系统	信息经济基础	电信业务收入	万元	+	0.159
		年末移动电话用户数	万户	+	0.167
		年末宽带业务户数	万户	+	0.121
		第三产业外商直接投资项目	个	-	0.123
	信息经济规模	文化创意产业	亿元	+	0.109
		信息经济产业	亿元	+	0.116
		全市货运量	万吨	+	0.125
		快递量	万份	+	0.080
区域创新系统	创新投入	全社会 R&D 经费投入情况	亿元	+	0.135
		研究与试验发展活动折合全时人员	人年	+	0.122
		研究与试验发展经费支出与 GDP 之比	%	+	0.182
		企业有科技机构数量	个	+	0.122
	创新产出	专利授权数	件	+	0.142
		规模以上工业企业研究与试验发展项目数	项	+	0.091
		新产品产值率	%	+	0.114
		科技企业孵化器数量	个	+	0.091
人才就业系统	教育规模	高等学校在校生人数	人	+	0.120
		高校毕业生数	人	+	0.187
		职业中学、技工学校毕业生数	人	+	0.082
		第三产业就业人员占比	%	+	0.092
	就业人才	信息传输、计算机服务和软件业就业人数	人	+	0.093
		租赁与商务服务业就业人数	人	+	0.085
		金融业就业人数	人	+	0.132
		科学研究、技术服务就业人数	人	+	0.129

研究数据的来源除必须遵循科学性、量化性、可比性和稳定性的原则，以上数据主要来源于 2010～2017 年杭州的统计年鉴和统计公报，由于各指标间量纲和单位不同，因此在确定权重和数据分析之前需要先对数据进行标准化处理，计算公式如下：

$$X'_{ij}=\frac{X_{ij}-X_{i\min}}{X_{i\max}-X_{i\min}}\quad X_{ij} \tag{3-1}$$

$$X'_{ij}=\frac{X_{max}-X_{ij}}{X_{i\max}-X_{imin}}\quad X_{ij} \tag{3-2}$$

式中，X_{ij}为标准化处理后的数值，$X_{ij}(i=1,\ 2,\ 3;\ j=1,\ 2,\ \cdots,\ k)$为第$j$个指标的第$i$个年份，即序参量；$X_{i\max}$和$X_{i\min}$分别代表了该指标原始数据在评价期内的最大值和最小值。

（二）指标计算

为了避免人为确定权重的主观性，本文以基于信息熵为原理的均方差决策法来确定指标权重。指标的标准差与变异性是具有一致性的，通过计算各指标的标准差，同一指标的标准差越大，指标的变异程度越大，所提供的信息也就越大，在综合评价中的作用就越大，因此权重越大；反之，标准差越小，权重越小。均方差法及权重的计算过程如下，见公式（3－3）、公式（3－4）：

$$\partial_j=\sqrt{\frac{1}{n}\sum_{i=1}^{n}(X'_{ij}-\overline{X_{ij}})^2},\ \overline{X_{ij}}=\frac{1}{n}\sum_{i=1}^{n}X'_{ij} \tag{3-3}$$

计算j项指标的权重系数：

$$W_j=\partial_j\Big/\sum_{j=1}^{m}\partial_j \tag{3-4}$$

由于区域信息集聚、区域创新与人才就业是一个复杂的系统工程，本研究尝试从耦合协调的视角分析杭州信息经济空间的耦合协调发展，对杭州的信息集聚—区域创新—人才就业的耦合协调度进行测算，分析三者协同发展过程中出现的问题。通过借鉴物理学中的容量耦合系数模型，对区域信息经济、区域科技创新、区域人才就业三个不同但又相互作用的子系统进行耦合，体现各个子系统之间的良性互动和相互依赖，构建包含三个子系统的耦合度函数可以表示为公式（3－5）：

$$C=\left\{\frac{f(E)\times g(U)\times m(X)}{(f(E)+g(U)+m(X))^3}\right\}^{1/3} \tag{3-5}$$

式中，C表示综合反应信息集聚——区域创新——人才就业系统的耦合度。$f(E)$表示区域经济信息系统综合发展水平；$g(U)$表示区域科技创新系统的综合发展水平；$m(X)$ 表示区域人才就业系统综合发展水平。C 的取值范围是 0～1，即 $C=0$ 时三个系统处于关联性最差，完全无序状态，$C=1$ 时三个系统处于关联性最强，最有序的状态。为了更加准确地判断区信息集聚、区域创新、人才就业三个系统间的和谐程度，揭示三者的动态平衡发展状态，耦合协调模型可以进一步构成如下公式（3－6）：

$$T=\alpha f(E)+\beta g(U)+\chi m(X)$$

$$D=\sqrt{C\times T} \tag{3-6}$$

式中，T 表示系统 $f(E)$、系统 $g(U)$ 和系统 $m(X)$ 整体协同效应的综合评价指数；C 表示系统 $f(E)$、系统 $g(U)$ 和系统 $m(X)$ 的耦合度；D 表示系统 $f(E)$、系统 $g(U)$ 和系统 $m(X)$ 的耦合协调度，D 值越大表示三个系统之间的协调性越好，反之则表示三个系统的关联性、协调度越差。考虑到信息集聚、区域创新、人才就业三个系统协同发展的需要，令 $\alpha=\beta=\chi=1/3$。

（三）杭州信息经济空间耦合协调研究

杭州是全国信息经济的“领头羊”，根据杭州市信息经济空间产业集聚、科技创新与人才就业三者的发展情况，我们构建了杭州市信息经济空间产业集聚、科技创新与人才就业耦合协调度评价指标体系，分析三者耦合协调发展水平，为杭州信息经济空间的发展提供了有效的意见。根据耦合协调评价标准，杭州信息经济空间产业集聚、科技创新与人才就业系统发展水平分为以下四个阶段：2011～2012 年为中轻度失调阶段，2013～2014 年为濒临失调阶段，2015～2016 年为勉强协调阶段，2017 年为初级协调阶段（如表 3－19、图 3－5 所示）。

表 3－19　杭州信息经济空间产业集聚、科技创新与人才就业耦合协调评价结果

年份	$f(E)$	$g(U)$	C	T	D	耦合调节类型	耦合协调等级
2010	0.026	0.027	0.258	0.0567	0.120	低度协调耦合（低水平耦合阶段）	中度失调
2011	0.139	0.102	0.307	0.168	0.227		轻度失调
2012	0.307	0.247	0.332	0.271	0.299		轻度失调

续表

年份	$f(E)$	$g(U)$	C	T	D	耦合调节类型	耦合协调等级
2013	0.382	0.407	0.333	0.403	0.366	中度协调耦合（拮抗阶段）	濒临失调
2014	0.481	0.411	0.332	0.460	0.391		濒临失调
2015	0.690	0.630	0.333	0.653	0.466		勉强协调
2016	0.771	0.788	0.329	0.703	0.481		勉强协调
2017	0.973	0.998	0.333	0.956	0.564	良性协调耦合（磨合阶段）	初级协调

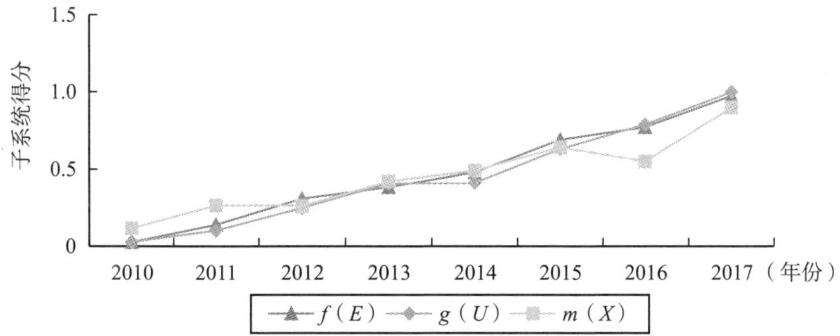

图 3－5　杭州产业集聚、科技创新、人才就业发展系统

杭州的区域信息集聚系统 2010～2017 年呈整体上升趋势，其中 2016～2017 年增速尤为明显，表明杭州不断集聚创新要素，信息经济集聚水平不断提高，并且在 2016 年有一个较快速的提升。从信息经济产业集群打造目标来看，软件与信息服务、数字内容、移动互联网、电子商务、云计算与大数据等产业应继续发挥产业集群优势；集成电路及机器人等弱势产业也应挖掘资源优势，增强产业竞争力，这样才能确保信息经济产业万亿目标的实现。从杭州互联网行业企业的分布情况来看，上城、下城、西湖、拱墅、滨江、余杭、江干等区均聚集了大量的互联网企业，其中包括老牌的电子商务企业和一批“独角兽”企业，如口碑、淘票票等。企业集聚的数量越多，这就意味着信息产业集聚程度很高，各种设施设备比较完善，比较容易获得配套的产品和服务，服务相对于在其他企业分散的区域更加完备，对于刚起步的企业这些都是有利因素。

杭州的科技创新系统 2010～2017 年呈整体上升趋势，但在 2013～

2014 年有一个小幅的下滑，2014 年之后呈持续上升趋势。2015 年 8 月 25 日，国务院正式批复同意杭州国家级高新区建设国家自主创新示范区，杭州（滨江）国家高新区全国排名从第 6 位跃升到第 4 位，城西科创大走廊和城东智造大走廊加快建设，科技体制改革不断深化。2017 年杭州市发明专利申请量、授权量分别为 25578 件和 9872 件，在信息科技研发上杭州交出了满意的成绩单。除此之外，2017 年杭州入选国家双创基地 5 家，国家级众创空间 55 家，国家级孵化器 32 家，国家级孵化器数量居省会城市和副省级城市第一位。同时，一批高新技术为主要产业的特色小镇也崭露头角。滨江互联网小镇、云栖小镇、杭州东部医药港小镇、滨江物联网小镇 4 个小镇进入首批省级高新技术特色小镇（建设类）名单。

杭州的人才就业 2010 ~ 2017 年整体呈上升趋势，表明区域人才就业水平不断提高，高校毕业生“留杭”意愿强烈。在调研中，我们发现杭州很多的创业园区都会设在高校旁边，增加了与高校等科研机构合作的机会，这对于企业的提升无疑是一个很好的平台。不仅如此，人才服务中介的数量和服务水平，也是人才工作的一个重要组成部分。从图 3 – 5 我们发现，2015 ~ 2016 年有一个小幅的下滑，但 2016 ~ 2017 年又显著上升，这个表现和杭州市在此期间出台的一系列人才政策有关，杭州的人才政策相对于其他地区来说更加有吸引力。2016 年，杭州市出台《杭州市小微企业创业创新基地城市示范工作专项资金管理办法》，通过设立小微企业“服务券”和“活动券”来鼓励小微企业的发展和大学生创业。

第三节　特色小镇：信息经济时代青年人才就业新空间

2015 年，浙江省政府对特色小镇提出了“以新理念、新机制、新载体推动产业集聚、产业创新和产业升级”的要求。近年来，杭州都市圈以信息经济为引领，发展形成了梦想小镇、云栖小镇、信息港小镇等多个信息经济特色小镇产业集聚区。特色小镇作为杭州都市圈信息经济空间集聚的一种新型载体，有利于优化区域产业生态系统、推动区域创新要素集聚，是新常态下杭州都市圈经济转型升级和产业生态系统创新增长的新引擎①。

一、特色小镇：一种新型的创新集聚空间

（一）“特色小镇”是技术创新集聚空间

特色小镇依托自身特色，通过单一或者多种产业价值链的产业集群，成为产业网络中极具竞争力的产业技术创新中心。技术创新型的特色小镇一般具有良好的制造业基础，小镇通过引进人才和研究机构提升专业技术服务，实现产业高精尖发展，同时推进小镇产业价值链与空间价值链的协同发展。这类小镇的典型代表是位于德国北威州的利普施塔特小镇，该小镇是德国十大精密模具制造商“海拉模具事业部”的总部所在地，该小镇还集聚了69所大专院校、50个研究机构，以及依托研究机构形成的48家科创园区，形成了德国精密制造的全产业链体系。

（二）“特色小镇”是小微企业创新集聚空间

特色小镇通过构建优质的公共服务和产业生态体系，打破不同业态之间的壁垒，成为小微企业的聚集地和创业创新示范基地。这类小镇的典型代表是杭州萧山信息港小镇。萧山信息港小微企业园引导行业龙头企业发挥标杆作用，以“互联网+”“人工智能+”为产业定位，引进科大讯飞等知名人工智能企业入驻，同时引入微软创新中心等知名创业创新孵化器，吸引和带动上下游全产业链的中小微企业共同发展。作为政府服务小微企业的载体与基地，萧山信息港小镇在园区设立了“信息港创新服务大厅”，助力小微企业无忧成长。

（三）“特色小镇”是产学研创新集聚空间

特色小镇是产学研创新集聚的空间，以特色小镇为载体的新型产学研

---

① 闵学勤．精准治理视角下的特色小镇及其创建路径［J］．同济大学学报，2016（10）：55－60.

合作集聚空间，通过整合高校、科研院所与小镇的产业资源，实现区域优质资源共享。小镇通过协同创新，构建以科研院所为主体的知识创新体系、以企业为主体的技术创新体系和以高校为主体的人才创新体系。这类小镇依托充足的发展空间和较低的创业成本，与高水平的研究机构建立战略关系，实现了知识的外溢。这类小镇的典型代表是美国“硅谷”，硅谷周边的高校和企业有着紧密的合作互动，以斯坦福为代表的研究型大学和本地企业强强联手，将新理念、新技术、新模式导入产业领域中，实现了互联网等高科技产业体系的延伸和发展，让硅谷成为全球创客云集、技术创新的高地。

（四）“特色小镇”是青年人才创新集聚空间

特色小镇也是青年人才的创新集聚空间，创新创业型的特色小镇以科技与软件研发、互联网与大数据、企业孵化与经营为主要培育项目，同时配套休闲旅游、商业服务等新业态。青年大学生创业领域主要集中在高科技、互联网和商业服务等领域，该类型的特色小镇强调科技、人才和智力的推动，小镇营造良好的工作和生活氛围，吸引更多创业创新型的人才集聚。相关数据显示，杭州的“梦想小镇”作为创业创新型小镇的代表，对青年人才的吸引力在杭州众多小镇中名列前茅，目前已引进创业项目725个，集聚创业人才8990名、金融机构210家。

二、杭州都市圈特色小镇空间分布

杭州都市圈位于长江三角洲经济圈的南翼，是长三角城市群的重要板块，也是全国重点打造的都市区域经济体。杭州都市圈县域经济发达，产业架构清晰，呈现出三个圈层的产业空间布局：核心圈主要发展信息技术和软件、电子商务、金融、旅游及文化创意等产业；内圈主要发展智能制造、医药化工、纺织服装、橡胶塑料等产业；外圈则根据各个县域和小城镇的优势和特色发展化工冶炼、皮革、农业、乡村旅游等相关产业[①]（如

---

① 沈翔．杭州都市圈发展报告——信息经济与智慧城市发展（2016版）[M]．北京：社会科学文献出版社，2016.

图 3-6 所示）。

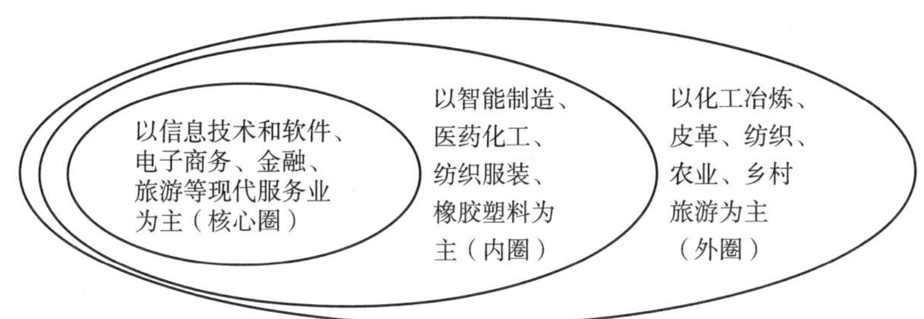

图 3-6　杭州都市圈产业空间布局

杭州都市圈县域经济发达，小城镇数量众多，在信息经济时代，小城镇逐渐融入都市圈的发展步伐，在都市圈产业转型过程中发挥了重要作用。特色小镇作为杭州都市圈产业链与创新链形成过程中的新型产业空间，通过资源整合，把产业新信息、新业态、新模式、新人才导入到本区域来，通过协同创新推进特色产业联盟和区域创新体系建设，对都市圈"大城小镇"空间格局的形成发挥了重要的作用。根据特色小镇在杭州都市圈的空间分布来看，我们将其分为嵌入都市型、围绕都市型和远离都市型三大类（如表 3-20 所示）。

第一类特色小镇主要位于都市圈的核心圈层，我们称为嵌入都市型。例如余杭梦想小镇、西湖云栖小镇、下城跨贸小镇，这些小镇主要发展信息经济、商业服务为主，依托发达的交通网络与城市核心区相连，紧紧地嵌入大都市板块。

第二类特色小镇主要位于都市圈的内圈层，我们称为围绕都市型。例如萧山信息港小镇、滨江物联网小镇、西湖龙坞小镇等。这些小镇大都是新型城镇化与信息化的产物，它们通过高效的信息网络，围绕都市核心圈形成产业协同体系。

第三类特色小镇基本位于都市圈的外圈，我们称为偏离都市型。例如诸暨袜艺小镇、德清地理信息小镇、桐乡毛衫时尚小镇。这类小镇很难直接嵌入都市核心区的产业体系中，城市中心的资本、人才、服务等要素也很难直接流入这类小镇。因此，这类小镇需要自主构建发展动能，主动匹配外界资源，依托互联网、物联网所带来的新机遇走出一条特色道路。

表 3-20　　杭州都市圈产业空间布局中的特色小镇类型

	特色小镇	城市	定位
嵌入都市型	余杭梦想小镇	杭州	以互联网产业为特色的新一代信息技术产业和科技金融为重点的现代科技服务业
	西湖云栖小镇	杭州	依托阿里巴巴云和转塘科技经济园区两大平台打造的一个以云生态为主导的产业小镇
	下城跨贸小镇	杭州	以跨境电商为产业定位的国际化人才集聚区和创业创新示范区
围绕都市型	萧山信息港小镇	杭州	以“互联网＋、人工智能＋”为产业定位的小微企业聚集地
	滨江物联网小镇	杭州	以物联网龙头企业为核心的物联网产业示范基地、数字安防产业集群
	西湖龙坞茶镇	杭州	以“龙井茶文化产业”为主导，集乡村旅游与民俗体验、文创产业、运动休闲产业于一体的特色小镇
偏离都市型	诸暨袜艺小镇	绍兴	依托袜业制造中心建立起来的袜业文化中心、袜业主题景观空间、袜业旅游目的地小镇
	德清地理信息小镇	湖州	地理信息大数据的发展前沿，地理信息产业集聚地
	桐乡毛衫时尚小镇	嘉兴	依托全国最大的羊毛衫集散中心建立起来的集度假、购物、文化、工作多位一体的毛衫时尚小镇

资料来源：根据浙江省特色小镇官网资料整理。

三、大城小镇空间格局下青年人才就业空间选择因素

（一）特色小镇青年人才就业空间选择

本书研究采用问卷调查、现场交流、电话沟通等方式，对在特色小镇就业的青年群体进行了调研，以此了解杭州都市圈青年人才就业空间和就业理念的新变化，以及特色小镇青年人才的发展现状和需求。

1. 问卷调查。问卷采用网络问卷的方式对特色小镇就业的青年群体进行调查，调查内容为特色小镇吸引青年人才就业的主要因素，调查对象为杭州都市圈内的 20 个特色小镇的 110 名青年大学生就业群体。

其中，问卷发放对象中青年男性占 54%，青年女性占 46%，研究生

或以上学历的占18%，本科学历的占34%，大中专学历的占48%。从调查问卷的统计结果来看，创业生态、就业环境和政策扶持分别占23%、21%和19%，是青年人才选择去特色小镇就业的三大主要因素（见图3-7所示）。

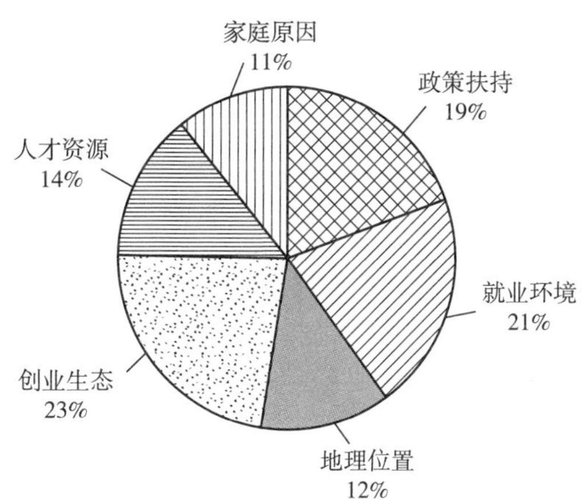

图3-7　杭州都市圈青年人才特色小镇就业的因素

2. 典型案例研究。在走访中，我们发现青年人才就业比较集中的是以信息经济为主导产业的特色小镇。因此，充分考虑了青年人才的就业领域和集中程度，我们主要选取信息经济相关的特色小镇的进行走访，并对小镇青年人才进行深度访谈，访谈内容主要涉及：为何选择来特色小镇工作？你所在的特色小镇工作环境如何？以特色小镇为载体的就业空间有什么优点和缺点……为了确保样本的代表性，对访谈对象的资料进行分析整理，归纳了6个案例作为典型代表（如表3-21所示）。

表3-21　杭州都市圈特色小镇工作人员基本信息（受访者以信息经济产业为主）

编码	性别	年龄	毕业院校	专业	岗位	所在小镇
F-1	女	26	浙江大学	信息工程	自主创业	余杭梦想小镇
F-2	女	27	浙江机电职业技术学院	艺术设计	产品设计	诸暨袜艺小镇
F-3	女	27	浙江工业大学	物联网	无人机研制	德清地理信息小镇

续表

编码	性别	年龄	毕业院校	专业	岗位	所在小镇
M－1	男	29	杭州电子科技大学	电子信息技术	大数据	西湖云栖小镇
M－2	男	28	浙江金融职业技术学院	电子商务	电商美工	桐乡毛衫时尚小镇
M－3	男	27	浙江科技学院	市场营销	跨境电商运营	下城跨贸小镇

F－1：跟一帮有共同理想的年轻人一起——余杭梦想小镇

我是从事互联网创业项目的大学生团队，我们入驻梦想小镇主要是期待有一帮年轻人在一起奋斗工作。在创业初期，公司资金并不宽裕，我们创业工作人员也只是拿点基本工资，主要还是大家一起在这个有创业氛围的小镇里，一起碰撞出思想的火花。梦想小镇给予我们大学生创业的群体一定的办公场所租金补助，优惠的房租、水电、办公室基本设施配备就让创客们节约了一笔最大的开销。我们还申请了梦想小镇创业者公寓，公寓的租金比杭州市区要低得多。所以，我们现在工作和生活基本都围绕梦想小镇展开，可以说这里是我们大学毕业后的第二个家。另外，梦想小镇空间布局也非常合理，1/3 是创业办公区，1/3 是我们年轻人的交流空间，另外 1/3 是我们的生活配套空间。

小镇里有很多创业型的公司，这些公司很看重大家的创新能力，它们没有成功的大型企业的包袱，大家集思广益，只要能想到好的主意，那就是好的老师。包括体制上也是，都还在不断地摸索创新，没有墨守成规和一成不变，能够真实地感觉到自己每天都在学习和进步。梦想小镇内的创业青年还可以通过内部不定期举办的人才对接活动获得资金、技术和管理各方面的支持，可以说梦想小镇是一个比较完整的众创空间样本，为孵化链条上的各个创业者提供服务与帮助。

★ 倾向于创业的年轻人期待一个能为他们的梦想和项目提供发展的平台和空间。梦想小镇以开放、包容、创新、服务的政务生态系统为支撑，以信息经济集聚发展的产业生态系统为驱动，通过建设“众创空间”、O2O 服务体系，“苗圃＋孵化器＋加速器”孵化链条，帮助“有梦想、有激情、有知识、有创意”的大学生实现梦想。

F-2：逃离大城市的激烈竞争和快节奏——诸暨袜艺小镇

我本身是一个抗压能力不太强的人，大城市工作的节奏比较快，竞争也会比较的激烈，我担心自己适应不了大城市快节奏、高压力的职场生活。对于我来说，在小城镇工作和生活可能更适合。首先，我不需要考虑高昂的房租，每天不用挤公交、挤地铁，这样我的生活会比较从容。另外，我想做一些自己喜欢的设计和产品创作，工作时间最好能有弹性，不想过"996"的生活。我的家乡在诸暨大唐，大唐的袜业发展基础非常好，近年来，小镇建成启用纺织袜业技术研发中心、袜艺产品创意设计中心，很多专门从事袜类产品研发的人才来到大唐工作。特别是"浙江袜业"等几家大企业围绕创意创新，开始研制时尚功能运动袜等新产品，这对我来说也多了很学习的机会。总之，我觉得在大唐，日子过得舒服，工作机会也不比在大城市少。

★倾向于回到具有一定产业优势的县城或小镇工作的大学毕业生，从个体而言属于心态较为平稳的，他们更倾向于规避职场竞争压力，所以，他们会比较重视生活和工作的现实意义，追求工作和生活的稳定安逸，

F-3：小县城不仅环境优美，还有大产业——德清地理信息小镇

"我是学物联网的，其实上海、深圳、杭州有一些公司也有就业机会。但我喜欢来'德清地理小镇'，这里不仅环境优美，产业配套也慢慢成熟起来。我们公司是做无人机的，现在这个产业很火。我们的无人机专攻农业播种和农业植保，我们的产品不仅拓展了无人机的新领域，而且在智慧农业、农业大数据平台领域也将会有所作为。我们的企业通过跟乡镇的农民合作，在农民需要播种和植保的时候，为农户提供无人机服务，实现小镇农业的智能化发展。德清地理信息小镇里有很多创业型的公司，虽然公司规模不是很大，但很多有共同爱好和理想的人在一起，工作氛围相对自由和开放，允许和包容许多错误的存在。正如我们老板说的，很多时候进步就是一次次的试错过程，这也是我愿意选择在这里学习和工作的主要理由。"

德清地理信息小镇用了5年多时间，在1.31平方公里的核心区，建起了52栋产业大楼，聚集了200多家地理信息企业，同时小镇通过"南太湖精英计划""英溪人才计划"引进海内外地理信息专业人才1059人，

为德清地理信息产业打造了一条涵盖芯片研发、装备制造、数据生产、软件研制和信息服务的地理信息产业链，做好了充足的人才储备。

2018 年 11 月，首届联合国世界地理信息大会在这里举办，小镇新建成的联合国地理信息国际论坛会址，已经成为德清的新地标。小陈还告诉我们，小镇青年节、地信跑步节已成为小镇特色文化品牌。“这里有一个地理信息小镇智能跑道，你们也可以去体验一下，一圈大概 1690 米，下载个 App，就会提示怎么跑，非常人性化。”同时，为了让更多的大学生认识、走进德清地理小镇，第五届浙江省“互联网 +”大学生创新创业大赛举办期间，地理信息小镇还开设了针对竞赛活动的体验活动。小镇邀请竞赛活动中的优秀创业青年们体验国家地理信息前沿技术发展，并在决赛期间举办生态信息发展论坛，邀请高科技技术专家、尖端科学家、行业领军人物与大学生对话，探讨未来科技发展方向，引领大学生创业浪潮。

★ 对工作和生活环境有较高期待的年轻人，期望在一个优美舒适的办公空间里完成自己的工作。德清地理小镇生态环境优越、绿色休闲宜居，具有鲜明的科技和产业特征。小镇重视科技资源与人才资源的引进和培育，在产业布局中融入文化、旅游和社区功能，咖啡馆、电影院、健身房等配套设施一应俱全。

M－1：这里有很多专业领域的“高手”——西湖云栖小镇

“这里有很多专业领域的高手！云栖小镇集聚了阿里云、富士康、数梦工厂、猪八戒网等 500 多家高科技企业，其中涉云企业近 400 家。这些企业多数是行业内的知名企业，产业覆盖大数据、游戏、移动互联网、互联网金融、数据挖掘等细分领域。”云栖小镇集聚了全国 70% 以上的云计算、大数据产业工程师，成为全球云计算大数据领域人才的摇篮。2015 年 12 月，西湖高等研究院落地云栖小镇，这所新型的高端科研机构将积极开展信息技术等领域的科学研究和博士生培养，并以“民办公助”的创新机制吸引国千、省千等一批顶级的专家学者和青年人才，使云栖小镇成为互联网高端人才培育的摇篮。

“作为一个大学生，我选择在这类小镇工作的理由其实很简单，第一是因为这边的专业性较强，我能学到这个行业的知识非常多，让我的实习期过得很丰富并且有意义。如果只是在单一的公司或者工厂里工作，可能存在一定的局限性。我所实习公司是经营数字标牌的电子科技企业，位于小镇的产业功能区。由于电子科技类产品本身的结构较为复杂，加之主要客户群体为外国客户，因此对业务员的能力有较高的要求。作为一名还在实习阶段的菜鸟级业务员，要正确理解、吸收客户的要求，并进行信息转化，这对我们来说有一定难度。因为这个过程中会出现生产技术不能满足客人要求的现象，或是研发、生产部门同事不能够完全理解客户真实需求的情况。不过好在小镇经常会举办一些科技沙龙，这让我有机会和行业的前辈请教。在前辈们的指导下，我意识到对行业内的产品标准、信息掌握也很重要，可以减少不必要的需求误解，降低沟通成本，实现更高的合作效益。期待经过几年的学习和奋斗，我也能从菜鸟级的业务员晋升到行业的小专家，在小镇沙龙里跟新来的同学分享我的经验。”

★云栖小镇的发展得益于云计算大数据产业的发展，小镇的经济效率、文化特色、就业氛围、人际交往都围绕核心产业展开。小镇以阿里云为核心，打造大企业与小微企业协同推进生态系统，打造完整的云计算产业链。云栖 3.56 平方公里的小镇内集聚了一大批国内顶尖的专家学者和一大批专业领域的创业创新人才，对于在云计算领域发展的年轻人来说，这里无疑是一个“成长基地”。

M－2：我想离家近些，方便照顾父母——桐乡毛衫时尚小镇

“我们家兄妹两个，我哥哥很早就去广州工作了。爸爸妈妈都已经快70岁了，如果我也飘在外面，他们会很不放心。总体来说，我是一个比较恋家的人。再说现在桐乡发展得也很快，我是学电子商务的，如果在上海、杭州也是做跟电子商务有关的工作，在桐乡我也一样能做。我很满意现在的状态，我们公司是做毛衫销售的，我主要负责跟踪淘宝、天猫和几个电商平台售后，这些工作并不是很难，只要我认真勤奋，就能完成得很好。最关键是每个周末我都可以回家里陪爸妈，每次回去他们都做好我喜欢的饭菜，幸福感真的比那些大城市里的同学要高。

在大城市找工作机遇多、发展空间多、工资待遇也不错，但是竞争压力相对较大，待久了会比较压抑。而且租房成本比较高，各类花销大。回家就业虽然工作范围缩小，收入稍微低一点，但压力相对较小，回家可以跟父母在一起，减少开支。之前实习的时候是选择跟同学们一起在杭州，

那时住学校宿舍还可以节省租房开销，但是上下班来回辛苦，有次回校是掐着门禁，还被宿管老师批评。相比之下回家就业，食住行花销减少，生活和工作节奏没有之前的快，压力也比较小。总之回家就业后给我的感觉就是有依靠，有安全感。”

★ 在当下激烈的社会竞争中，很多年轻人面临自我职业发展与父母情感需求间的矛盾。很多年轻人会较早地在事业和家庭之间作出有倾向性的选择，从年轻人的情感需求考虑，“恋家”“照顾父母”“尽孝”等情感需求也是他们选择回小城镇工作的动力之一。

M－3：这里是我们外国留学生的创业基地——下城跨贸小镇

我很喜欢做贸易，在大四实习的时候，我就会从义乌选择一些特色商品卖到我们国家去，我希望毕业后能留在中国工作。毕业前，我的老师叫我去参加杭州跨贸小镇的政策宣讲会，说可能对我毕业后在中国就业、创业有一定帮助。在跨贸小镇的宣讲会上，我获取了很多关于留学生就业创业的信息。跨贸小镇专门为留学生提供政策扶持、项目孵化及创业生活配套服务，其中“四免服务”非常吸引人。“四免”包括免费“一站式”公司注册服务、免费工作签证办理、半年免费财务托管服务、一个免费办公工位。这对我们外国人来说真是太好了！

后来我们在跨贸小镇注册了公司，这里的创业园是留学生的职业摇篮，也是留学生进行贸易实操的重要平台。当我遇到一些不明白的法律政策，财税政策时，跨贸小镇都会为我耐心解答，还有很多麻烦事也能帮我一并解决。

★ 加快“人才开放”的步伐对城市国际化发展至关重要，探索更便捷化的人才国内外流动通道，营造更国际化的人才发展环境是实现人才工程“弯道超车”的有利法宝。为了留住优秀的外国留学生在杭创业，跨贸小镇使出了很多吸引海外投资和引进“洋人才”的办法，为海外人才创造了良好的创业、工作、居住和社交环境。

（二）特色小镇青年人就业空间选择偏好

通过对特色小镇工作的青年人才就业群体进行访谈，我们发现越来越多的青年大学生从就业环境、创业氛围、产业特色、家乡情感、个人情感等因素考虑，选择放弃大城市的就业机会来到特色小镇。可以看出，特色小镇对青年人才的吸引力逐渐增强，根据青年人才的就业偏好，将其分为创业创新偏好型、产业环境偏好型和个人情感偏好型三类。

1. 创业创新偏好型（F1、M3）

创业氛围偏好型的青年就业群体，大部分是刚毕业的青年大学生和高级知识分子，他们怀揣美好创业梦想的同时，也面临着巨大的工作和生活压力。因此，创业偏好型的青年群体会更多地从创客的角度去考虑创业氛围和就业环境，他们期望专注自己擅长的工作，其他的事由专业的人士来完成。因此，创业创新型的小镇在软硬件配置上需要考虑科技研发人群与青年创业者的需求，努力营造舒适、便捷的创业氛围，适度发展智慧健康、科技创意、休闲文化产业，在小镇周边设立健身房、书店、咖啡吧等休闲娱乐场所，为创客们提供适当的减压与交流场所①。

2. 产业环境偏好型（F3、M1）

产业环境偏好型的就业群体，他们期望拥有更优质办公空间，配备更高质量的居住环境和物质环境。这类人群不一定会选择喧闹的城市中心或城市 CBD 作为他们理想的工作场所，相比之下，位于城市边缘或郊区、发展较为成熟、规划理念较为先进的产业园或产业集聚区会比较受到他们的青睐。同时，产业环境偏好型的就业群体期望得到技术、知识与资源的共享，因此他们会重点考虑大学、科研院所、网络科技公司等智力密集的产业空间。因此，信息产业集聚区就不能简单规划为一个有围墙的园区或旧仓库，它应该是一个融工作、生活、商业于一体的开放式社区，其选址布局应根据信息产业的集聚发展诉求进行，其整体空间设计也应注意知识、资源、技术的共享性和开放性。

3. 个人情感偏好型（F2、M2）

个人情感偏好型的青年就业群体，他们更多从个体层面和家庭层面考虑就业空间和岗位，对大城市的诱惑并不“感冒”。个体因素和家庭因素是影响这类青年人才就业行为和决策最直接的原因，除此之外，社会文化和外界就业反馈也是重要的间接因素。具体而言，自我情感需求、个体工

---

① 杨勐．大学生创客小微创业的浙江实践——以浙江“特色小镇”为例［J］．中国青年研究，2016（4）：14－21.

作态度、恋爱婚姻关系、亲子利益、社会价值导向5个要素共同建构了这类青年人才回归小镇，返乡择业的行为。相较于职业发展规划和自我价值实现，他们更看重代际的亲密关系和“反哺”，他们往往选择逃避大城市的竞争压力和工作压力，期望在小镇相对安逸的工作和生活中获得简单质朴的幸福感①。

四、特色小镇青年人才就业能力调查

在对特色小镇就业青年人才访谈的同时，我们也对杭州都市圈多个数字经济领域的特色小镇的就业单位进行了调查。数字经济领域的特色小镇（如表3－22所示）产业主要集中在软件与信息服务、移动互联网、电子商务、跨境电商、云计算与大数据，对大学毕业生的人才需求较大。杭州都市圈内浙江金融、浙江经贸、浙江经济、浙江机电等众多高职院校都开设了电子商务、计算机网络、国际商务、市场营销、物流管理等商贸类专业，该类专业的学生在数字经济领域的特色小镇都有一定的分布，此次我们就重点走访了特色小镇内的商贸类企业，来了解商贸专业的毕业生在小镇企业的工作情况。

表3－22　　浙江省数字经济领域的特色小镇

数字经济领域	省级命名特色小镇	余杭梦想小镇	杭州
		西湖云栖小镇	杭州
		萧山信息港小镇	杭州
		德清地理信息小镇	嘉兴
		上虞e游小镇	绍兴
	省级创建特色小镇	江干丁兰智慧小镇	杭州
		富阳硅谷小镇	杭州
		下城跨贸小镇	杭州
		滨江物联网小镇	杭州

① 刘天元．回得去的故乡：“新县城青年”择业行为与偏好的再认识［J］．中国青年研究，2019（2）：106－112.

续表

数字经济领域	省级培育特色小镇	滨江互联网小镇	杭州
		拱墅智慧网谷小镇	杭州
		余杭人工智能小镇	杭州
		杭州大创小镇	杭州
		萧山图灵小镇	杭州
		西湖紫金众创小镇	杭州
		镇海 I 设计小镇	宁波
		江北前洋 E 商小镇	宁波
		慈溪息壤小镇	宁波
		桐乡乌镇互联网小镇	嘉兴
		嘉善硅谷智造小镇	嘉兴
		平湖国际游购小镇	嘉兴
		南湖云创小镇	嘉兴
		江干东方电商小镇	杭州
		拱墅上塘电商小镇	杭州
		西湖云谷小镇	杭州
		滨江创意小镇	杭州
		余杭淘宝小镇	杭州
		下城电竞数娱小镇	杭州
		滨江智造供给小镇	杭州
		拱墅汽车互联网小镇	杭州
		安吉两山创客小镇	湖州
		秀洲智慧物流小镇	嘉兴

（一）小镇青年人才“软能力”亟待提高

调查中，用人单位表示企业非常愿意吸纳优秀的大学毕业生来小镇工作，有很多同学综合能力非常强，能较快地融入工作状态中来，也能很好地适应小镇的工作氛围。但企业也反映很多大学生就业之后，在工作中消极、被动，不主动请教，等着领导派活下来，缺乏创造性思维和探索解决问题的意识，其实这些就是缺乏“软能力”的表现。商贸类的企业除了对从业人员的专业技能有一定要求外，对毕业生的软能力也有较高的期望，主要包括沟通谈判能力、团队协作能力、多元文化沟通能力、独立工作能力等。图 3-8 显示了企业对学生几种主要基本软能力的重视程度。

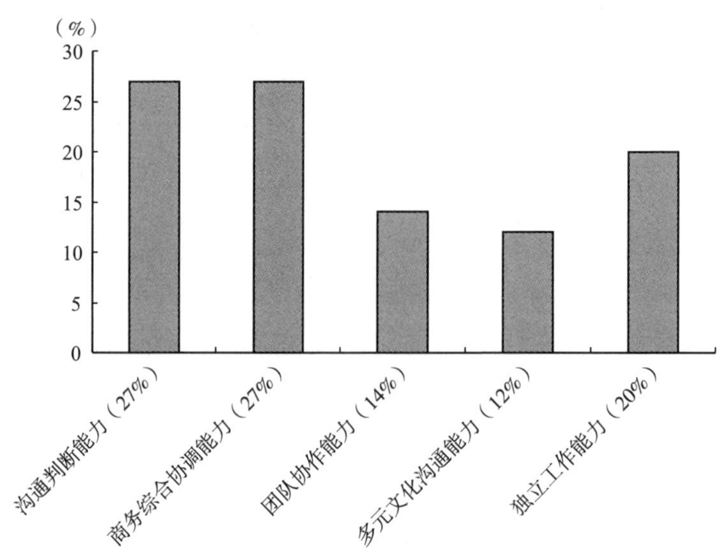

图 3-8　商贸企业对学生软能力的重视程度

从调查数据中我们发现，企业对商贸类毕业生的沟通谈判能力、商务综合协调能力最为重视，分别达到 27%，其次是独立工作能力 20%，再则是团队协作 14% 和多元文化沟通能力 12%。

1. 沟通谈判能力

在被调查的企业中，95% 以上的企业认为沟通及团队协作能力是商贸类人才所必需的。沟通协调能力是最能看出一个人综合水平的，沟通谈判能力绝不仅仅会讲话就可以了，抛开谈判，沟通也是应该静下心来交流，懂得在适当的时机讲适当的话，也需要通过适合的方式方法达到预想目标，实现共赢。例如，在国际贸易的商务谈判中，要时刻保持清醒，涉及订单量多少、价格高低、交货日期、定金、运输方式以及运费等重要内容，要通过察言观色来适时变通策略，做出准确的判断。现在不少大学生喜欢在线上交流，面对面的沟通能力比较欠缺，一旦出现问题就缩起来，希望有人能站出来帮其解决，而不知道通过寻求准确的途径摆脱困境。在杭州艺尚小镇的一个服装设计工作室里，我们遇到从浙江纺织职业技术学院毕业的小郑，她毕业后一直从事跟服装设计有关的工作，目前已经是工作室的项目负责人。她在跟我们的聊天中说："回忆我的大学时光，我觉得当时参加学校很多的社团活动，对我自己在沟通协调方面的能力提升有非常大的帮助，我工作以后跟不同企业领导、不同部门同事的交流一直都很顺畅，也能很快融入团队中。大学这三年除了专业的学习任务以外，其他时间是相对自由、开放的，我当时是担任分院外联部的负责人，经常需要跟校内外各种不同的机构和不同的人打交道，虽然在当时觉得交流起来会有胆怯，会有不知所措，但在大学这么一个'小社会'里，通过参与班级、部门、社团的集体活动，我的沟通能力一步步得到锻炼。同时，也能更加清晰地认识自己，并通过这些经历找到了自己未来职场中适合的岗位，也从这些经历中得到一定的沉淀，完善自身的性格、能力、待人处事的方式，等等。"因此，高职院校应该多渠道地加强对学生沟通能力的培养，培养一批具有较强的社会活动能力，和悦近人、兴趣广泛、能与不同性格的人打交道的优秀人才。

2. 团队协作能力

很多商贸企业认为团队协作是工作中的一项必须具备的素质。就拿电子商务领域的跨境电商举例，跨境选品和产品信息化操作、跨境产品定价、刊登和发布操作、订单处理、发货等各个环节看似独立，但其实它们之间有着密不可分的关系，如果新进的大学生能在公司团队中配合默契，协助团队来完成整个出货的流程，就能有效地避免国际贸易的风险。台州温岭的泵业智造小镇每年都向全球各地出口大量的泵类产品，台州职业技术学院的小徐毕业后一直在小镇从事小型泵业产品的出口工作，他说："虽然我们小镇的泵类出口企业规模不大，但每个公司都设有不同的部门，部门与部门之间的协作和帮助非常重要。毕竟一个人的力量是有限的，而要将工作业务做得更好，每个人都需要和其他同事开展团队合作，取长补短，互相帮忙合力完成工作目标，团结众人的力量发挥最大效益，为公司带来最大的收益。例如，我们外贸公司的业务员看似是一个独立的岗位，但其实它也需要团队配合。例如，我们泵类产品的业务员需要时刻与工厂、客户、货代、车队以及生产定制包装人员保持联系，时刻盯紧舱位动态、客户需求、产品生产进度，要解决从货物生产前到生产后，从装船前到装船后的一切问题，并及时跟进与关注截关时间是否提前或推迟，到港时间会否变化等信息。看似每个环节都很独立，但其实都是一个协作的过程。”江北前洋 E 商小镇的企业负责人说道：“有一次我们要配合小镇电商企业一起联合举办一场大型的活动，大型活动最考验的就是团队的协作及组织能力了。在举办一场大型活动之前，我们要做很多前期准备工作，而这些工作往往复杂多样，一个人是难以凭一己之力完成。为了更好地完成任务，我们就需要调动公司的年轻人一起参与，在分工明确的情况下合作完成。在这种场合，我们非常愿意看到年轻人能用一双善于发现的眼睛去发现事情，积极地去寻找可能要做的事情，协助整个团队完成工作，这样才能更全面、更高效。”

3. 跨文化交际能力

涉外类的商贸企业在运作中的各个环节都需要参与者有较强的跨文化意识和多元文化沟通能力。尤其在国际商务领域，只有了解对方的文化，才能深入地交流沟通。在实际谈判中，企业会要求毕业生具备广博的知识，要能和各种类型的客户打交道，并能机智地判断对方客户的想法和举动，采用灵活的方式来应对不同客户。小丁是宁波职业技术学院国际贸易专业的毕业生，毕业后回到家乡余姚，从事模具产品的进出口业务。采访中，她说：“我们公司位于余姚模客小镇，我们经常要和老板一起去广交会和其他大大小小的模具展会参展，有很多机会要和客人面对面地进行交流。因为，客商来自全球各个国家，所以对英语的口语和听力要求会比较高。另外，对不同国家客户的一些工作和交流习惯也要有一定了解，要给客人留下好的印象，才可能会有接下来的合作与交往。多元文化沟通能力还体现在我们与客人的邮件往来上，用最简单明了的字词让对方正确理解我们的想法，促进合作。因此，商务专业的学生要具备深厚的知识储备和机智的应变能力，对客户提出的问题能够巧妙应对，这是该专业不可缺少的素养。”

4. 独立工作能力

如果没有很强的独立学习能力，那么将在工作中处于被动地位。很多毕业生在工作中往往都是等待领导告诉他们工作步骤、程序和方式，自己基本不独立学习思考、不独立研究问题，造成工作积极性缺乏，思路单一，没有创新性。所以，要加强学生自主工作和学习能力的培养，让他们能够自主安排学习和生活，独立解决学习和生活中遇到的问题，培养他们独立思考问题的能力，以更好地适应社会对人才软能力的需求。萧山信息港小镇集聚了很多小微信息技术企业，也集聚了很多刚毕业的年轻人，萧山信息港小镇某企业的人力资源主管说："独立思考和解决问题的能力在工作中特别重要，因为大家每天要完成的工作任务都是满满当当，领导一定会比较喜欢遇到事情先自己尝试着解决，实在不行再汇报上级的员工。而不是遇到问题就需要别人来给你提供解决方案的人，这样缺乏独立思考，而且成长速度也会非常慢。一个已经步入职场或者即将步入职场的学生，应当具备独立工作的能力。虽说初入企业会有师傅带，可他们终究不能带你一辈子，这跟'授人以渔'的道理有点相似，唯一不同的是具备这种'渔'技能，需要我们主动方争取，而不是等着推一步走一步，工作中需要积极主动的人。"

5. 商务综合协调能力

综合协调能力是对商务人员的基本要求，它能够体现从业者的综合能力和专业素质，在日常工作中良好的协调能力及高效的工作能力和处理事务能力。商务专业的学生要不断地培养健全的个性特征，增加兴趣爱好，使自己能够与人和谐相处，增强社会活动的参与能力与综合协调能力。我们在走访杭州跨贸小镇的时候，一家从事进出口业务的大学毕业生说："从一个在校学生到实习生，除了身份上的转变，还有需要对自己的商务综合协调能力有更高的要求。我平时主要负责搜集、捕捉、挖掘客户需求的信息，并将其呈现给公司研发、生产部门同事，将双方信息进行传递、互通，确认客户要求的可行性，我的工作可以说是客户与企业双方沟通的'桥梁'。我毕业以后在跨贸小镇从事外贸工作，外贸工作形形色色，要有很强的商务综合协调能力以及处理工作的时效性，才可以将工作顺利完成。我的工作是对接工厂以及客户，我们要从沟通和交往中了解对方的工作的范围，尽量少麻烦别人。另外，任何事情都要考虑全面，从客户和公司双方的利益去考虑，若是客户有需求，不要急于满足，要权衡这之间的利弊。应多向师傅请教，把自己考虑到的因素分析给师傅听，多思考多学习，可以更好地提高自己的综合协调能力。"

同时，我们还对杭州地区的特色小镇中20家商贸类企业毕业生的能力评价进行了调查，提出了多项商贸企业较为重视的软能力，并把毕业生的软能力分成强、一般、弱三档，具体数据见表3－23。

表3－23　杭州都市圈商贸企业对毕业生软能力评价表

能力类型	强（%）	一般（%）	弱（%）
人际沟通和团队合作的能力	30	49	21
合理配置和利用客户资源的能力	23	41	36
理解和认知行业动向的能力	25	35	40
跨文化沟通和适应能力	29	39	32
海外市场开拓和规避风险能力	25	35	40
价值创新能力	10	28	62
快速学习能力	45	46	9

从调查数据中我们发现，企业对商务类毕业生的能力状况评价最高的是快速学习能力和人际沟通团队合作能力，评价能力强的分别达到45%和30%；最弱的是价值创新能力，评价最差的达到62%。对于青年大学生，实习是迈向社会非常重要的一个阶段。无论你选择在大城市实习，还是在小镇实习，都要不断提升自己创新能力、快速学习能力、跨文化沟通能力等“软能力”，以适应社会的需要。实习不仅是将课本理论知识付诸实际，查漏补缺，更是在工作中学习为人处事，努力踏实，从形成正确自己的世界观、人生观、价值观。

（二）小镇青年人才创业创新能力培养

创新能力是信息经济时代大学生必备的素养。根据麦可思对浙江某高职院校2017届毕业生“用人单位对学校今后在人才培养哪些方面需要加强”的调查中，用人单位认为本校最需要加强的是创新能力培养、工作适应能力与职业生涯规划与设计，分别达到46.02%、35.80%、35.23%。可见用人单位对学校加大创新能力的培养力度有更高的期待。

同时，麦可思对该院校的人才就业质量评估报告调查结果显示：2017 届商贸类毕业生就业率达到 98% 以上，但毕业生自主创业率为 2.68%，与深圳、上海等城市的高校相比，我省高校毕业生自主创业率还有待提高（如图 3－9 所示）。

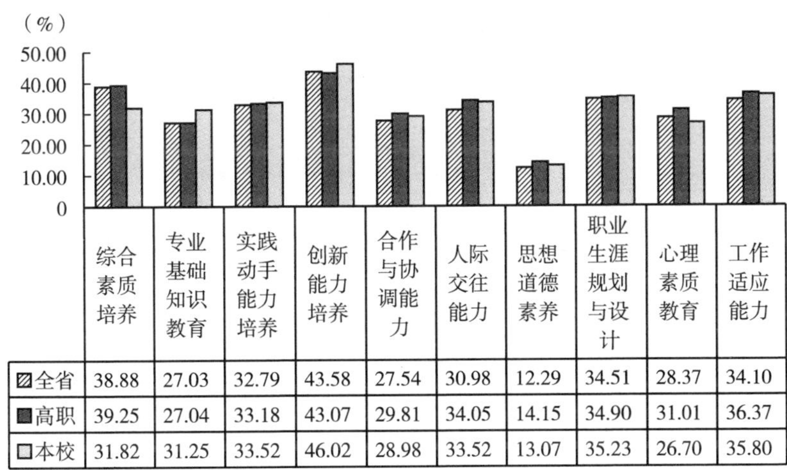

	综合素质培养	专业基础知识教育	实践动手能力培养	创新能力培养	合作与协调能力	人际交往能力	思想道德素养	职业生涯规划与设计	心理素质教育	工作适应能力
全省	38.88	27.03	32.79	43.58	27.54	30.98	12.29	34.51	28.37	34.10
高职	39.25	27.04	33.18	43.07	29.81	34.05	14.15	34.90	31.01	36.37
本校	31.82	31.25	33.52	46.02	28.98	33.52	13.07	35.23	26.70	35.80

图 3－9　用人单位对某高职院校人才培养的建议

同时，麦可思也从学生层面展开了创新能力培养的调研。例如，在“您认为大学应该采取何种措施帮助大学生创业”的调查中，该校 2017 届毕业生认为“建立大学创业园，为学生提供场地、设备等环境和服务”占 54.76%，认为“提供配套资金”占 46.43%，认为“多开展与创业相关的校园活动”占 42.86%，也有 39.29% 的毕业生认为学校应当“开设创业课程，举办创业讲座等”（如图 3－10 所示）。

同时，在某职业技术学院 2017 届学生的毕业后调查中，本校毕业生主要希望母校的教学能够在专业课程知识（38.69%）、学术批判性思维能力的培养（17.03%）、基础课程知识（15.82%）及科研能力（14.84%）等方面有所改进。可见学校应当适当调整专业授课内容，深化专业课程教学内容改革，从而提升教学水平。

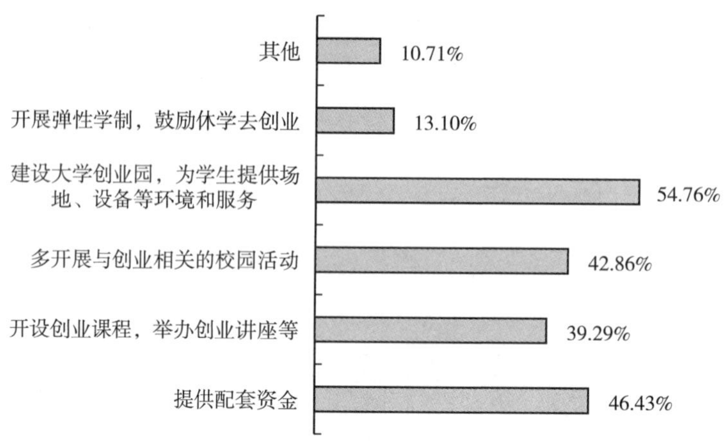

图 3-10　某高职院校 2017 届毕业生对母校加强创业的建议

（三）创新教学模式，校企协同育人

通过以上调研我们发现，小镇的企业也同样期待学生具备较高的沟通协调、团队协作、独立工作等商务综合能力，尤其是商贸类学生的“软能力”和“创业创新能”力仍有待提升。这在一定程度上也反映出高校专业实训基地建设产教脱节，教学内容滞后于行业、岗位发展需求，人才需求侧和人才供给侧不匹配的问题。

高职院校商贸类专业可以在实践教学中“把企业搬进学校，把课堂设在工作现场”的校企合作“产业路径”，由企业提供生产经营所需的原材料和技术人员，学校组织学生开展生产实训，将课程教学与生产经营实践融为一体，将传统的封闭式课堂教学转变为面对真实情境、真实项目的开放式实践教学平台。另外，“校友（学长）制”工作坊通过“传、帮、带”的实践教学活动，为低年级学生课内实训积累项目资源，通过企业合作和项目植入，为高年级学生提供企业真实项目，同时培育创新创业团队，最终实现创新创业教育与专业教学的有机融合。通过与企业合作开展项目模块教学，由校企共同参与开发针对企业需要的模块实训课程，着力打造“理实一体”的课程体系。通过教学项目的规划、教学模块的整合，实现每一堂课的“理实一体化”设计；针对企业生产经营项目新兴业态、经营模式涌现，动态调整综合项目实战的教学内容。根据商贸服务业岗位所需的专业实践能力训练要求，设置实践课程模块，尝试构建集单项实训、综合实训、技能竞赛、顶岗实习实训、创业创新实践于一体的分层推进实践教学体系，提升学生就业竞争力，实现精准育人目标。

五、特色小镇：信息经济时代青年人才发展新空间

如果工业园区是传统制造企业的集聚空间形式，那么特色小镇则是信息经济时代一种新型的信息经济空间集聚形态。特色小镇通过集聚高端要素，构建信息经济特色产业生态圈，使都市圈区域网络体系更为紧密；特色小镇通过优化区域产业生态系统，成为青年人才就业和创业的新空间，为区域经济可持续发展构筑了新的平台。

（一）构筑多层级的创新集聚空间

特色小镇是青年人才创新集聚的新空间，创业创新型青年人才怀揣梦想，期待一个交流的空间和发展的平台，特色小镇建设要注重创新导向，注重人才、科技、资本、信息等高端要素集聚，相比传统产业集聚区，其发展模式更多显示出“开放、包容、创新、服务”的内涵式特征。以信息经济为重点发展的特色小镇，应该注重打造区域科技创新和信息创新平台，构筑多层级的小镇创新集聚空间，推进加速器、众创空间、创业苗圃等新型孵化器的建设，构建符合企业成长轨迹的“众创空间+孵化器+创新园区”的创新创业平台，在小镇内孵化和培育一批优质的中小科技型企业。

（二）构建高水平的信息集聚空间

特色小镇是信息经济空间集聚的新形态，要进一步加强特色小镇传统产业与信息产业的联动，推进“互联网+”现代农业、“互联网+”智能制造、“互联网+”现代服务业的深化发展，推动跨境电商、社群电商、农村电商、自营电商等新业态新模式的升级。要以智慧城市建设为契机，完善信息网络基础设施建设，促进4G网络全面深度覆盖，加快构建多元化、立体化、高性能的网络系统。加快数字经济领域重点项目建设，积极推进智慧产业、智慧服务、智慧教育、智慧民生等领域的信息化应用，促进特色小镇产业向信息化、科技化、高端化发展。

（三）构建立体化的青年发展空间

特色小镇是青年人才发展的新空间，随着城乡交通的改善，“淘宝村”“休闲旅游”等非农产业进入乡村小镇已经成为常态，新产品、新模式、新业态也在特色小镇建设中生根发芽，特色小镇逐渐成为年轻人择业的主要目的地之一。特色小镇要以乡村振兴为契机，多渠道吸引高校毕业生和青年人才到小城镇就业创业，营造立体化的青年人才创新集聚新空间，通过创新创业载体建设、小镇服务平台建设、人才服务体系建设，吸引一大批创业项目和青年人才落户，构建一个低成本、全要素、便利化的综合性众创空间，打造青年人才集聚的新空间。

第四章　浙江特色小镇与职业教育协同创新模式

特色小镇与职业院校的协同发展，有效地促进了小镇多元要素的集聚，助力特色小镇的健康成长。“十三五”期间，浙江众多高职院校以特色小镇建设为契机，结合自身的办学定位，凝练专业特色，强化社会服务，通过协同共建小镇特色学院、协同构建小镇产学研基地、协同打造小镇创业创新基地、协同建设小镇特色实践基地、协同助力新农村，推进了职业教育与特色小镇的协同发展。

第一节　协同共建小镇特色学院

案例一　瓯海时尚智造小镇，产教协同新样板

一、瓯海时尚智造小镇

作为中国改革开放的前沿阵地，温州民营经济发达，中小民营企业众多，以服装、鞋帽产品为主的小企业发展尤为迅速。但温州的中小企业家族关系往往比较复杂，依托亲戚、朋友、同乡等关系形成了错综复杂的家族式关联网络体系。正是因为这种特殊的温州网络关系体系，使温州的服装、鞋帽等产业的发展进入了瓶颈期，急需进行产业升级。

温州人向来有海外经商的传统，他们走南闯北，遍布全球各地。瓯海时尚小镇所在的区域走出去2万多温州海外侨胞，分别居住在35个国家和地区。其中，有很大一部分海外侨胞在欧洲的罗马、巴黎、米兰等世界时尚中心从事与服装、鞋帽相关的时尚产业。2016年12月7日，温州瓯海的时尚智造小镇积极申报，入选浙江省首批特色小镇，小镇的支柱产业

主要涉及鞋革、智能家纺、眼镜生产制造、纺织服装，时尚产业的高端要素在小镇2.8平方公里的土地上不断集聚。小镇以温州文博会为先导，形成了以创意设计、聚合发展、文创博览、微传媒等产业集群，制定了以集成文创会展经济、创意设计经济、星光传媒经济、云端定制经济为目标的产业经济，打造成为省城一流、国际知名的艺术创客集结地、文创博览聚合地、云端定制创新地、星光传媒体验地。

瓯海时尚智造小镇规划如图4-1所示。

图4-1 瓯海时尚智造小镇规划

图片来源：温州商报。

二、瓯海时尚智造小镇，产教协同新样板

温州职业技术学院是国家示范性高等职业院校，也是浙江省重点建设高职院校之一。学院支持地方产业发展，社会服务能力全国领先，其中校企共建国家级众创空间、意大利培训中心、省服装平台，市级平台5个，中国鞋都等3个产业学院。温州职业技术学院时尚设计系有多个与产品设计制造相关的专业，其中鞋类设计与工艺、家具设计与制造是国家示范建设专业。学院紧密对接区域支柱产业转型升级需求，打造6个层次清晰、结构协调的优势特色专业群，并以鞋类设计与工艺等高水平专业群为龙头引领其他专业群建设，推动学校整体发展。其中，“鞋类设计与工艺专业群”的定位是：服务时尚产业高端智能化，以培养时尚终端产品“造型、结构、工艺”全流程开发并熟练应用智造技术的复合型创新人才为主线，

创新“设计工匠+”人才培养模式；实施1+X证书制度，构建专业群课程体系；打造产教融合实训基地，建立国家时尚产品设计智造产教联盟和职教集团，助推企业技术转型提升，助力万亿时尚产业持续向好。

2016年12月24日，温州职业技术学院与瓯海时尚智造小镇共同建的“温州设计学院”落户于瓯海时尚制造特色小镇。其中，温职院的鞋类设计、服装设计、家居产品设计、视觉传达设计将在小镇设立教学中心和实践基地，让小镇成为师生们时尚设计作品的展示中心，优秀设计人才和先进设计技术的集市。瓯海时尚智造小镇与温州职业技术学院的合作发展是都市时尚产业与高职院校协同发展的延伸，它们之间相互促进的发展关系大大促进了温州地区的经济、科技、教育等方面的发展。作为浙江省内首个入驻特色小镇的学院，温职院为省内其他地区的产教融合提供了良好的借鉴意义。①

依托欧海时尚智造小镇平台，温州的高职院校主动融入，开展项目互动式的现代学徒制模式，为温州地区的传统企业提供了品牌战略、时尚设计、技术研发及人才培养等服务，助力瓯海时尚智造特色小镇成为温州都市时尚产业发展的主平台。同时，小镇也不断引进行业专家、顶尖人才，在小镇成立大师工作室，培养时尚设计人才，择优推荐到服装设计企业、时尚创意企业、高端定制企业工作。通过大师工作室、创客空间、设计工坊及创业集市等方式打造兼具艺术性、展示性和设计性的小镇创新创业工场。同时，定期举办高端培训课程和各类设计大赛，通过培训和竞赛项目提升企业人员综合水平；通过举办时尚论坛、时尚发布会和奢侈品鉴赏会等大型活动，来扩大时尚智造小镇在行业内和小镇的影响力。

“创意”与“合作”是瓯海时尚智造小镇成功的两个重要关键词，近年来，小镇在高校的助力下飞速发展。不到2年的时间，时尚小镇引入时尚商务酒店、时尚企业总部园、大师创意村等时尚产业优质项目签约入驻小镇，浙江创意设计协会，也成功的签约入驻小镇，掀起小镇建设新热潮。同时，温州本土的高校也可以依托校外资源，打造高水平的校外实训基地建设，依托国家级众创空间、省市级研发平台、设计大师平台集，联

① 姜瑜．温职院与欧海区政府共建立温州设计学院 培养时尚设计人才［EB/OL］．浙江教育新闻网，2016－12－29．http：//edu.zjol.com.cn/system/2016/12/29/021410262.shtml.

合行业骨干高新技术企业，以新技术应用为导向，融入行业发展急需的智能技术。在省级特色小镇建成“训研创”一体的国家级产教融合实训基地，在职业技能鉴定、继续教育、师资培训，以及应用研发和创新创业等方面发挥积极作用。

三、案例分析

（一）温州时尚产业发展问题

服装、制鞋、制革、纽扣拉链、眼镜等行业都是温州的产业特色。瓯海时尚智造小镇推出的时尚产业和已有的产业融合发展，给温州带来了巨大的经济效益和声望，怎样将这些产业更好的转型发展，是温州经济发展的迫切任务。

目前，温州大部分时尚产业仍处于产业结构低端，产品附加值低，企业品牌建设、产品研发设计等所需资金严重不足。企业的研发设计、自主创新能力表现力严重不足，贴牌加工、模仿加工的传统生产模式依然存在。研发能力和市场营销能力的欠缺使得温州时尚产业集群的发展停滞不前，温州时尚产业技术含量低、附加值低、缺乏核心竞争力的局面依然存在。同时，设计人才、管理人才、营销人才缺乏，也是目前温州时尚产业发展的一大困惑。在对温州当地时尚企业的走访中，我们发现设计人才缺口近70%。作为温州本土的高职院校，应该本着与区域产业联动，与民营经济互动，合作共赢的理念，聚焦温州支柱产业，重点打造与区域产业对接度高的高水平专业群，积极推进特色鲜明的高水平职院校建设。

（二）校地合作共谋发展

为了解决时尚产业发展的瓶颈，温州市政府联合本土高校积极开展了一系列校地合作发展的措施，其中瓯海时尚智造小镇和温州职业院校的合作充满了代表性。职业院校的学生可以在小镇的企业实训实习；企业里的专业人员给学生培训，校企合作真正落地。这有利于学生更好的学习，增加实践经验，也有利于减少企业在产业资本方面的压力。在实践教学主体方面，学校、企业、协会、小镇等多元主体协同育人，以温州企业真实项目训练为中心的校内外实践教学基地，实践教学的内容、形式、主体与平台有机融合，共同提高实践教学质量，提升学生就业竞争力，实现精准育人目标。

小镇与学院实现合作资源共享，职业院校的师生积极参与宣传小镇产业时尚发展，进行市场营销模式的创新，提高产品的品质和市场知名度。同时，瓯海时尚智造小镇可以给学生们一个表现自己发展自己的平台，让学生们可以在这个大平台里互相学习交流，两者共同推进小镇时尚产业平台搭建，共同构建以特色小镇为主体的时尚产业生态圈。

在新的产业发展模式下，温州时尚产业的发展充满了机遇与挑战，在历史的发展过程中，很多成功的案例帮助温州更好地发展经济，寻找到更适合的发展途径。“产教结合，校地合作”的发展模式是温州奔往成功路上的一大跳板，瓯海时尚智造小镇的成功经验，不仅大大地提升了小镇自身的发展，还带动了区域产业的发展，为温州的改革创新提供了一个良好的借鉴，是温州城镇化建设过程中的一次重大转变。

案例二 杭州湾汽车小镇，孕育“汽车城”里的大学

一、杭州湾汽车智创小镇

杭州湾汽车智创小镇位于中国浙江省东北部的杭州湾，与北仑、舟山港海域为邻，东邻宁波，西接绍兴，北接上海。近年来，宁波市汽车零部件产业发展迅猛，规模以上企业已达近千家，随着上海大众、吉利汽车等整车龙头企业落户杭州湾新区，新区将合力打造成国内高端汽车产业园。

极佳的地理位置和良好的产业生态环境，杭州湾成功孕育出以汽车研发为特色的小镇——宁波杭州湾汽车智创小镇。宁波杭州湾新区汽车智创小镇依托吉利汽车的全球研发总部和先进的整车生产平台，形成了亚洲最大、全球领先的汽车设计研发中心。2017 年 5 月，吉利汽车全球研发总部在杭州湾汽车小镇建立，包括整车研究院、汽车动力总成研究院、汽车创意设计中心、新能源汽车研究院等高端研究机构落地杭州湾，小镇形成了“三区一带”（成果转化区、核心研发区、汽车文创区、汽车文化景观带）空间布局，吸引汽车产业高端人才集聚，杭州湾汽车学院等高校也应运而生。①

二、孕育于“汽车城”里的大学

智造人才赋予的支持是小镇汽车产业能够稳健发展的重要依托。杭州湾汽车学院融入产业园区，充分发挥了杭州湾国际汽车产业千亿级产值资

① 徐欣，赵春阳．杭州湾新区汽车智创小镇破茧成蝶［J］．宁波日报，2018. 9. 26.

源及独立校区办学优势，通过政产学研“四位一体”，校园、产业园、研发园“三园融合”的合作办学体制，打造了产教融合新高地。

（一）杭州湾汽车学院

宁波工程学院是教育部首批实施“卓越工程师教育培养计划”的高校，同时也是国家教育现代化推进工程应用型高校建设项目院校，是浙江省应用型建设示范试点高校。杭州湾汽车学院是宁波工程学院所辖的二级学院，也是省内首家培养本科及以上汽车通用人才的专业学院。学院成立于2014年5月，与设立于1988年的机械工程学院合署，实行两块牌子，一套班子。2014年9月，学院整体搬入杭州湾新区，与上汽大众、吉利汽车等整车龙头企业和汽车研发机构毗邻而居。2016年，由宁波市教育局、杭州湾新区管委会、宁波工程学院、上汽大众宁波分公司及浙江吉利汽车有限公司等多方牵头共建学院理事会，使新区内政校企合作和产学研结合的发展更进一步①。

浙江吉利汽车有限公司是吉利控股集团制造基地，是宁波市重点扶持的汽车及零部件制造龙头企业。吉利集团（吉利研究院团宁波基地）与学院签约成立校企战略合作联盟，联合投建NVH实验室和汽车零部件CAE设计开发中心，吉利企业参与建设使学院的人才培养和技术服务更加符合汽车产业的高水平要求。

（二）全方位的校企合作

学院把产教融合作为落实应用型人才培养的主要积极沟通校企交流平台，与企业共商人才培养模式、共建实习基地、共享各类资源，真正实现了人才培养、方案共定、班级共管及师资共享。

1. 围绕专业群，以打造校企合作平台。学院以车辆专业作为核心，机械设计制造及其自动化、汽车服务工程专业、材料成型及控制工程为支撑，建设服务汽车产业链、支持杭州涛新区经济发展的特色专业群，以培养学生“工院精神”人才为目标，通过校企合作，进行课程教学设计与改革，围绕专业群对接地方政府行业协会及行业企业，与吉利集团、上海大众零整车制造企业共同开展汽车产业相关的重大技术研究和人才培养工

① 徐可明．汽车学院与汽车城的互动关系——汽车城里的大学办学实践［J］．课程教育研究，2018（44）：234－235.

作。接受吉利汽车赠与的相关仪器设备与教学实验用车，借力发展，共用共享。

2. 产教融合，“政产学研”协同育人模式。学院通过联合办学理事会的组建，加强政府、高校与企业之间的全方位合作，使新区的资源能够集成和共享，推进了学院“依托产业办专业，办好专业促产业”的发展进程。同时，杭州湾地区有利的区位优势与产业资源成为学院发展的依托，形成以学院为主体，以地方政府和企业为依托的多层次、立体化的办学体系。同时，学院围绕杭州湾汽车行业发展需要，培养高素质与高技能的应用型人才，形成“政产学研”协同的育人模式，打造国内一流的汽车行业特色学院。

3. 建设“双师双能型”队伍，提升教师实践教学能力。一是通过引进外聘人才，充实应用型师资队伍。两年来，学院利用校企合作、创新创业导师聘请来自杭州湾新区及宁波周边的各行各业人才近百人来院开课讲学，吉利研发总部的多名工程师成为学院的外聘教师，进入学院的外聘师资库。二是开展项目州接活动，提升教师实践能力。与杭州湾管委会组织开展企业科技项目对接活动，组织多名教师与企业对接，开展科技指导工作。三是围绕车辆工程的课程教学、实践教学、思维导图、慕课平台开发等方面，展开应用型人才培养教学改革研究，有效地促进教学质量的提升。

4. 无缝隙精准对接，打通产教融合最后一公里。学院精准对接新区企事业单位技术难题的需求，为企业开展技术攻关项目服务。与吉利集团合作共建教学基地，主要包括理论学习与培训教室、文化长廊、公共实训中心（冲压厂、涂装厂、焊装厂、总装）。聘请吉利集团工程师担任杭州湾汽车学院毕业设计指导教师（可实行双导师制，校方与吉利分别为理论、实践导师）。组织教师到吉利集团进行挂职锻炼、参与产品研发。双方共同开展重大技术攻关、学术交流、各类科技项目中报工作等。与吉利汽车全方位、无障碍的合作，打通产教融合的最后一公里。

（三）合作的成果

目前，宁波杭州湾新区已经成为长三角重要整车生产基地之一。“十三五”期间，新区年产值将超过 2000 亿元，整车产量达 20 余万台。统计数据显示，2018 年，新区规划工业总产值 1673.3 亿元；仅仅汽车产值就为1001.6亿元，占总产值59.9%。

1. 为区域培养了一批优秀的汽车产业人才

每当毕业季到来，汽车、模具及零部件等行业企业纷纷到学院“抢人”，学院已经逐步打造成为广受业内好评的汽车人才高地。学院与三羊模具制造有限公司等30多家行业企业共建校外实习实训基地，所有学生均到企业实习实训，就业率牢牢保持在97%以上，更是有汽车企业发出了“你们有多少学生，我们就要多少学生”的承诺。目前，学院每4个毕业生中就会有一个留在新区工作，专业对口率也非常高，90%以上的毕业生从事与汽车产业相对口的工作。在经过1年的工作以后，这些学生又会作为吉利企业的招聘代表回到母校，成为招聘学弟学妹的重要参与者。

2. 专业学科硕果累累

学院以杭州湾区位和产业资源的优势为依托，主动对接区域和产业需求，在与大众、吉利等汽车龙头企业合作的过程中，学院的机械制造和其自动化学科发展迅猛，已成长为浙江省的重点学科，材料成型和控制工程专业为教育部“卓越工程师”培养试点专业，汽车服务工程专业则是浙江省重点培育的特色专业。

学院教师目前的研究项目有1/5来源于新区企业，并且数目在不断增加，学院四大专业都在各自的领域闪烁着耀眼的光芒。杭州湾汽车研究院、智能制造技术与装备研究院、汽车NVH技术国际研讨会……一个个产教融合实践案例的成功，鼓动着学校的师生更加积极参与新区汽车产业的技术服务与生产实践。在“汽车城”成长起来的杭州湾汽车学院将用其汽车产业资源优势，为杭州湾汽车小镇培育出专业的汽车产业人才，谱写出“新工科”生动范本。

三、案例总结

汽车产业在当今时代之所以被誉为“黄金产业”，与它极长、关联度极高的产业链密不可分。以汽车为特色产业的智能制造小镇在发展的过程中离不开设计、制造、维修、营销、金融等各个专业领域的人才，在汽车产业链的发展过程中发挥重要的作用。

第一，选择“校企合作”是杭州湾汽车产业集聚成长的有效支撑。汽车产业的产业链较长，无论是零配件制造厂的聚集，还是汽车研发机构的聚集，都极大地节省了企业在设计、运输等中间环节的运行成本。产业聚集有利于提升汽车产业的综合竞争力，而校企合作对于杭州湾来说则是一种“三赢”的模式。校企合作既能提高专业技能型人才培养的质量，又可以为合作企业不断注入新鲜血液，从而进一步不断发展壮大，还可以增强了学生自身的各项能力，特别是专业技术的能力。在杭州湾这个既有汽车企业，又有汽车院校、汽车人才的区域中，校企合作必然会成为未来的主流趋势。

第二，强化和完善产学研的合作发展机制，进一步调动企业、科研院、高校及广大科技人员的积极性，打造全国汽车产业制造研发的高地。杭州湾汽车学院把握汽车行业智能化、网联化、新能源、共享化的发展趋势，加快推动汽车产业资源要素整合，大力发展汽车智能终端产业，努力把新区打造成为能够比肩德国沃尔夫斯堡的中国汽车产业小镇，相信不久的将来，小镇必将在全球新一轮汽车产业革命中独占鳌头。

在高技能、高水平人才的智力支持下，汽车学院的人才培育已不仅仅满足于传统的点对点式的“校企合作”，而是要帮助整个行业、面向整个地区实现合作共赢。杭州湾汽车学院与国内汽的车产业航母“吉利汽车”互补联姻，成为校企合作的良好范本。作为“产教融合”的先行者，杭州湾汽车学院将成为培育高素质应用型汽车人才的集聚地，也将成为中国最具竞争力、最具特色、最受企业欢迎的汽车学院。

第二节　协同共建小镇职教产业联盟

案例一　宁海特色小镇多方协同，推动区域创新

一、宁海越溪多方协同，打造职教特色小镇

宁海越溪乡位于宁波南部滨海新区的连接走廊，为寻找新的经济增长点，实现错位发展，越溪启动“教育强乡”战略，着力打造一个具有职业教育特色的小镇，以职教助推产业转型升级，以职教助推城镇化大提速。

近年来，越溪乡与宁波职业技术学院、宁海县技工学校等职业院校对接，探索订单培养模式，为企业输送优秀技能人才，成为宁波南部滨海新

区人才配套教育培训基地。同时，小镇还将按照综合职教区、产教融合区、创业孵化区、生活配套区等功能分区布局，使越溪乡成为兼具职业教育、乡村旅游、生态建设于一体的特色小镇。越溪乡与职业院校协同，特色职教小镇服务于现代职业教育的转型升级，职业教育服务于越溪乡的城镇化大提速。

建设发展中的越溪乡如图 4－2 所示。

图 4－2　建设发展中的越溪乡

图片来源：http：//tsxz. zjol. com. cn/xwdt/201807/t20180711_7751314. shtml。

例如，职业院校以“推进一院一镇，服务宁海人民”为主题，走进宁海县越溪乡，开展志愿者服务、产学合作对接活动。职业院校的教师和学生团队组成的家电义务维修志愿者服务队，将专业同实践相结合，切实帮助当地居民解决实际困难，成功维修居民小家电 106 件；同时，师生团队通过宣传安全用电、网络诈骗防范、五水共治等方面的知识，使广大群众受益匪浅。2018 年，越溪乡引入总投资 25 亿元打造越溪小微企业园项目，园区依托宁海模具产业发展优势，一方面积极引入汽车零部件、电子电器、文具等环保类产业，另一方面沿用产学研合作思想，通过与多个职业院校开展校企合作，吸引人才、培育人才，为企业发展提供支撑。未来，园区将依托宁海的产业发展，结合“职教小镇”建设目标，聚焦产业服务，形成模具、电子电器、数控机械、汽车制造、通用航空等众多校企合作项目。

二、产学研基地助力智能汽车小镇“大跨越”

宁海智能汽车小镇如图 4 – 3 所示。

图 4 – 3 宁海智能汽车小镇

注：图片由作者拍摄。

汽车零部件、模具产业是宁海的传统优势产业，在工业 4.0 大背景下，人工智能逐渐走入大众视野，宁海智能汽车小镇入围浙江省首批特色示范小镇。2015 年宁海智能汽车小镇成功吸引新能源汽车行业龙头“吉利知豆纯电动车项目”落户智能汽车小镇，并按照产业集聚发展、链式发展的理念，推动县域经济发展。2018 年“知豆汽车”成为宁波首家入围独角兽企业的公司，以知豆汽车为核心的新能源汽车产业集群正在宁波智能汽车小镇形成。在宁波智能汽车小镇的引领下，宁海汽车工业将实现从模具到零部件、从整车生产到新能源汽车制造的“大跨越”“大突破”。浙江工商职业技术学院、宁波职业技术学院等高校的技术专家积极参与智能汽车的项目研发和智能小镇的规划，加快当地传统模具、汽配产业与互联网技术的融合，共建技术创新服务平台致力打造生态链上有效循环的“创新智镇”。

在“互联网 +”背景下，职业教育协同小镇企业在智能制造、智能物流等业务领域开展合作，充分挖掘小镇企业的优势，有针对性地开展科技研发和技术合作，以点带面打造结构合理、功能互补的研发团队，探索职业教育与区域产业协同创新模式，助推小镇企业做大做强。

三、校企协同创建宁海技能人才公共实训基地

为进一步落实中国制造“2025”试点示范，充分发挥公共培训资源效用，规范公共实训基地的管理和服务，加快引进和培养有利于构建宁海“3+3+X”产业体系的制造业技能人才，2018年12月宁海县确定宁海县技工学校、浙江工商职业技术学院宁海学院等5家单位为2018年宁海县技能人才公共实训基地。

2017年，宁海县人社局成立了专门的调研小组，基于宁海制造业发展的实际情况，重点开展当地企业技能人才发展和培养情况。通过近一年的走访和实地座谈，调研小组发现一个问题：小微企业中有许多技术技能人才，但是他们缺少一个展示平台，小微企业希望通过一个公共平台来发掘和培养人才，并通过此平台联合开展模具、汽配类产品的技术研发和技术攻关。2018年初宁海县人社局出台了《关于申报宁海县高技能人才公共实训基地的通知》，计划创建3~5个专门化、开放性、有特色的高技能人才公共实训基地，同时在经费、政策、服务上给予多方面的支持，包括一次性的经费资助和政策性补贴等优惠措施。

2018年12月，宁海县技能人才公共实训正式创建，入围的5个基地包括宁海县跨境电子商务公共实训基地、宁海县计算机技术与软件技术公共实训基地、宁海县汽车模具公共实训基地、宁海县汽车维修公共实训基地、宁海县模具数控公共实训基地。

其中，宁海县汽车维修公共实训基地由位于越溪的宁海县技工学校主要负责，实训项目包括汽车维修、模具制造、数控加工等。宁海县技工学校是浙江省重点技工学校，拥有数控技术与模具制造专业、汽车维修专业、电工电子专业等骨干专业。学校建有国家职业技能鉴定站，是国家职业核心能力考评点、宁波市高技能人才公共实训中心、宁海县汽车行业人才公共实训中心、宁海县模具行业职工培训基地、宁海县汽车行业人才培养基地。2018年学院依托汽车维修专业过硬综合技术水平和扎实的专业教学能力，成功申报“宁海县汽车维修公共实训基地”，成为宁海县五大技能人才公共实训基地之一，为区域汽车产业输送优秀

技能人才。

另外，宁海县模具数控公共实训基地由浙江工商职业技术学院宁海学院协同宁波华宝塑胶模具股份有限公司、宁海县阳超模具厂，共建占地8000平方米，兼具生产、教学和研发功能的教学工厂。同时，企业与学院协同建成的宁波市模塑制品表面装饰与智能成型技术协同创新中心占地500平方米，配备有3位校内专职科研人员，专业实训室将近30个。这些公共实训基地不仅承担了区域模具数控行业人才培养的任务，而且在开发新的职业技能标准、教学大纲、教材、课件等方面都取得了一定成绩。

案例二　横店影视小镇与横店影视职业学院双赢发展

一、横店影视小镇

被誉为“中国好莱坞”的横店影视城位于浙江省东阳横店境内，距省会杭州2小时车程，处于华东五省市4小时交通旅游经济圈内。同时，横店影视城是目前国内规模最大、拍摄场景最多的影视拍摄基地，在这里诞生了《无极》《步步惊心》等几百部优秀影视剧。横店影视城依托深厚的文化底蕴和独特的历史场景布局，联动旅游休闲要素，使影视、旅游、文化相互交融，被评为国家5A级旅游景区。2016年10月东阳横店也被列为第一批中国特色小镇。

横店影视城在培育发展影视产业的同时，主动与浙江传媒学院、金华职业技术学院等高校合作，联合创办了浙江横店影视职业学院。横店影视学院紧密服务区域影视产业，培养影视表演、影视技术及制作，以及旅游管理等方面的应用型人才。横店影视城有限公司作为横店影视学院的校外实训基地，依托横店影视城下属的秦王宫、明清宫苑、清明上河等10多个景区，以及龙景雷迪森、国贸大厦等酒店，为学生提供了大量的校外实训的场所和机会。同时，影视美术学院的实训项目还包括化妆造型、技能培训等，师生每年参与驻横店影视剧组拍摄人数达300余人次，学生进行校外实训的机会大大提高。

横店影视城拍摄场地如图4-4所示。

图 4－4　横店影视城拍摄场地

图片来源：http：//www. tuxi. com. cn/viewb－42662290165119－426622901651198292. html。

二、横店影视职业学院

浙江横店影视职业学院是由横店集团全额投资建设的，它也是浙江省目前唯一以“影视”为特色、涵盖相应领域相关专业的高职院校。学院地处全国首个国家级影视产业实验区——浙江横店影视产业实验区内，以影视艺术和影视工程教育为主、以影视产业管理和影视科技教育为辅。学院下设 5 个影视相关分院：影视表演学院、影视美术学院、影视制作学院、影视经济学院和影视旅游学院。

影视表演学院：学院现有表演实训室、电钢实训室、琴房、形体房等 24 个校内实训室，同时与社会企事业单位共建校外实训基 30 个。其中，浙江横店影视城为学院的紧密型校外实训基地，师生每年参与入驻横店影视剧组拍摄人数达 300 余人次，实训项目包括影视表演、文艺演出、技能培训等。戏剧影视表演专业学生参与出演《我是路人甲》《琅琊榜》《宫》《美人心计》《狙击部队》等近百部影视作品。
影视美术学院：影视美术学院以培养影视剧中的美术设计人才为目标的，下设有人物形象设计、艺术设计、舞台艺术设计与制作、工艺美术品设计 4 个专业，其中人物形象设计专业是浙江省“十三五”特色专业。现有服装打版实训室、美容护肤实训室、古代发型设计实训室、毛发制作实训室、艺术设计实训室、舞台艺术设计与制作实训室等 22 个校内实训室。

影视制作学院：学院设有编导、摄影摄像、影视节目制作、新闻采编、计算机5个专业教研室，设立影视编导、摄影摄像技术、新闻采编与制作、新闻采编与制作（新媒体技术与应用）、广播影视节目制作等专业方向，以及摄影摄像技术、广播影视节目制作专业的“3+2”的学生。
影视旅游学院：影视旅游学院开设有导游、旅游管理、文化市场经营管理、休闲服务与管理、空中乘务5个专业，其中导游专业是省级特色专业，旅游管理专业是校级重点专业。专业一直坚持“依托横店影视城，旺进淡出、工学交替、课证结合”的人才培养模式，与横店影视城旅行社、景区、酒店、休闲服务、航空企业等保持长期、稳定的合作关系。

资料来源：http：//www.hcft.edu.cn/#/（横店影视职业学院官网）。

三、依托区域优势谋特色发展

（一）依托横店影视城，加大合作交流力度

横店影视学院与横店影视城作为横店集团旗下的兄弟单位，双方通过专业共建、项目合作等产学结合模式，实现横店影视产业要素互动、资源共享，共同推进横店影视产业的繁荣发展。一方面，横店影视学院为影视城的发展提供人力支持；另一方面，横店影视城为横店影视学院的人才培养提供实践教学基地。横店影视城旅行社、酒店、艺术团、线上营销等部门将合作项目与专业开展对接，包括微电影、演艺秀、演艺培训、线上营销、酒店订单班、旅行社、旅游产品设计、外事商务等环节。比如，2016年伊始成立的横店影视城文化创意发展有限公司，运用互联网方式，形成了便捷的线上销售供应链。旅创学院的艺术设计专业携手“横店文创”，让学生参与到文创商品的创意、设计和销售中。

（二）借力横店特色产业，开展个性化教学

影视美术学院的人物形象设计专业则将实践课堂搬进“剧组”，为演员化妆的同时，传授专业知识，使学生们在“学中做”，在“做中学”，在剧组的锻炼中不断提升自己的实战技能。影视表演专业专门成立了演艺中心和剧组接轨，在演中教，演中学。学生可以担任剧作中的群众演员和小角色，剧组的老师和校内老师对不同的角色开展不同的教法，拓宽了学生的戏路。教务处根据专业的课程安排和剧组的档期灵活地调整教学时间，专业课集中在剧组上，公共课在空档期或演出间歇分批安排。每年学

院的“毕业服装秀”会吸引了许多行业内人士共同参与，许多学生还没出校门就已经被剧组聘为主化妆师。

除此之外，学校还特设“影视 DV 游教学实践周”，将教学实践活动融入横店影视集团的产业链条中，让编导、表演、摄像、人物形象设计4个专业的学生合作，跨专业组成若干拍摄小组。学生们直接面向游客开展服务，为他们编剧、化妆、摄影，最后制作成旅游消费者需求的 DV 影视作品。

（三）依托横店集团，加快“双师”型队伍建设

学院依靠横店集团，不断为加快“双师”型队伍建设，学院将集团内有经验、具备兼职教师资格的专家纳入学校的兼职教师库，请他们到校为学生上课。同时，学院也要求校内青年教师利用寒暑假期间，到影视集团挂职，开发校企合作的影视实践项目。都说中国的影视城 7 成亏，3 成平，1 成盈。而横店影视城则是 1 成里面的佼佼者。但是要想在未来的竞争中不衰落下去，一定需要“新鲜血液”。横店影视职业学院是影视城能够长期保持活力的一个重要支撑，在旅游、拍摄、制作、营销等领域源源不断提供专业人才。未来，浙江横店影视职业学院和横店影视城应进一步强化校企文化融合沟通、加强校企合作的监督和评价策略，不断提升学生的核心能力培养，提升校企合作水平，满足学生、企业的共同需求，更好地致力于培养影视专业的高技能型人才。

第三节　协同打造小镇特色实践基地

案例一　东阳木雕小镇技艺传承与人才培养的摇篮

一、东阳木雕特色小镇

浙江东阳被誉为“百工之乡”，东阳木雕自唐发展至今已有千余年历史，作为中国四大木雕之首，东阳木雕已成为国家非物质文化遗产的重点保护项目。目前，东阳现已有木雕类企业 3000 余家，木雕红木类家具的总产值占全国 20% 以上，是东阳经济发展的支柱产业。东阳木雕产业的发展势头迅猛，但木雕设计缺乏创新人才，木雕非遗传承人才非常紧缺。

在走访中，我们经常能看到当地企业高薪招聘木雕技工的广告，但应聘者却寥寥无几。这些现象都将影响到木雕传统产业的发展，东阳木雕行业一直期待培养富有艺术修养，具有创新能力的新一代人才。

为传承并发扬东阳木雕的传统技艺，广厦学院开设了“木雕设计与制作”专业，学院根据木雕专业的人才培养方案，围绕实践教学体系，以校企合作、工学结合的模式开展木雕实训。2008 年 6 月建成的木雕技艺实训基地，该基地集实践教学、对外培训、技能考核鉴定等为一体，成为浙江省非物质文化遗产传承的教学基地之一。

二、木雕大师的摇篮，木雕行业的黄埔军校

浙江广厦职业技术学院的艺术设计学院自成立木雕设计与制作（现专业名称：雕刻艺术设计）以来，高度重视木雕艺术人才培养模式的改革。学院紧紧围绕地方经济社会发展需要，采用“课堂教学巧匠引领、作品创意文化引领、技能训练比赛引领、专业建设大师引领、工匠精神榜样引领”创新木雕非遗传承现代学徒制人才培养模式，并推行“五结合”实践教学，为木雕、红木等行业培养了 600 多名“有文化、有创意、会设计、能制作”的木雕非遗传承人才。学院也因此被木雕界誉为“木雕行业的黄埔军校”。

（一）行业大师专家引领

依托民办院校灵活机制，学院引进 14 位企业一线的能工巧匠，组建了一支大师、巧匠、科班教师三结合专兼教师团队，积极探索理论和实践教学方法与形式，围绕艺术、技能、素质三个方面构建课程体系，强化学生美术造型和刀法基础，进行设计与制作的项目化交叉并进训练。广厦学院木雕制作与设计专业的实训指导老师都是从木雕企业通过层层严格选拔而来，他们大多是企业里的技术骨干，十分熟悉木雕企业的运作模式、管理模式、生产方式等。还有像陆光正等一批大师级的人物，他们将自己的专业经验应用于教学指导，这些都是专业人才培养的重要保障。

（二）构建专业教学体系

新一代创新型木雕大师的培养，离不开“现代高等职业技术规范式课程教学”和行业大师的引领。因木雕专业的特殊性，没有现成教材，广厦学院通过校企协三方合作，开发专业核心课程《东阳木雕制作工艺》《东阳木雕设计》《工笔白描》等 6 本专业校本教材。一方面，它们通过实践教

学开发了一套木雕的自编教材，并在大师的培养和引领下形成了一套完整的教学体系。另一方面，还参与主持制定了雕刻艺术设计专业国家教学标准，国家职业技能标准《木雕工》的制定。在科研领域，教师主持教育部规划基金项目“明清江浙地区木雕装饰纹样研究”等27项相关课题，撰写50多篇相关论文，反哺教育教学，推动教改创新，传承木雕文化。

（三）扩大非物质文化遗产的海外交流

学院通过多种形式为企业服务，积极开展非物质文化遗产的宣传和弘扬。2018年10月，浙江广厦建设职业技术学院招收了21名来自刚果（布）的留学生参与到“雕刻艺术与设计国际班”，这是浙江首次在木雕领域招收留学生为东阳与非洲国家地区的非遗文化教育交流提供并拓展了新的途径。雕刻艺术与设计留学生项目的学制为4年，第一年他们主要完成汉语预科的学习，后三年再进行木雕的艺术设计专业的培养。学习期间，留学生会到东阳木雕小镇、木雕博物馆学习，让学员们从传统艺术、民间技艺传承及非物质文化遗产等方面深切感受东阳木雕在非物质文化遗产的魅力。①

三、案例总结

自2008年木雕专业设立以来，学院高度重视木雕艺术人才培养模式的改革，以行业、企业为依托，积极推进产教融合、工学结合，深化教学改革模式，在“五引领”的指导下，学院不断强化教育教学管理体系，加大了人才培养质量和教学评价的监控体系，为该项目的实施提供了坚实的基础。同时，学院根据特色专业发展的需要，在引进企业大师和能工巧匠时实行优惠政策，在非遗木雕人才培养路径的构建与实践方面给予了强大的支持与保障。

“五引领”是指依托校企协三方合作、三维联动的木雕非遗人才培养平台（如图4－5所示）。通过专业建设大师引领，校协合作统筹顶层设计，科学定位非遗传承人才的培养目标与标准，紧密对接木雕行业发展。专业教学巧匠引领，开发校企互融教学专业生产技能训练比赛引领，以真实作品为载体创新评价体系，以创作比赛等方式改变教学手段和学业考核

① 张岚．木雕专业技能教学学业评价研究——以浙江广厦建设职业技术学院木雕制作与设计专业为例［J］．太原城市职业技术学院学报，2013.

方法，紧密对接市场评价机制①。

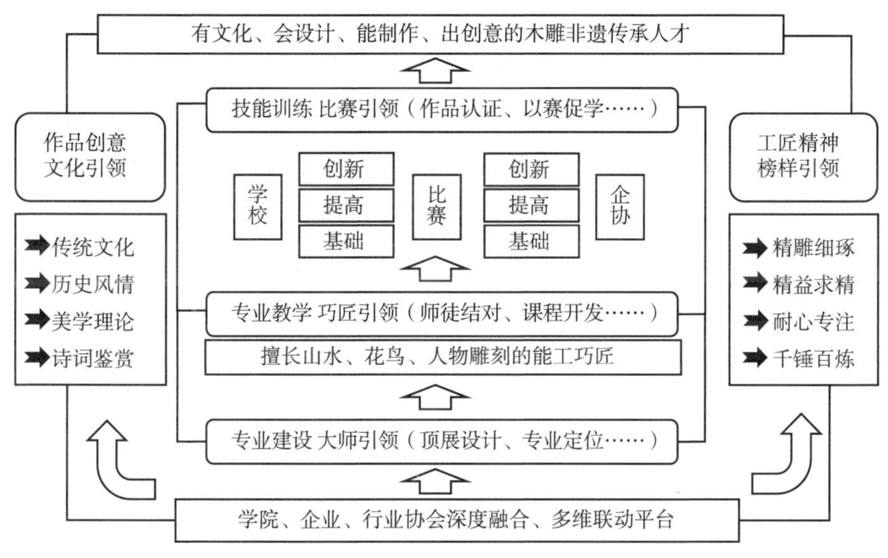

图4-5　学院“五引领”示意

（一）加快非遗传承人才培养

广厦职业技术学院“五引领”木雕非遗传承人才培养，改变以往“口手相传”、只注重于技艺传授的单一技能培养模式，转变为科学系统的综合培养，实行传统学徒教育与现代学校教育的结合模式。将作品创意和工匠精神培养贯穿全过程，形成“先实后理”的非遗实践教学形式。三年系统科学的培养，使得学生的木雕技能大多达到传统培养模式下六七年的水平，多位毕业生作为传承青年军活跃在知名木雕企业。同时，雕刻艺术与设计国际班的开设，使非物质文化遗产的传承与推广范围不断扩大，让海外文化也融入传统木雕文化，东阳木雕设计也因此有了“洋弟子”“洋视角”。

（二）创新作品认证评价体系

率先提出以作品流向、有效作品认证作为课程考核，与市场、行业、企业直接对接，通过校展和工艺美术博览会、文博会的展览、展演平台的

① 许海峰．刍议区域高校对东阳木雕非物质文化遗产的保护与传承——以浙江广厦建设职业技术学院为例［J］．前沿，2014（3）．

拍卖，各类艺术馆、博物馆的作品收藏、与企业合作项目的验收交付，木雕创业园的线上销售等多种市场化平台，形成了以获奖层次、拍卖情况、验收合格率、收录级别等因素作为考核依据，创建了以市场检验为导向的作品认证评价体系，实现了课程由程式化的成绩考核向个性化的成果转化评价转变，提升了学业评价的有效性。近年来，师生作品在中国国家博物馆、中国木雕竹编工艺美术博览会等各类展会中多次获金、银、铜奖，其中部分优秀作品被中国木雕博物馆永久收藏。

（三）构建系统化的匠心培养形式

本着文化引领、榜样引领，以“精雕细琢、千锤百炼”为匠心培养理念，以校园文化优化、专业渗透细化、社会实践悟化、企业文化融化、传统文化内化、大师情怀感化、巧匠言教深化、学长典型强化“八化”为实施途径，探索系统化的非遗工匠精神培养形式和养成路径。实施专业教学与工匠精神注入教学的互融，注重产教融合、实训实习体验、大师经历、学长案例融入、专业课程渗透的统一，为职业院校的素质教育提供了理论支持和路径借鉴。

案例二　古堰画乡创建大学生特色小镇实践基地

一、古堰画乡

丽水，作为浙江辖区陆地面积最大的地级市，被誉为“浙江绿谷”。2018 年 12 月 12 日，丽水被命名为国家第二批“绿水青山就是金山银山”实践创新基地。在核心面积只有 3.91 平方公里的丽水市莲都区碧湖镇和大港头镇境内，坐落着一个“古堰画乡”小镇，整个小镇充满着浓郁的艺术气息，是丽水境内最受欢迎的旅游目的地之一。之所以成为“古堰画乡”，可以从两个方面来说：

一方面是“古堰”，“古堰”是国家重点文物保护单位，充分见证了当地深厚的历史底蕴。瓯江两岸遍布了古堰、古樟树、古村落、千年古镇，形成了江南古镇自然朴素的风格。许多摄影师和画家来这里创作，展示了丽水山山水水和古镇风貌。

另一方面“画乡”则突出代表了地方文化特色。2005 年，莲都区政府正式提出发展并建设古堰画乡项目，大力发展油画产业，采取沿街店面 3 年免租金政策，吸引画家入驻。古堰画乡建有丽水油画院、古堰画乡分校、古堰画乡展览馆，另外还专门设有中国美术学院及其附中的教学实训基地。

二、古堰画乡打造特色产业基地

古堰画乡小镇坚持乡村旅游产业和文化产业融合发展，大力发挥“油画+互联网+乡村创客+休闲”产业链优势，实现了从旅游景区到油画基地再到文艺创客集聚区的跨越发展。近年来，古堰画乡依托优美的自然环境和深厚的文化底蕴，逐步成为高等院校基础教育实践基地，每年接待写生创作学生超过12万人次。小镇通过以下三个步骤打造艺术院校实践基地和乡村旅游示范基地。

第一，古堰画乡在主导产业的选择上独辟蹊径，选择其他小镇没有涉足的油画产业。从引进分门别类的画到如今小镇的画廊一条街，目前在画乡古街共有各类行画企业和工作室40余家，通过建立小镇油画交易中心、绘画人才培训基地来提升油画发展层次。小镇上的缙云工艺美校古堰画乡巴比松分校十多年来为艺术界培养和输送了大批的专业人才。近年来积极引进省级以上艺术家，与各类艺术院校开展合作，全国有近300家高等院校在此建立了艺术教育实践基地，古堰画乡现已成为中国最大的写生创作基地之一。

第二，依托“画乡”打造乡村旅游创客示范基地、乡村旅游摄影基地等，积极发展绘画、摄影、音乐等艺术产业链条。同时，小镇大力发展“创客经济”，吸引更多创客入驻发展，地方小吃、茶馆、咖啡屋、书吧、民间手工艺体验等各类产业……集聚在小镇周边，目前已经有超过200名的创客和创业团队在此扎根，与小镇的“乐工作”“慢生活”融为一体。作为第一批来到古堰画乡的乡村旅游创客，90后的小张在我的采访中，非常愉快地翻开了她的工作日记，日记里记录着她从入驻小镇到融入小镇的点点滴滴，她非常愉快地跟我们一起阅读日记，分享着在古堰画乡小镇的每一天。在日记中，她写道：如今，每天一杯咖啡已经成为小镇年轻人的生活标配。在画乡的一角，有一个小小的咖啡书屋，这可不是一个普通的书屋，它记录着我在画乡工作和生活的全部。咖啡书屋面积不大，但在来来往往的行人眼中，它是独一无二的，它收藏了很多年轻人旅途中的记忆。我最喜欢的时刻，就是早晨阳光透过纱帘，从窗外洒进来，照着我咖啡书屋，顿时让人精神倍增，特别有工作氛围……小张的咖啡书屋还有一帮固定的粉丝，她说："每个周末，小镇的这群创客都会来我这里聚聚，喝上一杯我的手冲咖啡，聊一聊大家的梦想。我也会跟他们说说自己最近的新想法，记得有一次我跟他们说想设计一款'梦幻咖啡杯'，这个咖啡杯从外形上看跟普通咖啡杯没什么区别，但它是一款功能非常强大的咖啡杯，杯子的侧面两个小屏幕，用来显示咖啡的类型和温度。客人可以在上面选择美式、意式、拿铁、卡布奇诺，各种不同口味，还可以根据个人的喜好调节咖啡的温度，满足不同人群对咖啡的需求。虽然这个咖啡杯的设计理念太过超前，但大家却因为我抛出的这个话题，整整聊了一个下午关于创意产品设计的话题，这很有意义，我喜欢这样的生活。"

第三，积极发展特色民宿，吸引乡村创客集聚，"隐居画乡""画中游"等一批特色精品民宿崭露头角，以点带面的形式拉动了小镇民宿产业的发展。"小镇的别墅群建筑设计与自然紧密结合，这里的很多民宿都是邀请国内著名设计师设计的。"通过对丽水职业技术学院学生的采访，我们还了解到该校艺术设计专业和室内设计专业与古堰画乡小镇强强联合，参与设计了一批别具风格特色的民宿。艺术设计专业的小李在大三实习的时候，本来有机会可以去杭州的一个园林设计企业工作的，但最终还是决定留在了我们丽水的这个小镇。在实习日记中，她写道：时间过得很快，一晃眼就过了三个月的实习期，在适应小镇的上班节奏后，我感觉自己爱上了这里。这里感觉像世外桃源，这里也经常能碰到大师级的人物，置身小镇的艺术设计工作室，整体工作氛围很轻松，让人感觉宁静、舒适。不过，翻翻自己的发的朋友圈，记录了刚开始的第一个月，还是有很多不适应的。因为，我们班在杭州、宁波工作的同学在朋友圈里晒各种"城市时尚大片"，感觉这里无聊极了，生活都是"捱"过来的。但第二个月开始就慢慢适应了，这里给我的感觉总是"刚刚好"，生活节奏快得刚刚好，年轻的人们浮夸得刚刚好，还有这里的饭菜甜、咸刚刚好。总体来说，我不是那种想要"拼"着去生活的人，这里比杭州"安静"一点，比宁波"文气"一点，比温州"低调"一点，关键我还可以在周末回家陪陪父母，这样很好。

第四，小镇还大力发展"互联网+旅游"，通过网络平台售卖古堰画乡小镇油画、瓷器、农产品及民宿服务，网络销售火爆。小镇造街巷小吃、茶馆、咖啡屋、书吧、民间手工艺等各类产业竞相迸发。同时，衍生发展了养生度假、湿地景观、文化体验项目，并引入高端养生度假设施与活动，扩大了休闲产业链。据统计，小镇及周边农家乐、民宿等休闲业态经营收入2010~2015年短短六年提升了20多倍。

三、案例总结

古堰画乡小镇以“画”为核心，用“画”字做文章，着力打造最具特色的“巴比松”油画产业基地。在政策层面，加大对油画创作、生产、展览、销售、艺术交流等的扶持力度，对落户古堰画乡的画家给予房租补贴；在“校地协作”层面，借助小镇的自身优势，创建艺术院校的写生基地，为学生提供一个更好的实际可操作平台。同时，小镇也借助学校师生的力量改善创新原有的落后旅游产业发展模式及宣传方式，通过院校年轻人的宣传，让更多的社会大众了解古堰画乡小镇的特色文化，通过精美的油丽作品把丽水的绿水青山美景宣传出去。不得不说，这是一件两全其美的事。

案例三　体育特色小镇中的青年大学生志愿者们

一、北仑春晓国际赛车小镇

春晓位于宁波市北仑区最南端，该镇三面环山，一面临海，是宁波市重点打造的海上客厅，也是宁波国际海洋生态科技城的重要组成部分。随着产业园区开发建设不断推进，春晓已经形成了以吉利汽车春晓基地为核心，聚集了敏实、拓普等国内外知名汽车零部件制造商的中高档汽车制造基地。其中，吉利汽车是浙江吉利控股集团全资子公司，该公司在春晓的基地占地面积约1800亩，拥有一套完善、稳定、高品质的汽车零部件供应链，以及整车制造公司、7DCT变速器厂、零部件产业园。同时，企业在春晓为员工配套了完善的生活和娱乐设施，使员工们能在美丽的春晓安居乐业，全心投入工作。仅仅数年间，曾经落后的春晓，如今摇身一变成为了一座“汽车之城”。

2016年，春晓的国际赛车小镇成功入选为市级特色小镇创建名单。国际赛车小镇总规划面积为3.57平方公里，是国内参与性最强、门类最齐全、产业链最长的国际汽车文化小镇。春晓各街道牢牢抓住小镇的赛车文化和时尚产业特色，延伸出了休闲旅游和销售展示等功能，着力打造以赛车体验、汽车销售、汽车配套、汽车文化为一体的汽车全产业链综合体。从造车到玩车，国际赛车小镇成为春晓汽车产业的有效延伸，在汽车赛事的推动下，春晓也将成为新型的体育特色小镇。

近年来，宁波国际赛道策划了一系列体育赛事活动，持续为宁波打造出具有城市特色和国际影响力的品牌活动。宁波国际赛道先后举办了华夏赛车大奖赛和中国房车锦标赛（超级杯）、国际汽联F4中国锦标赛等精彩赛事①。这些赛事的开办，大大提升了春晓的知名度，也使宁波成为世界赛车界重要的一站。同时，宁波国际赛车季的持续举办，为宁波市民带去了更加丰富的体育文化体验和休闲娱乐活动，对拉动当地旅游消费及汽车文化产业发展产生了积极的作用。

二、活跃在体育特色小镇中的大学生志愿者

随着国际赛车小镇各项大型体育赛事的开展，小镇亟须大量的专业人才和志愿者队伍加入各项大型活动，为小镇文化体育事业的发展提供优质的保障和服务工作。北仑国际赛车小镇与当地的宁波职业技术学院建立了“学生志愿者”的项目合作。每逢赛事，宁职院学生便可以志愿者身份参与到大大小小的国内、外赛车赛事中，感受体育竞技、赛车文化的精神与魅力，感受赛场的氛围，学习国际赛车知识，享受到别样的参与感。一直以来，校团委不断加强志愿服务区校合作，立足北仑区域实际，积极组织并参与各类区内志愿服务活动。同时各个分院也结合各自的专业优势，走进援外班、走进乡村、走进社区、走进福利院，开展各种颇有意义的特色志愿者活动。

宁波职业技术学院志愿者特色服务项目如表4－1所示。

表4－1　　宁波职业技术学院志愿者特色服务项目

院系	项目名称
国际学院	发展中国家管理官员研修班志愿者服务项目
工商管理系	星光志愿者关爱自闭症儿童项目
国际商贸系	九峰山义务导游项目
国际学院	送粥奶奶国际志愿者服务项目

① http：//blnews. cnnb. com. cn/system/2017/10/15/011611466. shtml，北仑新闻网。

续表

院系	项目名称
电子信息工程系	爱心维修站项目
化工系	健康生活，绿色化工
建筑系	81890 陪盲人看电影项目
工商管理系	情系你我——关爱福利院儿童项目
电子信息工程系	黄鹂社区义务支教项目

大学生志愿者是城市展示的窗口，让海外来宾们通过他们感受城市人民的热情；同时，志愿服务也本着“友爱、奉献、互助、进步”的宗旨，把学习与志愿服务有机结合起来，依托文化体育赛事，有计划、有步骤地开展活动，组织服务，给每一位服务过的志愿者留下了深深的印记，也为大型赛会服务留下了浓重的一笔。

我们采访了宁波职业技术学院商贸外语学院志愿者大队长倪子涵同学，她谈道：“大学生青年志愿者是一个特殊的团体，它代表着乐于奉献，代表着热情服务。我很高兴在大一刚进入学校的时候就参加了分院志愿者服务大队的招新，并成功成为其中的一员，最后成为队长。作为一名志愿者，我负责并参加了很多项志愿者活动，例如 CBA 篮球赛，中国（宁波）海外工程师大会，女排啦啦队，世界房车锦标赛，阳光支教，灵峰山公益徒步，爱心义卖等大小型的志愿者活动。通过这些活动，我收获到一群志同道合的朋友，感受到很多的感动和爱，培养了自己的实践能力和认真负责的态度。虽然这是无偿的，并且也许很累，但是享受到的快乐却是什么都换不来的。希望当代大学生们可以多多参加此类的志愿活动，力所能及地去为这个社会贡献自己的一分力量，同时也能够更好地锻炼自己。”

另外，宁波职业技术学院国贸专业的优秀志愿者王心怡说：“作为一名志愿者‘痴迷爱好者’在进入大学之前我就对此非常的感兴趣，到大学之后不断关注并参与其中。其间，我参加了 2016 宁波国际马拉松志愿者、宁波国际赛道 WTCC 世界大赛志愿者、第四届中国—中东欧国家投资贸易博览会投资恰谈部志愿者、第 31 届电视剧‘飞天奖’暨第 25 届电视文艺‘星光奖’颁奖典礼演员替身组志愿者，浙江省青少年啦啦操锦标赛志愿者等重大活动，还有我身边最坚持、最纯粹的志愿者团队宁波市北仑区‘漾公益’义工联合会。其中在宁波国际赛道 WTCC 世界大赛志愿者活动中，我主要负责 VIP 包厢的引导工作，以及协助维护看台观众的出入场秩序。作为体育赛事类志愿者活动，竞技体育本身带有风险性，要注重赛事规则和人身安全保护。志愿者主要通过赛事自身的特性和针对区域本身的需求来服务区域。相比较校内，校外志愿者活动规格更高、专业性更强，需要完善的培训周期。参加校外志愿者活动，让我感慨最深刻的就是从别人身上学到怎样看待这个社会和真挚热忱地想为社会做出贡献的心态，而不是单纯为了获得志愿者积分。细数过来，我在校外志愿者活动中遇见了可爱可敬的人，也获得了大学期间最宝贵的经历。”

三、案例总结

目前，在体育特色产业领域有较多的定义和称呼，包括体育产业园、体育产业集群、体育产业基地、体育产业集聚区，以及最近在特色小镇建设浪潮中推出的“体育特色小镇”概念。但所有的名称目前都还没有统一和明确的定义，往往根据各地实际项目的推进情况进行定义和取名。从概念性规划上来看，春晓国际赛车小镇主要依赖于国际体育组织与相关企业的支持，属于总部资源集聚型体育小镇，与各大组织携手推进小镇的整体发展。

从体育产业园区发展和形成的轨迹我们发现，我国体育产业园区的发展主要经历了四个阶段，分别为企业自生集聚阶段、政府园区培育阶段、体育产业示范基地认证阶段和体育特色小镇阶段。2016 年 10 月，住建部公布第一批 127 个特色小镇，这其中以旅游、文化为代表的特色小镇数量超过 68%，而以体育为代表的特色小镇数量却相对滞后。2017 年国家体育总局提出，要建设 100 个运动休闲特色小镇，重点发展以体育休闲、文化旅游为主的项目，同时，加强推动体育和相关产业的融合发展，以此吸引更多的家庭，更多年轻人参与到体育特色小镇的互动中来，“体育特色小镇”发展浪潮开始到来。

春晓街道充分利用当地特色项目发挥汽车文化，建设国际赛车小镇，加速构建以先进制造业和现代服务业为支撑的现代产业体系，实现产业双轮驱动。春晓国际赛车小镇以汽车全产业链为依托，打造出了综合性赛车文化体验基地，作为“体育 + 特色小镇”的典范，春晓国际赛车小镇已经迈出了成功的第一步。众多青年大学生志愿者的参与和加入，使小镇更具活力，也让大学生有了更好的课外实践平台。通过“赛车”突出汽车产业的全产业链效应，春晓国际赛车小镇是这场比赛的“大赢家”。

案例四 欧窑小镇非遗文化在高职院校的传播与传承

一、欧窑小镇

温州，简称“瓯”，作为浙江三大中心城市之一，是一座拥有2000余年建城历史的城市。其地形复杂多样，既有丘陵、平原，又有海岛、湖泊，就像一个“瓯”，三面是山一面向海，中间是平原，好像一个盛满了温州人民世世代代美好希冀的“饭碗”。温州有着多样化的区域文化遗存，瓯越文化、山水文化、民族文化等源远流长，民间的手工艺等更是拥有着深厚的文化底蕴及独特的价值。

2014年温州大学被批准为浙江省非遗研究基地，这也代表着温州高校的非物质文化遗产研究水平达到了一个新高度。浙江工贸职业技术学院作为温州的一所高职院校，在这样的大背景驱动下利用原有的自身优势结合当地特点，引入了以“一木三瓯”为代表的“瓯”文化。“三瓯”指的是瓯窑、瓯塑、瓯绣，其中，瓯窑作为浙江主要瓷窑之一，因瓯江而得名，至今已有1000多年的历史，被称为温州人自己的瓷器。现如今的瓯窑，由于学艺难、效益低而后继乏人，此项手工艺的传承与发展也遭遇到了前所未有的危机。随着近些年来国家对文化建设的不断加强及社会大众对文化认知的不断提高，人们开始逐渐重视起这些传统区域文化的重要性，并自发地开始学习并传承。

瓯窑小镇作为温州永嘉县的一个小镇，是当地结合地方特色，实施乡村振兴战略的一个缩影。永嘉“瓯窑小镇”自2016年9月改建以来，现因瓯窑文化而声名鹊起，当地通过文化宣传、招商引智等举措，使小镇面貌发生了颠覆性变化，一座集瓯窑文化、创意设计、非遗传承、文化旅游相融合的文创特色小镇也就初具模型。

二、欧窑小镇非遗文化的传播与传承

浙江工贸职业技术学院的领导和专业教师多次赴永嘉瓯窑小镇实地考察学习，通过考察工艺美术小微企业创业园，了解瓯窑陈列馆、文创工作室的发展情况，学院提出了设立工作室、瓯窑小镇形象片动漫制作、文化

经纪人培训等合作项目。2018 年 4 月，浙江工贸职业技术学院瓯窑小镇研究院正式成立，该研究院是以瓯窑文化研究、瓯窑创作和教学为主，涉及瓯塑创作、瓯绣创作，文创设计和开发、艺术创作与教学等校地融合的教科研机构。该研究院将积极发挥高校人才培养、艺术与技术的优势，为永嘉县瓯窑特色小镇的发展添加更多的动力。

（一）课堂教学阶段

浙江工贸职业技术学院在校内开设瓯窑瓯塑班等作为学生的选修课来进行传授，教师们带领学生更加深入的了解瓯文化。2017 年，该学院正式将“瓯塑”“瓯绣”作为公共选修课。一开始同学们对于这些传统的老手艺十分陌生。通过这些年的不断宣传与努力，一脸茫然的学生少了，开课班级也由原来的各 1 个班级增设为各 3 个班级，每班级人数由原来的 10 人增至 20 余人。

同时，学院还引入了瓯窑相关方面的公共选修课，截至目前，学院参选非遗课程的学生总人数已有几千人，这种形式在一定程度上使“瓯”文化在校内得到了普及。通过这些年的不断尝试与努力，该院学生对这类选修课的选课热情大增，甚至还出现了想选却选不上的“抢课”状态。为了让同学们更深入地了解瓯文化，老师们也会带领同学们去往该校在永嘉瓯窑小镇的研究院去实地考察讲解①。

（二）创新创业阶段

以“一木三瓯”为代表的非物质文化遗产，不仅具有鲜明的地域文化特色，还非常适合产品市场化运作，同学们可以利用自己所学到的非遗技艺进行创新创业，通过这个途径，让传统工艺更好地传承下去。浙江工贸职业技术学院的学生在课程的学习过程中会创作出许多新的作品，这些作品经过精心的改进和包装都具有一定的市场价值。学生可以在传统手工艺的制作中融入新潮元素，推出商务礼品、家居装饰摆件、个性动漫产品等。在温州名购网上，学生创作的精美瓯绣、瓯塑作品与温州鞋服、眼镜等产品一起展示销售，取得了不错的销售业绩。经常有一些企业单位来学校定制瓯塑、瓯窑作品，在学院的努力与带领下，一批有想法、有创造力

① 王春红．传统手工艺技能类非物质文化遗产在高职院校深入传承研究——以浙江工贸职业技术学院“一木三瓯”为例［J］．科技视界，2016（4）：62－64.

的学生开始用自己所学的非遗技艺走上创业之路。

现在越来越多的学生选择自主创业。社会对大学生创业也有着许多的扶持政策，温州作为一个沿海城市，本身就是改革开放的前沿阵地与中国民营经济发展的先发地区，历史上也不断涌现着一批又一批年轻的创业团队。学生可以借助这个良好的商业背景先成立创业工作室，再逐渐发展成一家创业型企业。在互联网高速发达的时代，学生也可以借助数字网络媒体对产品进行创新并作相应宣传，借此销往全国各地及海外。

（三）社会服务阶段

“一木三瓯”为代表的非物质文化遗产，不仅给同学们创业带来很大帮助，同时也为学校的社会服务工作开辟了一条有效的道路。除了在校内带领学生开展瓯窑教学和创作，浙江工贸职业技术学院还积极面向社会群体开班授学，通过在校内开设暑期青少年、老年体验班等方式，宣传普及“一木三瓯”非遗技能和文化。与此同时，浙江工贸职业技术学院的老师们还将“一木三瓯”带出校园，带入温州市的各大中小学。截至2018年，学院教师走访了近30所学校，向8000多名学生进行了“一木三瓯”非遗技能和文化宣传、传承，这一行为举措得到了社会各界的广泛认可和好评。

三、“一木三瓯”文化的传承与发展

浙江工贸职业技术学院立足于地方办特色院校，不断探索传承瓯塑、瓯绣、瓯窑、木活字印刷等国家级非遗文化的新路径，取得了优异的成绩。瓯窑小镇有着专业的传统制作工艺，学院依托欧窑小镇的产业优势，在教学的过程中为学生提供一个很好的校外实战操作平台。同时，欧窑小镇也借力学校这一公共教育平台，向更多的社会大众传授这项手艺，通过学校的宣传教学让更多的社会大众了解瓯文化，促使非物质文化的传承与发展。同时，小镇借力师生团队科研力量改善创新原有的落后手艺，不得不说，这是一件两全其美的事。

文化是一个民族的灵魂，而区域文化组成了我们的民族文化，当今的世界各国尤其是发达国家非常重视对传统文化的保护与传承，而今天国内的在校大学生受到各方面因素的影响，对于外来的韩流文化、西方文化等津津乐道、盲目追崇，而对于我们中华民族传统文化的热情却不高。学生作为国家发展的未来，更是应该改过这种不正确的观念，充分正视我们的传统民族文化，学校的教育在这其中就是起到了一种连接枢纽的作用。瓯窑小镇将传统区域文化带入校园，学校将文化进行传承。教育与文化的融合势必会成为未来发展的一个趋势。

第四节 协同构建小镇产学研合作基地

案例一 协同工业型特色小镇，打通产教融合“最后一公里”

一、产业背景

北仑区大碶是宁波的工业重镇，域内集聚了2200余家以压铸模具、汽车配件等产业为特色的民营企业，被全国模具协会命名为“中国模具之乡”。2017年中国铸造协会认定中国压铸件产业综合实力50强，其中北仑大碶小镇的多家企业上榜：宁波旭升汽车、华朔科技、博大机械、勋辉电器占据其中四强。两家上市企业继峰汽车、拓普集团被评为“浙江省技术创新能力百强企业”。当地政府高度重视模具行业的发展，在人才引进、研发投入、设备添置等方面下足功夫，经过几年的发展，“大碶模具”已成为北仑一张闪亮名片。

针对北仑大碶模具行业中小企业数量多、分布集中的特点，北仑区建成了北仑压铸模具公共服务平台，并与北仑检验检疫局、质量技术监督局等机构协同合作成立产品检测中心，为企业提供一站式的服务。同时，北仑区政府为了推动高档压铸模具产业发展，制定了一系列的政策措施，从多个方面引导各类创新要素聚集融合。在创业创新政策的引导下，压铸模具企业孵化体系初步形成，灵峰创客服务中心、海星孵化园等一批专注模具领域的民营孵化器逐渐发展壮大。目前，大碶的各类孵化机构和众创空间已经培育创业型、科技型企业近千家，累计毕业的创客企业数百家。同时，大碶小镇积极开展与大专院校的合作，在本土院校合作的同时（宁波职业技术学院承办2019宁波北仑第八届模具科技周高端论坛见图4-6），大力引进与精密铸模发展密切相关的科研院所，逐步构建起“开放、共享、协同”的产业生态体系。

图 4－6　宁波职业技术学院承办 2019 宁波北仑第八届模具科技周高端论坛

图片来源：https：//www. nbpt. edu. cn/2019/0606/c743a82869/page. htm。

二、合作模式

（一）协同模具产业集聚区，开展现代学徒制

2015 年宁波职业技术学院被教育部确立为首批现代学徒制试点单位起，为打通职业教育产教结合的“最后一公里”，宁职院海天学院模具专业和大碶街道模具产业聚集区联合开展“现代学徒制”的试点工作。通过与大碶模具产业集聚区合作开展的现代学徒制培养，提升了学生的技能和职业素养，也为企业储备了优秀的人才，可以说是产业区内的“双赢”。

在宁波埃利特模具制造有限公司的车间里，经常能看到宁职院模具专业几位年轻教师的身影，他们经常主动下到车间与企业师傅探讨最新的技术难点和热点问题。他们将最新收集整理的模具设计加工问题转化为教学案例，按照产品工艺分析、模具设计、模具制作的实际工作过程组织教学，为学生提供最新的教学素材和案例。同时，在企业车间里，也经常能看到老师带着学生跟师傅一起围着设备学习的场景，把企业车间当作实践教学基地已经是宁职院模具专业的常态。其中，模具专业的小王同学从大

二开始就在宁波埃利特模具学习实践，企业还给他安排了操作经验非常丰富的模具工组长作为师傅，开展学徒制对接和指导。小王说："一周能有几天在企业环境里实践，更加能够沉下心来跟师傅学东西，通过这几个月的实践，我已经能够掌握汽车零配件模具的组装过程。在车间里锻炼，师傅很耐心地给我指导，自己的综合能力提升很快。"

（二）协同工业型社区，助推区域产业发展

近年来，灵峰社区和横杨社区是大碶小镇的两个典型工业型社区（灵峰社区模具产业园布局见图4－7），两个社区地处大碶模具和汽配产业核心区，通过与宁波职业技术学院海天学院深度合作，建设模具专业人才库、建立模具材料、产品检测中心，加快资源集聚，降低企业经营成本、提高工艺水平和产品质量，将大碶街道打造成为"全国压铸模标准化示范基地"。

图4－7 灵峰社区模具产业园布局

注：图片由作者拍摄。

灵峰社区为培育创业创新人才，灵峰社区推出了"智HUI模客"众创服务中心项目，该项目依托大碶模具产业基地协同创新中心的四大平台，深入挖掘培训大中专院校的优秀模具机械类创业创新大学生群体，吸引社区优秀创业资源。横杨社区积极搭建企业与学院沟通的平台，从2009年起在社区的牵线下，宁波职业技术学院与横杨社区的多家成长型企业签署了《校企产学研合作协议书》，目前已有上百家企业加入校地共建平台。平台的搭建，让企业和学校都融入其中，学院再也不用愁学生的实训，从产品设计开发，原料采购、成本核算、产品制造、质量控制，到财务管理、人力资源管理、市场营销等，整个企业生产和管理所需的知识和技能，都可以有一定的了解和实践机会。

职业教育协同小镇社区，围绕小镇特色产业建成一批职业教育协同创新中心，实现教育园区、产业园区、现代社区联动发展。海天学院通过对接两大“工业型社区”与区域建立全面战略合作联盟，建立人才培养与人力资源服务、科技合作与技术服务、产业集聚与企业服务相互融合的产学研合作基地，充分发挥高校对区域经济转型升级的助推作用。未来，大碶小镇的工业型社区也将进一步结合产业特色，建设产业服务和公共服务相结合的高档压铸模具产业公共服务平台。进一步提升工业社区服务企业经验，以精准服务产业创新为核心，将驻点服务和专题活动结合起来，将政府服务通过社区，精准地延伸到综合体，逐步形成具有较强推广性的工业社区服务产业清单和标准，优化营商环境、激发市场活力。

（三）协同数字科技园区，打造多位一体新格局

宁波职业技术学院的数字科技产业园搭建了服务外包、工业设计、电子商务等公共技术平台和企业研发机构，依托学院专业特色，围绕区域产业特色，实现了中小企业集聚、科技创新引领、创业平台支撑、企业技术服务协同发展的多位一体格局。近年来，展现北仑“中国压铸产业示范基地”风采的“北仑模具科技周”活动的主阵地也放在了数字科技园，使园内企业科技成果转化速度明显加快。在宁波职业技术学院、区模具协会、区科协等多部门努力下，已连续8年举办了全国性的“北仑模具科技周”，邀请模具行业及大数据、互联网等领域的各位专家为北仑区模具工业“智造”的变革发展积极出谋划策，探讨模具行业的技术、贸易、人才培养及可持续绿色发展模式。

关于举办“让世界爱上北仑造”——阿里巴巴《品质工厂》招募会暨开发区数字科技园电商产业园、工业设计产业园签约仪式的通知

一、活动背景

在2019年产业转型升级的重要时期，数字科技园整合电商产业园运营方宁波橙启网络科技有限公司和工业设计产业园运营方宁波道和创新智能科技有限公司，强强联手，推出以打造北仑质造为核心的“品质工厂”项目，协助企业进行多角度优化，让企业走上创新发展之路。本次活动还将针对区域产业特色，组织模具行业采购见面会，本次与会企业将成为“品质工厂”项目的样板客户，期望通过大家携手努力成为让世界都会爱上北仑造的核心企业，成就亿万买家心中的“品质工厂”。

二、组织框架

（一）主办方

宁波经济技术开发区数字科技园

（二）协办方

阿里巴巴跨境电商（北仑）服务中心（宁波橙启网络科技有限公司）

北仑工业设计促进中心（宁波道和创新智能科技有限公司）

三、时间地点

（一）“让世界爱上北仑造”——阿里巴巴《品质工厂》招募会暨开发区数字科技园电商产业园、工业设计产业园签约仪式

时间：2019年3月18日13：00～17：20。

地点：数字科技园环幕报告厅（宁波职业技术西校区）。

（二）模具采购洽谈会

时间：2019年3月19日9：00～11：30。

地点：宁波模铸国际采购服务中心（数字科技园Z座3楼）。

四、嘉宾介绍

（一）官宗犇，宁波道和创新智能科技有限公司总经理

浙江省优秀创业导师，宁波市工业设计产业园运营主任，宁波工业设计联合会理事，宁波北仑工业设计师联盟秘书长，宁波北仑工业设计促进中心主任，宁波职业技术学院创业导师。

从事研发创新工作十余年，服务过世界五百强企业，也服务过大量的中小微企业，同时积极参与职业教育方面的工作，在产品创新、项目管理、产品营销、职业教育等方面有丰富的经验和阅历。

（二）钱红艳，宁波橙启网络科技有限公司总经理。

阿里巴巴宁波公司、义乌公司“百强客户”“102 工程”总 PM。

曾任阿里国际事业部慈溪区域主管、宁波区域高级主管、义乌区域 P7L、M1. 5。“甬乐汇”发起者，现任甬乐汇的“终身顾问”。擅长中小企业管理的辅导与咨询，打造高绩效销售团队。

（三）邓爱霞，宁波威恩精密机械有限公司总经理。

阿里巴巴浙江大区新享荟成员；2018 年阿里巴巴浙江二区达人赛亚军；14 年外贸经验，7 年国际站管理经验，快速称谓阿里巴巴 KA 商家，新贸节大促成交 100 万美金，通过百团大战销售额翻 3 倍。

资料来源：宁波职业技术学院数字科技产业园。

（四）跨境电商梦工厂“联合办公”，助力校企共同成长

北仑电商产业园·跨境电商梦工厂是宁波职业技术学院数字科技园的特色园区之一，其功能更涵盖校跨境电商人才培养、外贸技能培训、企业活动沙龙、企业问诊等项目。为积极发展北仑跨境电子商务业务，跨境电商梦工厂的负责企业宁波橙启科技网络有限公司通过开展“联合办公 + 运营人才”的新模式，推进企业对跨境电子商务 B2B 的完善建设，并通过全校性的选拔，开设了“跨境电子商务创业培训班”。该培训班将全球速卖通、WISH、亚马逊等平台引入课堂教学，通过跨境电商课程让学生在平台上发布产品、处理订单、客户跟踪以及物流配送等环节，完成完整的跨境电商流程学习。在教学机制的改革中，创新性地实行柔性化教学方式，安排学生开展校内外综合平台实践和职业模拟训练。“双十一”期间，企业老师和校内教师共同指导跨境电商创业班级与宁波当地的外贸企业合作，把企业的平衡车、美容美发类产品推广到速卖通平台上，接到了来自美国、俄罗斯、西班牙、巴西等客户的订单。

通过院园合作，学院还与阿里巴巴北仑服务中心、园区小微跨境电商校企业联合创建了省内领先的多语种跨境电商实训中心（见表 4 - 2），实训中心协同国际经济与贸易、商务英语、日语、西班牙语、德育等专业，创建集教学、经营、培训等多功能于一体的“校中企”“企中校”等高水

平国际商贸生产性实训基地。通过引入跨境电商专业操作软件，开展亚马逊、速卖通、WISH等平台的模式和实操联系，构建现代化的跨专业实训体系，让学生能够从专业能力、语言能力和综合业务能力三方面获得提升，最终提高就业竞争力。

表4－2　　合作共建多语种跨境电商实训中心

名称	功能	课程
国际贸易综合实训室	外贸企业职场化训练项目	《外贸跟单项目》《外贸单证项目》《报关报检项目》《货代操作项目》
多语种跨境电商实训室	跨境电商班级特色项目（速卖通、亚马逊、WISH）	《跨境电商项目》《跨境电商物流》《跨境电商英语》《多平台跨境电商运营实践》
国际贸易业务部实训大厅	外贸创客工作室（校友企业）	《网络外贸操作》《大学生创业创新实践》《大学生挑战杯项目》
	培养孵化商贸类学生创业创新项目	
跨境电商产品展示厅	样品陈列、跨境产品商务视频拍摄、制作、处理等	《图片处理与制作》《商务视频拍摄与制作》《AdWords广告营销》
★模拟实训：任务导向型的场景模拟实训，由浅入深实的外贸和跨境电商操作流程 ★孵化基地：校企合作挂牌共建跨境电商创业实战孵化基地 ★创业实战：在真实的平台上进行真实的跨境贸易，进入全真的创业实战时代 ★教学实训：配套跨境电商系列精品教材，完整的课堂教学和实训教学设计		

三、建设内容

依据北仑区高档压铸模具产业现状、发展规划，立足区域高档压铸模具产业发展现实基础，按照创新综合体的要求，发挥优势、补短板，通过培育十大服务体系，建成体系完整、布局合理、功能明确、支撑显著、创新全面、特色鲜明的高档压铸模具产业创新服务综合体。

（一）产业科技成果转化中心

依托宁波市科技大市场，吸引集聚各类优质的技术转移机构，开展压铸模具相关成果的评估、转化与引进，探索开展技术众筹，为综合体会员及外界委托方提供成果转化和国际合作等服务，充分发挥科研优势；组织专家教授为区内企业提供技术咨询、技术评估和技术诊断服务，为加快提升研发水平提供技术支撑。

在北仑区压铸模具企业与浙江大学、西北工业大学、上海大学、宁波工程学院、宁波诺丁汉大学、上海交通大学、宁波大学、华中科技大学等30余所高校的合作基础上，充分利用其创新技术的优势，建立以成果转化为主的协同创新体系。利用宁波市科技大市场已相对成熟的宁波技术交易网，围绕高档压铸模具产业，精准对接资源，将与超级工程师网进行整合，探索开展技术众筹，为综合体会员及外界委托方提供成果转化和国际合作等服务。

（二）产业公共服务中心

聚焦全产业链服务，围绕提升现有平台发展水平和服务能力，对北仑区高档压铸模具产业领域、上下游产业链、创新链和区域板块进行统筹规划，加强对已建平台的有效整合、提升与完善。

以产品检验检测中心为主体，搭建满足中小企业全方位测试需求的检测平台，并制定测试方法与测试规范，研制与起草国家/国际检测标准，为高档压铸模具产业提供权威的检测评价服务。

借助各类科技服务机构开展认证咨询、人才引进、人才培训、风险预警、质量技术咨询、信息检索、知识产权服务、法律服务等服务；完善服务大厅、公益讲堂、人才驿站、图书室等公共服务设施，大力推广应用创新券，加强科技资源开放共享，降低中小微企业创新创业成本。

依托大碶高档模具及汽配产业园的规划配套，建设产业创新服务大楼，建成空间相对集中的综合体物理载体，具有研发设计、检测检验、协同创新、公共服务、知识产权服务、创业孵化、产业互联网、人才培育等功能。通过引入技术研发、创新设计、检验检测、技术交易、人才培训等各类专业机构，形成产业、科研、金融、人才、中介、服务等因素的融合提升，打造创新创业的生态系统。

（三）创新创业孵化基地

依托宁职院创客服务中心、灵峰创空服务中心和海星孵化园等孵化孵育机构，重点引进和扶持高档压铸模具产业等相关技术领域的人才、项目和企业。制定出台创业扶持优惠政策，加强创业“一条龙”服务，营造创业创新良好氛围，集聚一批具有高层次领军人才、高技术、高成长性的创业创新企业。在孵化机构间建立合作交流机制，实现优势互补，资源共享，合作共赢，提升机构的孵化能力和水平，更好地为创新创业服务。

北仑区产业创新创业大赛由区科技局、基地办主办，由灵峰服务中心联合北仑区各孵化孵育机构、宁职院共同承办，该项目以大赛为纽带，展现北仑蓬勃发展的高档压铸模具产业，汇聚各方资源助推产业发展，激发青年人创新创业的热情，吸引更多的创新创业团队在北仑发展。创业团队通过参赛可以认识更多的伙伴，获得更多的关注度，和更多的投资机构接触，提高融资的可能。

（四）产业人才资源集聚中心

重点围绕高档压铸模具产业升级需求，依托省级园区——北仑人力资源服务产业园柔性引进院士、国千等领军人才、创新团队，服务产业的发展。加大对创新人才的培养力度，以产业创新服务综合体建设为纽带，通过产学研合作，培养一批优秀技术开发、工艺引领、质量管理和成果产业化的本土人才队伍。

产业人才培训中心由基地办联合宁波职业技术学院、宁波工程学院等院校组建，依托李泽湘教授团队共建的“中德智能制造国际学院”培养产业所需的专业技能人才，通过引用德国“双元制”职业教育核心理念，全面引进德国 IHK 职业认证体系，开设模具设计与制造、机械产品设计等课程，培养中德双方适用的、具有国际化水准的新型技师型人才。

（五）产业开放交流平台

高档压铸模具产业创新服务综合体将立足当地、服务全省、影响全国，探索构建跨行政区域的综合体创新服务合作机制，通过组织开展各个层次的开放交流活动，充分发挥北仑压铸模具产业对周边产业的辐射作用。

中国国际压铸高层论坛暨压铸 CEO 峰会、北仑模具科技周由基地办牵头，模具协会、区科协共同承办，不定期举办中国国际压铸高层论坛、北仑模具科技周等论坛，汇集国内外压铸模具权威专家、优秀压铸件企业、压铸模具企业高管、设备供应商，展现北仑压铸模具企业的实力。这些活动既可推广宣传我区模具产业，又可获得商业信息，开展交友联谊，为北仑压铸企业打造了一个高端平台。

林林是北仑博士联谊会的秘书长，回国后，她一直致力于北仑的地方产业发展和大碶工业特色小镇的校企合作。在采访中，她说：“我 2004 年留学德国，2012 年获得德国基尔大学计量经济学博士。回国后，我在对宁波的区域产业和中小型企业开展了一系列的调研，在多次交流与沟通中，我深感区域经济与制造发展离不开职业教育。权衡平台和地区环境，我把研究上的韧性和执着放在了更接地气的‘职业教育’，加入了职业教育的排头兵——宁波职业技术学院。目前，我在产学合作办工作，主要负责北仑区和学校之间的合作与服务工作，其中也包括北仑区模具产业的校企合作活动。在北仑工作这些年，我一直奔走在企业和学校之间，同时也努力把自己锻造成合格的高职教师，获得了跨境电子商务师、高级电子商务师、阿里巴巴校园特聘讲师等职业资格。同时，为了更好地实现博士科研的价值，我选择了智能经济和区域产教融合为研究方向，4 年多来始终为搭建北仑博联平台义务无偿服务，做博士们和企业间的桥梁和纽带。我多次主持宁波市和北仑区智能制造、知识产权等课题、承接模具科技周、数字赋能等产教融合论坛，作为企业信息化专家顾问为企业提供服务数十场，持续推进青年博士联谊活动，为博士的科研项目和企业合作牵线搭桥，获得了双方的认可。

当下中国正面临两个新的形势：一是高职扩招 100 万人；二是数字经济的腾飞。前者迫切要求职业技能人才由单一型向复合型转移，需要深入研究校企合作和跨学科、跨专业培养高素质复合型人才的有效途径；后者凸显了既有大数据理论知识，又懂得工业规律的复合型人才的缺失。我将依托宁波市博士联谊会、宁波北仑博士联谊会、党外知识分子联谊会、企业家协会等平台，积极组建博士们的精神家园，组建博联专家团队为企业进行顾问服务，对接企业与博士科研课题，为地区经济产业升级的发展做一点归国博士应有的贡献。”

案例二　艺尚小镇“产学研”三结合，把脉时尚前沿

一、余杭艺尚小镇

杭州作为丝绸文化发源地，杭派女装形成了大规模的产业集聚，其中 80% 产量来自余杭。艺尚小镇从受众最广的生活必需品供给链改革作为切入口，打造在产业上“专而强”、在形态上“小而美”、在机制上“新而活”的创新发展模式。到 2020 年，浙江省将形成以自主品牌为标志的时尚产业体系，艺尚小镇正在逐步成为浙江新兴时尚产业的中流砥柱和重要载体。

艺尚小镇（如图 4－8 所示）是中国服装行业“十三五”创新示范基

地，位于长三角城市群“黄金地段”，南临杭州、绍兴、宁波，北依苏州、上海、嘉兴，该区域服装产业优势明显。同时，艺尚小镇也是第一批省级创建小镇，小镇聚集了众多服装、配饰及文化创意产业，着力培育以设计研发、展会营销、休闲旅游及教育培训为一体化的产业生态体系。此外，小镇周边还有乔司服装加工区、杭州新四季青、海宁皮革城、桐乡毛衫基地、柯桥轻纺基地等产业链相关配套资源，形成了得天独厚的发展优势。目前，小镇确定了以“一中心三街区”的空间规划，时尚产业空间集聚效应越来越明显，产业新高地初步成型。

图 4－8　余杭艺尚小镇

图片来源：余杭晨报。

同时，艺尚小镇依托杭州发达的水系和江南古镇风情，将旅游作为重要的展示产业。小镇以 4A 级景区的标准，围绕小镇的服务和体验来设计旅游功能，充分利用好 G20 峰会契机，建立时尚文化街区和时尚历史街区，将传统元素与时尚气息结合在一起。依托长三角城市群庞大的消费力与杭州城市的时尚婉约气质，开发与建立时尚产业链，将技术与时尚完美结合，从而在服装业发挥重要的影响力。通过 2 年多的发展，小镇逐步形成了服装设计师从“云端”物色，原料从“面料公共图书馆”挑选，订单从“App平台抢单”，生产由“共享车间”柔性产能完成的产业特色，实现了传统制造产业向高新化、智能化、绿色化方向发展的目标。

二、艺尚小镇“产学研”三结合，把脉时尚前沿

（一）牵手中国美院

中国美术学院是中国第一所综合性的国立高等艺术学府，也是最早开设设计学专业的高等院校。学院坚持以本土性、时代性、国际性为教育办学的出发点，注重传统工艺与前沿科技结合，不断提升艺术学科的发展水平，在国际化背景下培养了大一批高水平的设计人才和创业型的艺术人才。

2018年4月，中国美术学院创业学院与临平新城正式签订战略合作协议方案，立足中国，面向世界，共同致力于推进“杭州·艺尚小镇”时尚产业的发展与转型，共同打造中国美术学院艺尚小镇众创空间。首先，艺尚小镇在时尚文化街区创建中国美院大学生创新创业基地，为创业学院时尚类艺术类等相关专业师生在艺尚小镇设品牌工作室搭建平台；其次，小镇对有较大市场潜力的项目和团队进行孵化和培育；最后，创业学院在艺尚小镇建立“中国美院艺尚空间”，充分利用其在时尚艺术类学科和设计强项，丰富艺尚小镇文化氛围，推进艺尚小镇品牌创新和产业发展。双方着重开展时尚产业、科技创新、艺术教育等领域的合作，共建具有区域特色的小镇时尚产业人才培养基地。

同时，艺尚小镇也为美院的学生实习实践提供良好的“软硬件”。创业学院每年在寒暑假、教学实践及毕业实习期间等时段安排相关专业的学生到艺尚小镇开展实地教学、展览展示、艺术体验和社会实践，对于表现优秀、实习实践成果突出的学生在创新创业方面，小镇会提供优惠政策及便利的资源条件。

“合集置和”作为第一批入驻艺尚小镇的创意企业，该企业着力构造一个设计师的输出大平台，将设计作品打造成可销售的产品，为新锐设计师创作与发展提供了广阔的空间。“合集置和”的艺术总监张谦，2008年从中国美院毕业，在他的观念中，艺尚小镇的专业化程度绝对是时尚街区的标杆，它具有浓厚的产业氛围，中国美院的助力，可以不断地把艺术、

设计甚至学术融入小镇的发展之中。①

（二）合作成就

第一，小镇举办多场高级别的时尚盛会，包括亚洲时尚联合会中国大会、中国服装杭州峰会等重大活动。其中，2017 年在艺尚小镇举办中国服装杭州峰会，吸引了 20 个国家和地区的 500 多名时尚领袖齐聚。随着国际品牌不断进驻，2018 年 9 月，小镇的中国品牌也走向世界舞台，小镇企业 INXX 在纽约时装周上崭露头角，吸引了全球的目光。这让小镇一举成名，成为众多时尚设计师在中国的重要创业基地之一。

第二，小镇吸引众多时尚产业高层次人才。目前，小镇已集聚创新型服装企业总部 31 家，时尚类企业 405 家，吸引了 520 名新锐设计师创新创业。近年来，小镇陆续引进全球设计师集成平台 D2C、国内最大互联网娱乐人才服务平台“美空网”等一批平台型第三方服务企业，将产业链环环相扣，紧密联系，而产业生态链的完善正让艺尚小镇更有名气和底气。例如，北美顶尖的设计师罗丝玛丽（Rozemerie Cuevas）将她的知名服装品牌 JACQUELINE CONOIR 引进并落户余杭艺尚小镇并成立设计工作室，担任首席设计师。

第三，小镇吸引时尚科技创新研究院入驻。艺尚小镇以传统产业升级和文化创意为主抓手，不断挖掘传统产业的文化附加值，从而推进时尚要素集聚、产业创新，在中国时尚版图中迅速发展成为一块亮丽的“杭州板块”。作为杭派女装发源地的余杭，不仅有着成熟的服装产业供应链，也汇聚了一批最顶尖的科技人才。2017 年，中国首个服装科技领域的研究机构“服装科技创新研究院”落户艺尚小镇，该机构的建成对推进服装产业数字化进展，提升产业水平起着十分重要的作用。

三、案例分析

首先，构建服装产业全生态链。余杭处在长三角经济圈的中心，紧挨着杭州的主城区，在服装产业的优势十分明显。目前，余杭共有服装总部型企业 36 家，服装年生产销售值在 200 亿元左右，80% 的杭派女装就在余杭生产。余杭是“十三五”服装产业创新发展的试点单位和示范基地，

① 沈黎勇，王珏．临平新城与中国美院共推艺尚小镇时尚产业发展［EB/OL］．余杭新闻网，2018－4－10.

中国服装协会和中国服装设计师协会把含金量十足的亚洲时尚大会和中国服装峰会的会址永久性地放在了余杭。近几年，在政府政策支持下，小镇已经成功引进国内外顶尖的服装设计师20余位，汇集了1000多位新锐设计师，随着人才的集聚，“互联网+”、个性化定制、科研合作、品牌战略、智能制造等发展模式在余杭落地，构建成更为完整的服装产业创新的链条，走出一条具有余杭特色的服装产业创新之路。

其次，打造时尚产业创新生态链。作为余杭区首个以时尚产业为特色的小镇。艺尚小镇充分依托“互联网+”来不断完善产业链、服务链、配套链。在生产环节，运用互联网、大数据、云计算等新技术，逐步整合供应链资源，降低投入成本、提高产出效益，通过搭建线上产业云平台和线下智造生产线，将其打造成为中国（杭州）服装产业创新综合体；在销售环节，引入互联网娱乐人才服务商“美空网”等新媒体平台，使娱乐品牌、网红电商、社群销售成为一种时尚新经济；在人才环节，坚持“引进来、走出去”相结合，打造“圈人”“留人”的创新创业生态，助力青年设计师更快更好的成长，打造时尚产业人才集聚地。

最后，余杭区出台一系列政策，助力余杭小镇打造时尚产业人才集聚地。近年来，随着杭州市区与余杭区地铁线路的开通，余杭区产业发展引进力度加大、产业发展步伐加快、产业集聚度增强。但余杭区内高校资源相对缺少，人才缺口较大，余杭区以名企名校名城为引领，通过与杭州各大高校的合作，积极加快推人才引进和学研合作。艺尚小镇作为余杭区重点培育的项目，以杭派女装发源地为基础，积极发展以时尚产业为核心的产业生态圈，通过与中国美院、浙江理工大学等高等学校的合作，招才引智，资源共享，逐渐成为区域内人才最愿意来、最留得住的地方。在与中国美院的合作中，艺尚小镇不断推进品牌创新和服装产业的转型升级，加快服装数字领域的科技成果和设计成果产业化，出台一系列的优惠措施，鼓励并支持中国美院创业学院师生与企业的合作，成为余杭区内产学研合作的新典型。

四、案例总结

艺尚小镇紧扣时尚产业，主攻最有优势的服装产业，开展创新创业生态系统建设，围绕“五大链条”：产业链、资金链、人才链、创新链、政策链，全面打通“五大体系”：产业、空间、服务、工作、政策，紧密对接产业互联网云平台，以大数据、云计算等新技术的开发来不断提升时尚产业，使之成为吸引优质资源、汇聚多元文化、引领时尚产业的重要平台。

近年来，余杭以全面创新改革试验区建设为契机，积极推进人才强区的建设，艺尚小镇作为区内重点培育的对象，在人才引进、产学研成果转化、科技成果创新方面取得了明显的成效。艺尚小镇以高效、优质的公共服务平台，促进设计师品牌提升，推动服装企业转型升级，让入驻的企业和引进的人才拥有更好的发展平台和发展机遇。

第五节　协同打造小镇创业创新基地

案例一　欧跨贸小镇牵手高校，搭建国际化双创平台

一、跨贸小镇简介

“跨贸小镇”（如图4－9所示）位于杭州市下城区北部，是依托中国（杭州）跨境贸易电子商务产业园建设的一个特色小镇。跨贸小镇的产业特色是跨境电商，集成跨贸产业、总部经济、商贸街区、城市生活、旅游文化等功能于一体，产业与城市融合发展。小镇目前已初步形成了以中国（杭州）跨境电子商务产业园、创新创业新天地两大平台为核心，星火电子商务产业园、经纬国际创意园等若干园区共同发展的特色产业小镇。

图4－9　跨贸小镇

图片来源：杭州日报数字报纸。

作为浙江省内唯一一个以跨境电商为产业特色的小镇，跨贸小镇先后荣获中国侨联新侨创新创业基地、浙江省电子商务示范产业基地等荣誉称号。随着跨境电子商务的发展，小镇还建立了跨境电商孵化平台“创梦谷”、外贸综合服务平台“融易通”及跨境物流服务商等多功能服务平台，真正实现了跨境贸易一站式服务。同时，小镇还拥有中国（杭州）跨境电子商务综合试验区展示中心、跨境O2O国际街区和全国首个跨境生活体验综合体等产业配套设施。

二、跨贸小镇留学生创业园（馆）

（一）留学生创业园落户跨贸小镇

在中国社会科学院等权威机构发布的人才竞争力排行榜上，杭州一直是外籍人才眼中最具吸引力的城市之一。目前，整个杭州都市圈范围内的来华留学生数量达到2000多名，为了吸引更多的国际化人才留杭发展，跨贸小镇在国际化人才队伍培养和建设中下足了功夫。2017年以来，跨贸小镇主动融入“一带一路”倡议，通过“引进来”“走出去”，与“一带一路”沿线国家建立经贸联系。小镇开发建设了留学生创业园（馆），并通过贸易伙伴计划、镇校联动引才、全球跟单创投等多维平台支撑，让更多的留学生留在小镇，从“小镇过客”到“小镇居民”。目前，小镇已与浙江工业大学、浙江财经大学、浙江科技学院等高校达成合作，营造小镇全球贸易生态圈，吸引了40多个国家的100余名留学生入驻“创业园”进行实习和创业，并以“共享地球村”的理念，致力于将杭州打造成国际青年人才集聚地和全球贸易伙伴发源地。

（二）杭州出台新政吸纳国外优秀人才

杭州名城建设，人才是关键。近年来，杭州通过海外人才大会、海外高层次创业创新大赛等项目，吸引了3万余名外籍人才来杭就业。从2017年12月29日开始，杭州全面推行出入境政策，以此为高端外国人才集聚提供政策保障。新政对具有创新创业意愿的外国留学生给出了优厚的政策。该类留学生可以凭我国高校毕业证书申请2~5年有效的私人事务类居留许可，进行毕业实习及创新创业活动。另外，新政对符合认定标准的外籍高层次人才及其配偶、未成年子女出台了一系列保障政策。

此外，在海外人才政策的引领下，跨贸小镇留创园还推出“五免服务”，设立留学生人才服务窗口，为留学生提供政策咨询、代办签证、创业资助申报等服务。优秀留学生被学校认证后，就可以直接在当地办理留签，这给选择在杭创业的留学生带来了极大的便利。

三、留创园助力留学生实现创业梦

2018 年 11 月第三届中国（杭州）跨境电商人才暨国际人才对接会在杭州师范大学钱江学院举办，对接会有来自 80 多个国家的 800 余名留学生和国际人才共同参加。其中，跨贸小镇作为杭州众创空间的代表，介绍了留创园等场馆的基本情况、留学生的入驻政策和小镇的工作生活配套设施。近年来，浙江财经大学、杭州师范大学等在杭高校吸引了一批非洲、东南亚、中东等地的优秀留学生。越来越多的外国留学生被杭州的美景和优质的创业环境所吸引，决定留在杭州创业。为了帮助留杭创业的留学生更深入地了解留杭政策，论坛还开展了国际人才政策宣讲、国际众创空间宣讲、名企分享会等活动，切实为留学生们解决了“最后一公里”的难题。

（一）跨贸小镇实现留学生的创业梦想

来自非洲赞比亚的盖世通是一个 90 后的小伙子，也是浙江科技学院市场营销专业的一名优秀留学生。大一的时候，他给通过兼职参与企业运营实践，积累了很多工作的经验，业务能力得到了很大提升，也做了几次成功的买卖。大四一次偶然的机会，盖世通在跨贸小镇的政策宣讲会上了解到，跨贸小镇为留学生注册公司提供的一系列政策扶持及服务。于是毕业后，盖世通就在跨贸小镇注册了公司，主营批发、零售、进出口等业务。同时，他还创立了自己的童装品牌和尿布品牌，在中国完成设计、生产后，再将这些产品销往故乡赞比亚。如今，盖世通已经成为留学生创业馆的馆长，并且先后带出了 80 多位留学生①。

来自乌干达的詹姆斯（James）已经在杭州安居乐业他非常感谢跨贸小镇的留学生创业园，帮他实现了创业梦想。大学毕业之后，詹姆斯凭借自己的专业优势和现有资源做起了“代购”——为乌干达的老乡购买中国的建筑机械设备。生意渐渐起步，但问题也接踵而来，外商企业的注册过程很复杂，让詹姆斯左右为难。后来，他找到了跨贸小镇留创园。留创园的工作人员协助詹姆斯从前期领取营业执照到商务局备案，再到出口许可

---

① 《在跨贸小镇创业的非洲小伙盖世通，直言“想创业，选择杭州就好了!”》，http：//www. sohu. com/a/296031299_99924250。

证的申请、工作签证的申请，最终帮助詹姆斯的公司成功落地跨贸小镇。

就读于浙江工业大学的阿扎达（Aizada）是一个吉尔吉斯斯坦姑娘，创业馆里的“蒙古包”就是由她负责经营的。“蒙古包”里面挂着充满民族特色的吉尔吉斯斯坦服装、工艺品等，阿扎达会在蒙古包里用家乡的礼仪招待顾客。在这里实习，阿扎达了解到中国人的一些消费习惯，阿扎达也可以有针对性地根据中国人的喜好出售进口食品，她的生意也越来越好。在杭州的出入境新政及跨贸小镇（留创园）的帮助下，正有越来越多像盖世通、詹姆斯、阿扎达一样的留学生在杭州实现了自己的创业梦想……

（二）共建留学生校外实践教育基地

浙江财经大学国际学院与跨贸小镇管委会展开留学生校外实践教育合作，双方将在人才培养、智力输出、实习创业、资源共享等领域建立合作，实现互利共赢。国际学院将择优推荐留学生到杭州跨贸小镇的相关单位进行社会实践、校外实习，跨贸小镇管委会也将积极创造条件吸引、接受留学生就业创业。目前，浙江财经大学国际学院已先后向留学生创业园输送了来自喀麦隆、巴基斯坦等国家的近10名优秀留学生，创业园对表现优异的留学生进行择优推荐，部分留学生在毕业前就被跨贸小镇的企业正式招聘。校地合作可以充分发挥本校留学生在电子商务、国际贸易、企业管理、市场营销等专业上的优势，是浙江财经大学在建设创新创业型大学、不断深化国际化育人模式方面的有益成果。

四、携手跨境电商产业集聚区，合力培养优秀人才

长征职业技术学院地处杭州市小河山高教园区，与阿里巴巴淘宝城所在地未来科技城毗邻，学院协同跨境电商园区资源，与“跨贸小镇”“浙西建德跨境电商园”“邮政跨境电商产业园”“杭州西湖跨境电商园”“杭州运河跨境电商园”等园区合作，组建了跨境电商产教联盟，通过举办“跨境电商人才订单班”“跨境电商创业实战营”等形式，共同培养市场紧缺的跨境电商人才。此外，学院通过整合校内外资源，创建了“课堂—基地—园区”的“三维立体”（如图4－10所示）实训教学平台，形成了“仿真与全真互补、教学与生产融合、外贸与电商对接、创业与实训一体”的实践教学模式。教师在理实一体化课堂上，通过“三引入”（引入真实案例、真实项目、真实产品）实施“一课双师”教学，训练学生的外贸专项技能；在“跨境电商人才培养和创业孵化基地”，应用真实的运营平台，锻炼学生的电商创业能力和跨境电商操作能力；之后学生进入跨境电商园区，作为准员工顶岗或创业。经过不断的创新和摸索，学院的国际经济与贸易专业列入浙江省级优势专业，电子商务专业为浙江省级特色专业，“跨境电子商务实训基地”成为浙江省“十三五”示范性实训基地建设项目。

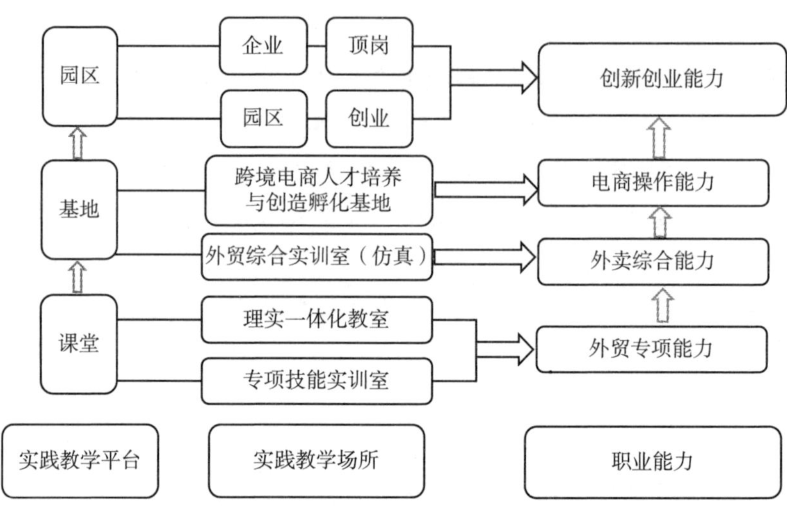

图 4－10　长征职业技术学院三维立体教学示意

杭州各高校还通过建设实训体系和实习基地、跨境电商众创空间、跨境电商运营实训室等，帮助学生提升实践能力。作为一个实践性极强的行业，跨境电商人才培养也少不了行业的深度参与，阿里巴巴 eBay“E 青春计划”、Wish“星青年计划”、“百城千校—百万英才”项目、Shopee“Young 帆计划”、亚马逊全球开店“101·时代青年计划”等人才培养项目在杭州高校落地，在课程设置、培养计划、实习实训、学生就业等方面与高校紧密对接，为行业发展输送年轻的人才，在此背景下，一大批具有国际化视野和资源整合能力，并且能够适应全球化市场的人才脱颖而出。

五、跨贸小镇的未来——开放、多元、共融

跨贸小镇以“留学生创业创新”为突破口，通过营造创业生态圈、提供贸易便利化、盘活资源供应链等举措，积极营造开放、多元、共融的国际创业创新氛围，相信在不久的将来，跨贸小镇将继续推进跨国人才、跨国贸易、跨国文化的互联互通，加强跨国优势资源的集聚。跨贸小镇也将

成为集创业创新、旅游购物、跨贸物流、城市生活等功能于一体的国际化产城融合示范区，使其在跨境电子商务领域具有足够的投资吸引力和行业影响力。

案例二 创业创新，协同共建“中国网店第一村”

一、案例背景

义乌作为中国最大的小商品集散地，汇集了两百多万种商品，出口到210多个国家和地区，被誉为“世界小商品之都”“购物者天堂”“创业者乐土”。随着信息经济的快速发展，义乌在网上交易数字上飞速增长，2010～2016年义乌电子商务贸易额从250亿元增长到了1770亿元，义乌的电商主体达11.7万户，占全省的1/3。

从线下到线上，从“鸡毛换糖”到“全球电商”，义乌在电商行业的快速发展奠定了其在海内外市场的重要地位，同时义乌也连续四年位列“中国电商百佳县”榜首，并获批国家电子商务示范城市、浙江（义乌）跨境电子商务创新发展示范区。据义乌商务局统计分析，全国范围内交易超过50万笔的淘宝“金冠”店铺，有近10%都出自义乌。随着义乌小商品市场贸易额的快速增加，市场急需大批优秀的专业技术人才。面对市场的迫切需求，义乌市政府下决心打造一所可以为市场发展、城市转型提供人才支持的高校。

2011～2017年义乌电子商务交易额如图4－11所示。

义乌工商职业技术学院的前身是1993年杭州大学在义乌成立的分校。学院结合区域产业优势，依托世界“小商品之都”和“国际商贸名城”义乌，开拓创新，走出了一条以“创”立校的特色办学之路。据不完全统计，目前约有1800余名在校生投身创业实践活动，年收入3500余万元。根据麦可思对义乌工商职业技术学院2018届毕业生培养质量的评价显示，义乌工商2018届毕业生的创业行业类别主要集中在零售、批发、外贸、物流、新媒体、信息、纺织等行业。零售商业的占比最高为34.3%，批发商业的占比为10.1%，这两个行业跟义乌小商品市场的联系都较为紧密，其次为新媒体和信息行业，占比为7.1%，这两个行业也是与电子商务紧密相关的辅助行业。义乌工商职业技术学院的毕业生就业率连年保持在98%以上，创业率连年居全省高校首位。

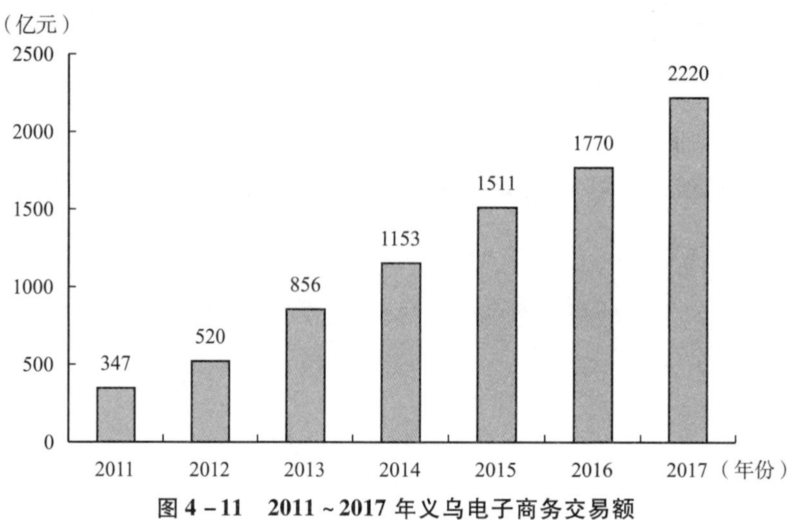

图 4-11　2011～2017 年义乌电子商务交易额

资料来源：义乌市委宣传部。

试水探路期（2003～2008 年） 学校鼓励学生从事阿里巴巴和淘宝创业，做品牌、做商城、做外贸，向电子商务的各领域深入。同时，学校选派教师到阿里巴巴学习专业技能，批量培养出了淘宝第一批"吃螃蟹"的优秀创业先锋。为更好地服务学生创新创业、成长成才，2008 年学校首开先河创办了创业学院，力争逐步解决推进创新创业教育中存在的系列问题。
规模成长期（2009～2014 年） 学校获批浙江省创业型大学建设试点，义乌也获批多项国家级改革试点。2008 年 9 月，该校将一栋 1.28 万平方米的教学楼辟为"创业园"，为刚走上创业之路的学生们提供了一个集电子商务、仓储、商谈于一体的创业孵化平台，建设大学生创业园、开设创业班，成立创意园，对专业与创业的结合进行了初步探索。
转型升级期（2015 年至今） 这一时期，学校注重创新创业与专业、产业、行业的有机结合，逐步推进双创教育的产教融合，深化创新创业教育内涵。"十三五"期间，学校制定创新创业教育专项发展规划，全力推进创业导师培育工程、创业教学建设工程等五大工程，推进双创教育内容和形态的同步升级。

资料来源：根据义乌工商职业学院官网资料整理，https://www.ywicc.edu.cn/。

二、案例分析

人才是义乌世界小商品之都发展的第一生产力，义乌工商职业技术学院作为本土发展的一所高职院校，为义乌当地人才的培养做出了突出的贡献。

（一）义乌创意园里成长起来的创业精英

2009 年 11 月，义乌市创意园在义乌工商职业技术学院成立了全国首个以小商品创意设计为研发方向的“创意产业园”，该园区的成立为义乌的小商品从代工阶段转向经营自主品牌阶段做好了充足的人才保障，拓展出网络时尚模特、网店设计、网红直播、移动电商等新型的创业岗位。园区常驻的各类企业、工作室 60 余家，创意产值累计近 4 亿元。

在这里，创意成为真正的生产力。创意产业园引进实力雄厚的设计机构，同时协同高校师生团队，通过实践教学和活动，为义乌市场提供了上万个创意设计产品。经过几年发展，创意园已经成为义乌培养创意设计类专业人才的“孵化器”。在创意教育引领下，创意园里走出了一批又一批“大学生小老板”，一批又一批有胆识、有创意、有想法的创新型人才被源源不断输送到义乌的小商品企业。

（二）建设多元文化交融的“联合国社区”

义乌是一座国际化的城市，不同语言、不同肤色的外国人在这里经商和居住。针对义乌市外国人较多的情况，义乌工商职院积极参与外籍人员的培养，设立境外人员汉语培训班，源源不断向义乌的商贸市场输送国际化人才。同时，义乌工商的师生们还积极参与社区治理工作，协助建立了多个多元文化交融的“联合国社区”，助力“世界小商品之都”的建设。

2007 年至今，义乌工商职业技术学院已成功培养了来自五大洲 70 多个国家的 8000 多名留学生。此外，学院还先后组建“一带一路”沿线国家人员跨境电子商务培训基地，积极推动跨境电子商务“网上丝绸之路”发展。我们在走访中，认识了一名叫“阿力”的留学生，他来自中东的也门，大三实习期间他努力尝试在义乌小商品市场从事国际贸易，主要经营储物柜、洗漱台、马桶等日常家居用品。他说选择这个行业是因为他的父亲在沙特阿拉伯也同样经营着家居行业，而他在中国学习以后一起帮家庭协调这方面的贸易工作。但是做外贸并不容易，他是一个外国的留学生，在语言方面他下了很大的功夫。学习之余，他会经常跟义乌小商品市场的当地中国朋友交流，以此来提高他的语言交际水平。他认为，这样学习语言更能熟悉当地的贸易环境，也更接地气，通过1年的学习后他通过了HSK新汉语四级的考试。目前，他的货源主要从义乌地区采购，在义乌实习期间阿力学到了很多的东西，也交到了许多的好朋友，他希望能继续在这里工作和生活。

（三）与中国网店第一村共建创业实验室

位于义乌郊区的青岩刘村，被称为“中国网店第一村”（如图4－12所示）。青岩刘村目前共有居民1706人，但从事电商行业的人口却超过15000人，从全国各地聚集到这里从事电商的创业者超过25000人，平均年龄在25岁，他们经营着2800多家网店，年销售额突破70亿元。义乌工商职业技术学院很多毕业生成为当地电商发展的佼佼者，踊跃参与乡村振兴建设，同时也带动了周边很多失地农民一起加入到电子商务的创业工作中，成为农村的致富带头人。目前，青岩刘村和电子商务的关联产业发展红火，有将近30家快递公司，年成交额达20亿元左右，是我国农村电子商务发展的典范。

图4－12　中国网店第一村“青岩刘村”

图片来源：http：//news. wugu. com. cn/article/1373338. html。

社区学院在美国非常流行，义乌工商将创新创业人才培养模式以社区学院的形式复制到各个社区和街道，并以区域布点、省内外辐射为目标大力推广双创人才培养经验和模式。学院积极服务农村电商，以共建共享为理念，与中国网店第一村青岩刘村和义乌龙回国际电子商务村合作。目前，已经有5个学院8个专创工作室和创业项目团队入驻青岩刘村创业基地，其中视觉营销工作室等多个工作室为青岩刘村电商产业发展、电商人才培训提供了精准服务。

2015年3月，义乌工商职业技术学院与青岩刘村合作共建了创业实验室，成立全国首个村级网商服务组织。淘宝、天猫等14个创业实验室入驻青岩刘村，学生们成为青岩刘村第一批电商创业群体。2017年，双方合作建立创新创业引擎中心、跨境电商人才培养基地等，为全市电商创业人员提供了创业孵化和指导。目前，青岩刘村与义乌工商职业技术学院已经形成了集产教融合、人才培养于一体的义乌特色“校地混合所有”新模式。

图4-13是青岩刘村义乌工商职业技术学院大学生创业园图。

图4-13　青岩刘村义乌工商职业技术学院大学生创业园

图片来源：http://news.wugu.com.cn/article/1373338.html。

三、案例总结

走进义乌工商职业技术学院的校园，你会看到醒目的创业标语，看到忙忙碌碌的学生，看到一个个创客空间，这里到处都充满了创业的气息。义乌工商每年有近20%的在校生投身创新创业实践活动，应届毕业生创业率连续多年保持在12%左右，位居全国高职院校前列。作为浙江省首批创业型大学建设试点，义乌工商职业技术学院跻身全国高等职业院校服务贡献50强，并成功入选全国高校实践育人创新创业基地。双创教育带动了义务工商职业技术学院整体教学质量的提升，全面提升了专业建设水平和社会服务能力，电子商务、产品艺术设计、国际经济与贸易等5个申报专业全部入选省优势专业建设项目，义乌工商职业技术学院也成功入围浙江省优质高职院校。

义乌，一个神奇的城市。

一座城市，成就了一所高校。

一所高校，反哺了一座城市。

案例三 校地合作，打造电商小镇创业基地

一、慈溪崇寿镇e点电子商务产业园

慈溪位于长三角南翼，民营经济发达，是全国科技创新百强县市、新型城镇化质量百强县市。慈溪市崇寿镇的e点电子商务产业园创建于2012年，园区依托慈溪小家电制造基地的区域产业优势，形成了以小家电网络销售为主导产业集群。慈溪e点电子商务产业园区由网商总部、网商办公、仓储物流“三大基地”组成。经过十余年的建设发展，目前园区内汇聚了赵记电器、腾易电商等一批发展前景看好的B2B、B2C企业。在崇寿镇境内，快递物流总部、网商代运营、电商培训、摄影美工等电商关联企业集聚，形成了较为完整的生态产业链。

e点电子商务产业园现共分七个区块（园中园），一区为国内电商办公总部，主要能够吸引前来入驻的国内各类电商企业及电商服务类企业；二区为国内电商仓储物流配套，共计16000平方米实体仓库；三区为跨境电商企业提供8000平方米的办公、仓储一体化场地；四区为专为跨境电商创业建立的孵化基地及宁波电商学院的e点分院，专供培养跨境电商型人才；五区为e点电商创工场，立足于做好传统企业转型升级电商产业的助推器；六区为农产品类专属电商平台，详细整合了全市最优质的农产品资源，为电商营销拓展了新渠道；七区为e点云聚划创业园，扶持电商创业企业发展。

在地方各级部门的大力帮助和支持下，崇寿镇e点电子商务产业园已经显示出了较为明显的集聚效应，为各类网商创业提供了优良的软硬件环境，创造了大量的就业机会，带动了传统产业向高效、低能耗转变，为宁波市电子商务产业升级战略贡献了一分力量。到目前为止，园区已共计注

册入驻不同类型的124家电商企业，其中24家跨境电商企业，提供就业岗位600余个。2015年园区获得首批“宁波市电子商务示范基地”“宁波市大学生创业园”等荣誉示范称号。

二、e点电子商务产业园与浙工商“校地企”合作培养电子商务人才

2015年起，崇寿镇主动与高校对接，通过e点管委会与浙江工商职业技术学院、市邮政局、团市委合作共建e点跨境电商园及宁波电商学院e点分院。2016年10月18日，由慈溪市人民政府与浙江工商职业技术学院合作共建成立浙江工商职业技术学院慈溪学院，学院积极融入慈溪经济社会，通过人才培养、产教融洽、技术服务，为慈溪经济和社会发展作出贡献。

（一）e点电子商务产业园成为电商人才培养基地

学院与慈溪e点电子商务产业园开展合作（见表4－3），分别将学院电子商务、国际贸易、物流和市场营销四大专业的学生与电商孵化基地对接。同时与校外经营生产性实训基地相配合，根据不同特点制定不同的实训项目技能要求，开展适合的实践教育活动。慈溪e点电商园的校外生产性实训基地构建了集单项实训、综合实训、技能竞赛、顶岗实习实训、创业创新实践、承接校内外的外包服务于一体的分层推进实践教学体系。实训学生根据实践教学内容分成若干个小组，从事电子商务技能实训，企业导师负责小组的任务分配和指导工作。学生依托园区的真实项目和真实的工作环境，真正做到将专业理论知识与实践所需相紧密结合，逐渐成长为企业需要的技能人才。

表4－3　慈溪e点电子商务产业园与浙江工商职业技术学院“校地企”合作

合作对象	国际贸易、电子商务、物流和市场营销专业的毕业生或者准毕业生
合作模式	实现在企业实行“理论学习”和“顶岗实践”相结合的模式，学校与企业相协同，学校提供学生及教学资源，企业提供产品及实训指导，通过向“政府、社会”借力，各取所长，以实现资源整合，合作共赢
合作意义	实现“学中做，做中学”，让学生在企业实践环境中学习成长，提高学生实践能力、创新精神及对社会的适应能力。通过“校地合作”，支持地方产业发展，为地方培育和输送更多优秀人才，培养和挖掘优质的电子商务专技术人才

2015 届电子商务专业毕业生蒋东兴就是当时输送至电商产业孵化基地的同学之一，从他处我们得知：由于高职院校的学制是 3 年制，因此当时开展校企合作的方式是采用实训模式，学校老师与慈溪市政府联系合作，首先组织学生参观产业孵化基地，让大家知道具体做什么和怎么样去做，到大二的下半年学校会采取停课的方式，学生们统一前往慈溪。并且，园区安排办公场地和住宿，支付薪水，同时还能享受所提供的各种优惠措施。几年过去，当年一同奋斗的同学们有的已经往别处发展，也有像蒋东兴一样发展自主创业的，他告诉到我们，目前自己是在创业，主要是通过网络平台将国内的产品远销至海外，目前主要是东南亚地区。

（二）数字科技园开启“创业创新精英班”

同样在宁波，位于宁波北仑经济技术开发区的数字科技产业园为培养具有创新思维、创业意识、创新创业能力的人才，鼓励与引导学生自主创新创业，不断提高职业院校创新创业人才培养质量。2018 年，宁波职业技术学院与数字科技园进一步深度融合，推出“创业创新星火计划”。该学院的创业学院、跨境电商学院与数字科技园的宁波恒荣网络科技有限公司、宁波拓智企业管理咨询有限公司、宁波橙启网络科技有限公司和宁波俞家电商有限公司等公司进行深度产学合作，联合组建了创新创业班：俞家电商创新创业班、恒荣新媒体营销创新创业班、托智精益管理创业班和跨境电商创业班。创业班招生对象为各相关分院的大二和大三学生，学制 1 年，企业实际运营环境中授课和实践学习，全部由合作企业方安排师资授课和训练指导，学习结束后由企业评定学员成绩，并置换专业学分。

数字科技产业园“2 +1”创新创业精英班

一、招生对象及学制

招生对象：2016 级在校生。

学制：基本学制 1 年，学分制。

二、培养目标

创业班旨在培养具有良好的思想品质，职业道德，较强的创新创业意识和竞争意识，较强的创业机会捕捉与资源整合能力，具备扎实专业技术、懂经济、会管理的复合型创新创业人才。

三、创业班特色

【学分置换】可置换毕业论文与顶岗实习学分。

【规划特色】课程规划丰富多元具有国际视野与高度，培养产业转型升级的创新创业人才，满足产业、行业、企业发展需求。

【教学模式】按照初创、成长和就业创业型企业发展模式，探索企业真实项目市场化运作方式，使学生达到做中学、乐中学，提升学生创业能力。

【企业师资】聘选具有国际经验的专家、企业高管进行专业指导，打造具国际视野一流师资团队。

【创业基金】引进种子基金、天使基金及国内融资优秀团队基金，加速孵化，快速推进市场。

【全程培育】从团队搭建、项目选择、公司运营、资金引入、项目孵化进行全方位一对一辅导。

【资金扶持】对优秀项目，将给予一定的资金支持，如公司注册、专利申报、论文发表、产品开发、课题申请及专利转化奖励等。

四、招生名额

创业精英班计划招生 30 人。

五、报名条件

有意愿自主创业或有进一步学习创新创业相关知识的同学都可报名参加。有下列条件的同学优先录取：

（一）有家族企业背景、有强烈的创业意愿、有创业项目者。

（二）参加过各类创新创业大赛或技能大赛者。

（三）星火创业计划的创业班同学。

（四）有各类专利者。

三、校地合作推进社会服务

另外，浙江工商职业技术学院还先后组织开设了宁波市高校应届毕业生电子商务紧缺人才培训班、跨境电子商务师资培训，带头开展实施市电子商务创新创业大赛等工作。同时，通过引进高校骨干教师到镇挂职，培养电商人才、助推区域电商发展。浙江工商职业技术学院骨干教师到崇寿镇任镇长助理，协助镇长负责 e 点跨境电商园区的日常管理运营，2017 年成功吸纳 90 余名在校大学生前来园区企业实习，实习期结束后，有十余名学生与园区企业达成就业意向，也有几名步伐迈得比较快的同学在园区成立公司开始自主创业。

浙江工商职业技术学院也主动对接宁波的商贸型特色小镇，以小镇外向型产业为切入点，把当代大学生创新创业实践基地作为载体，来打造出具有属于自己特色亮点的校外实践基地，因此在能够受到企业的热烈欢迎的同时，也能够点燃有创业梦想学生们的激情。

图 4－14 为慈溪 e 点电子商务产业园图。

图 4－14　慈溪 e 点电子商务产业园

图片来源：http：//www. nb54. com/YQC/Detail. aspx。

人物访谈：浙江工商职业技术学院 15 级市场营销专业学生蒋东兴，现从事跨境电商的自主创业

访谈内容：

问：首先，我们希望了解下你们学校“校地企”的政策方案，对能够到该产业孵化园区的学生个人条件要求及该产业园区的人才培养方向。

答：当时这个“校地企”合作是面向我们学校电子商务、国际贸易、物流和市场营销这四大专业的大二学生展开的，主要基于个人自愿和个人兴趣。因为考虑到这几个专业的同学在大三学年是需要参加顶岗实习，以及要修满一些学校规定的实训科目学分，那个时候慈溪市在发挥地域优势和平台优势，力推本土跨境电商产业发展，又恰好当时学校与慈溪政府有这样一个围绕电子商务产业孵化园区的合作，所以当时就有建议我们那一届的学生可以进入该电子商务产业园区参加实习，还联合建立了宁波电商学院，打造宁波地区首个跨境电商人才培训基地。实习期满后还是会充分遵循学生自身的想法意见，发挥自身最大潜能，可以选择长期留下继续从事该电子商务方面，或者说几个人合伙发展创业这样。

问：当时该产业园区启动后，真正选择到该产业园区顶岗实习的学生有多少，他们又是如何完成学校的其他课程任务的？

答：园区启动后，我们浙江工商职业技术学院共有 27 名学生，来到慈溪电子商务产业孵化园区进行为期 1 年的顶岗实习。其中印象十分深刻的是有一个是会计专业的大二学生，他自身对电商、互联网这一产业非常感兴趣，觉得这是一个以后会有较好较大发展前景的新兴产业，加上自身一直身怀创业梦，想要为自己今后的创业路积累一定的经验，于是他也选择了到该电子商务产业园区实习学习经验。

因为学校对已经在顶岗实习的大三学生也还是会有一些课程任务，所以我们会在某个固定时间段返校完成专业任务，不过来回路上学校都会有大巴车接送，既保证了学生安全又有统一性。

问：在这批选择来到该产业园区实习的学生们，在实习期过后他们各自的选择又是怎样的？是选择了自主创业，还是选择了跨境电子商务这一方面的工作吗？

答：在实习期满后，一部分同学都选择了回到自己的家乡工作或者开始自主创业，　部分人选择留在园区。也有几人合伙创业，有跨境电子商务方面，也有其他自主选择方面的，像我本人是选择留下自主创业，目前的平台有易贝（eBay）和速卖通等。

第六节　协同助力乡村振兴

案例一　科技特派员入驻小镇，助推新农村建设

为实施乡村振兴战略，鼓励更多有技术、有知识的高层次人才走进乡村，宁波市科技局积极鼓励各个基层开展农村科技特派员活动，鼓励和支持个人或团队科技特派员开展农村科技创新创业服务活动。2018 年，宁波市科技局发布了《关于深入开展科技特派员农村科技创业行动的实施意见》，要求科技特派员发挥自身的专业特长，深入农村，围绕农业和农村实际问题，开展新品种、新技术引进、试验与示范、服务与维护，促进地方特色产业发展。

近年来，宁波城市职业技术学院、宁波职业技术学院、浙江工商职业技术学院等高职院校紧紧依托、农村工作指导员、科技特派员等载体，积极构建协同创新机制，不断提升美丽乡村建设水平。例如，宁波城市职业技术学院与多个乡镇开展对接，定期选派农村工作指导员和科技特派员，进驻象山新桥镇、奉化溪口镇的新农村，为宁波美丽乡村和新型城镇化建设做出了较大的贡献。宁波职业技术学院营销专业服务小组走进宁海越溪乡，助力白枇杷种植户展开互联网营销。

宁波高职院校的教师团队发挥智力优势，通过新农村建设实践项目，开展农村特派员、课堂教学实践、志愿者服务等活动，全面梳理宁波新农村建设发展的现状，为宁波新农村建设可持续发展提出了针对性措施。农村科技特派员制度已经逐渐融合到人才培养、资源共享、师资互聘、专业共育、科技开发及社会服务共推、实习就业联动等各个方面，真正意义上实现了校地融合发展。

一、发挥专业智库优势，闪亮“新农村”建设

近年来，宁波城市职业技术学院集聚园林、园艺、建筑、艺术设计、旅游专业专家学者和学生创新创业团队，积极发挥艺术、园林等专业的特色和智力优势，组建美丽乡村服务工作小组。面向宁波大市承接新农村景观规划设计和建设项目 16 项（其中新农村建设设计合同项目 10 项，扶贫

帮扶项目6项），承担15个乡镇20多个行政村美丽庭院建设和新型农民培训工作，编写乡村景观规划设计案例集2册。

2016年6月，学院的3名技术专家被新桥镇政府特聘为“美丽乡村”建设和民宿客栈发展顾问。通过与象山县新桥镇开展战略合作，开展美丽新桥视觉导视、美丽庭院、民宿改造提升、旅游信息推介、大学生社会实践等项目，进一步提高了新桥镇的知名度、带动了相关产业的发展，在改善民生、提高社会发展竞争力等方面都具有重要意义。

在农村指导员和科技特派员的引领和带动下，宁波城市职业技术学院艺术专业、园林专业、旅游专业的学生也一起加入“新农村建设”的行列，学生们通过社会实践活动、课程实训、毕业设计等方式一起参与特色小镇、美丽乡村的建设。例如，艺术学院的老师将小镇的LOGO设计作为教学项目，指导学生开展突出象山新桥影视特色LOGO设计。旅游专业的学生积极参与象山优质农产品“红美人”的推广和在线销售活动，助力农村电商。在学院技能社团活动中，有师生团队组成的手绘艺术社团奔赴新桥镇七林湾村开展墙体彩绘活动，提升村容村貌，在为期两周时间里，师生们一共完成9面 墙绘，面积达200平方米。通过一系列的社会实践活动，有效提升了象山新农村建设水平，也对特色乡镇“一村一品”的文化建设有很大的提升。

二、发挥协同创新中心优势，支持农业科技创新

宁波城市职业技术学院下设城市园林类专业群和建筑类专业群，其中园林技术专业为浙江省优势专业、特色专业。学院发挥专业优势，深入服务地方经济发展，2015年以园林技术专业为核心，获批成立了宁波市园林绿化产业提升协同创新中心，2018年获批为浙江省园林绿化技术协同创新中心。

协同创新中心以浙江省特色花木槭树、樱花为重点，以获得自主知识产权为目标，联合省内外技术力量开展新品种选育、新技术开发，承担了“浙江四明山区域槭树和樱花产业提升技术集成与示范”等4项科技部星火计划项目。目前已发布国家行业标准1项，获得专利15项，审定国家新品种3个，建成种质资源库2个，建设示范基地2个，选育优良单株45个，推广良种12个，推广新技术5万多亩，新增经济效益近亿元。

2016年，植物栽培专业的高级实验师刘夔老师作为宁波市派驻溪口

镇锦溪村的科技特派员，深入锦溪指导农村工作。刘夔来到锦溪村后，带领团队一起研究香榧林下经济作物的套种实验，并于2017年在海拔530米的香榧园里，和几个农户进行“香榧树下种黄精”的实验。经过引种、驯化、种源培育、试种及扩繁等一系列艰苦的工作，刘夔和工作团队通过攻克黄精缺水状态下块茎的萌发生根等难关，终于在夏秋季试种植黄精成功。①

三、科技特派员扎根基层，助力农产品新媒体营销

宁波职业技术学院营销专业对越溪乡的农产品进行全面调研，制定越溪乡农产品创建与培育规划，为农产品品牌建设提供了个性化的解决方案和营销策略，在农产品生产管理、产品包装、商标注册、营销推广等方面进行了全面的辅导与帮助。营销专业科技服务小组的马艳花老师利用工作之余时间，深入越溪乡，对接乡政府工作人员，充分了解该乡镇发展现状、产业布局、未来发展目标等，并对示范村、示范户、合作社等开展调查研究，分析其发展现状及存在问题和困难。她了解到宁海白枇杷是当地特色农产品，越溪乡也有一批优质的白枇杷种植户，但因白枇杷的销售季非常短，种植户经常为销路发愁。于是马老师邀请了一位经验丰富的新媒体运营公司负责人奔赴宁海锡安山水果合作社，与合作社负责人面对面交谈，并深入田间地头实地观察今年枇杷种植及生长情况。深入了解后，大家共同就特色农产品的品牌建设打造、分销渠道和分销平台设计、线上线下的宣传推广，尤其新媒体平台的推广等方面给出许多建议。

在与马老师的交流中，我们得知在新冠疫情期间，还有一帮非常出色的“社群营销”高手，帮助小镇农户和小区居民走出困境。“社群营销”负责人小陈是马老师的学生，2020年初新型冠状病肆虐全国，来势汹汹，很多地方都陷入了前所未有的困境。小陈说：“我们家乡的情况也不容乐观，很多企业工厂都处于停工状态，店铺不允许正常营业，菜场限制人流，学校开学延迟，原本热闹的大街也是一片空旷，身边不少的朋友都在担心这次疫情会给国家带来重大的经济创伤。作为一名正在参加实习的大三学生，我也很忧愁，因为我们的顶岗实习不能正常开展，只能宅家等候

① 朱晓冬，田珊珊．打通科技兴农“最后一公里”——记宁波市派驻溪口镇锦溪村科技特派员刘夔［J］．奉化日报，2018－12－6.

学校的允许复工通知。但说实话，作为一名血气方刚的年轻人，待在家里实在太无聊了，看电视能把视频软件搞崩，上网能把电脑玩到死机。马老师看我们几个做电商营销的同学都无聊地‘宅家待业’，就想了一个高招帮我们度过这段难熬的时期。马老师以农村特派员的身份，帮我们牵线联络宁海、奉化等几个农业特色小镇的农户。当地的农户因为疫情影响，每天发愁怎么把农产品卖出去。于是我们一拍即合，我们发挥自己的专业技能，通过社群电商开展网络营销，帮助小镇农户和小区居民实现完美对接。每天发信息、接单、送货、收款、客服，我们几个年轻人忙得不亦乐乎，疫情宅家也能‘顶岗’学本领，说不定哪天我们还会成立自己的‘社群微店’呢!”

科技特派员制度实施以来，点亮了农村发展的科技之光，架起农民增收、农村致富的桥梁。广大科技特派员走进乡村、扎根基层，开展技术服务和乡土人才培育等工作，涌现出一批又一批像宁波城市职业技术学院刘夔老师、宁波职业技术学院马艳花老师这样的优秀典型。充分调动和发挥宁波科技特派员资源优势，推动农业科技创新，科技成果转移转化，完善新型农业社会化科技服务体系，振兴乡村。

四、强强联手，打造小镇民宿盛宴

宁波城市职业技术学院旅游学院是宁波市唯一的旅游专业独立设置的学院，旅游学院是宁波市首批特色学院，学院通过多个产教合作共同体平台，秉承“对接产业、产教融合、服务行业、质量为本”的办学理念，围绕旅游办专业、围绕旅游育人才、围绕旅游强服务，彰显出旅游类院校的特色。

2017 年，作为特色小镇、民宿展会的主办单位，宁波城市职业技术学院旅游学院与宁波高盛国际展览有限公司联合打造培育宁波会展品牌发展研究院和宁波高盛会展品牌孵化基地公共平台。依托旅游学院优质的信息交流和专业会展机构，2017 中国（浙江）特色小镇、民宿展集多种业态为一体，多元融合发展并引发特色小镇、民宿行业高度关注和积极参与，吸引全国各地特色小镇、民宿机构、旅游媒体和中高端消费人群等多方关注。这种创新的高等职业技术教育会展策划与管理专业办学模式在浙江属首创，在加强旅游教育人才培养、特色小镇、民宿建设，服务旅游产业方面具有重要意义。同时，会展策划与管理专业是城院重点培养的专业，城院牢牢抓住此次展会的“实战机会”，让学员会展策划与管理专业的120名学生一起参与活动的方案设计、宣传包装、论坛运营和招展、布展等环节，有效地延伸了会展专业的课内教学，为特色小镇人才培养和会展专业人才培养提前做好准备。

旅游学院依托“宁波休闲旅游发展”协同创新中心，服务地方“全域旅游”发展的同时，积极响应新农村建设，深化与象山新桥镇合作，开展了“一、十、百”提升工程，开展一期农村经营管理人才专项培训，打造了十家民宿提升项目，完成一百家庭院改造项目。其中，旅游专业的鲍老师组织专家到象山新桥镇的民宿开展实地走访和调研，围绕影视文化城和新侨小镇的发展，提出了改造和建设方案。鲍老师和他的团队面向新桥镇46户民宿业主开展了民宿经营管理基本要求培训，提供民宿功能布局及软装设计思路，完成民宿庭院改造方案和民宿视觉识别系统，全程协助民宿业主的经营管理。

案例二　课堂创新行动：走进“乡村工匠”

一、特色小镇课堂创新行动

宁波职业技术学院商贸学院以“特色小镇”为主题，通过课程教育、社会实践、创业创新教育和第二课堂实践活动，组织学生开展了一系列特色小镇的文化推广和营销策划活动。

在课堂教学环节，宁波职业技术学院商贸学院把特色小镇的产品、创意和文化搬入课堂，教师指导学生通过手绘海报、企业访谈和分组研讨，让同学们了解小镇的产业布局、产品特色、企业品牌及“互联网+”背景下小镇产品出口的海外市场。国贸3142班的应雨晴同学介绍说：“通过这个环节的学习，我对温岭泵业智造小镇有了更多的了解，我毕业以后也打算回温岭从事水泵行业的外贸工作，把我们家乡更多智能化的水泵卖到全球。”

在社会实践环节，国贸专业协同商贸物流小镇、智能制造小镇，共同打造“特色小镇产品海外销售实践”模块。其中，国贸专业协同智能制造小镇、北仑跨境电商特色产业园区，开展跨境电商、微营销、直播营销等新媒体营销渠道的开发，学生分组与企业一起研讨“互联网+”背景下小镇企业如何更好地走向海外市场，受到了企业的热烈欢迎，也点燃了学生们的创业激情。

“同学们，明天上午九点我们跟大家在钉钉直播间不见不散啊！寒假期间，我们帮大家整理了很多外贸的教学资源和免费视频教程，大家不要因为寒假在家就停止了学习的步伐，宅家期间通过自主学习，不断提升自己的外贸和外语水平，为寒假以后的实践做好积极的准备。”这个是宁波前洋e商小镇、宁南物流小镇、高新区新材料小镇的特色产业集聚区的跨境电商企业、外贸企业、物流企业的负责人一起给学生开展的在线学习课程。小镇的企业作为外贸专业学生的校外实践基地，非常支持专业的实践教学工作。他们的业务骨干放弃寒假的休息实践，协同专业教师，为国贸专业的同学们准备了“假期外贸大餐”，发布外贸线上学习资源，让同学们在家一起学习，共同进步，让同学们的假期更加充实。

在创业创新教育环节，国贸专业学生胡晓浩通过在北仑模具特色小镇实习，自主研发了基于人体工学原理的电脑智能支架，并注册成立“宁波长禾古自动化科技有限公司”。目前，公司产品销往澳洲、新西兰、迪拜等十余个国家，年销售额突破百万美元。通过专业教师的指导，他的创业项目在与浙江大学、宁波大学等多个本科院校的竞争中，获得了2018年浙江省第十一届挑战杯的金奖，成为唯一斩获金奖的高职院校。

在第二课堂实践环节，国贸专业学生金晓娟、廖珊珊、郑叶慧、余婷等同学组建了“乡村守望者”调研团队，由专业的华博士、丁博士等博士团队教师指导，参与乡村振兴背景下传统乡村工匠的社会调研，收集浙江11个地级市76个乡村不同类型的乡村工匠，收集工匠的技能、收入、传承、受教育程度等数据，建立乡村工匠大数据库，最终他们的作品选送参加浙江省第十六届“挑战杯”大学生课外学术科技作品竞赛，并获得了一等奖的佳绩。

二、第二课堂走进“乡村工匠”

宁波职业技术学院商贸学院华博士、丁博士等博士团队，通过第二课堂和社会实践活动组织学生团队一起参与乡村工匠调研。2年时间里，团队成员先后赴浙江11个地级市76个乡村，收集了1413名乡村工匠技能情况、年龄、受教育情况、收入、传承情况、转型期望等数据，分析了各村镇乡村工匠现状、问题、特征等。在走访的同时，团队成员还调研了乡村工匠的现有保护路径，并探索了乡村工匠的职业教育培养与转型。他们希望通过乡村工匠的大数据整理分析，改善乡村工匠年龄结构大，缺乏青年工匠传承与创新，以及因此带来的难以适应现代化市场等问题。

我们采访了几位参与乡村工匠调研实践活动的学生团队成员，他们纷纷表示在大学期间能参与这种类型的课外调研项目，非常有意义。国贸专业大二的学生廖珊珊说："非常有幸能参与华博士带队的这个调研项目，通过这个实践活动让我进一步了解了中国的传统手艺。对我们这代人来说，很多传统工艺都是我们儿时见过的，随着年龄增长，我们发现身边的传统手艺慢慢消失，这次的调研也是让我们重新见到儿时回忆的那些手艺，让我们觉得非常亲切。通过这个活动我们可以帮助那些工匠艺人，并且让更多的人认识传统手艺，将这些手艺传承下去，我们觉得非常有意义，非常有成就感。"商贸外语学院大二的余婷同学说："通过走访乡村工匠这个实践活动，让我们能够深入基层，了解到除了学习以外的事物。比如了解到工匠们的生活，开始理解工匠们的想法，懂得了手工艺者内心的纠结和困苦。我们所收获到的是工匠们用技艺帮助乡亲们时的笑容、放下自己技艺时眼中的泪水及被生活压制的愁容。参加完这类项目以后，我们的生活中再也不是只有课本，它让我们更加注意每日的新闻和时政。身为农村的孩子，这让我更加的迫切想要带领家乡进行乡村振兴，这也让我更加的坚定未来的道路，要与家乡一起进步。"

师生团队通过第二课堂调研活动项目的实施，完成了三个任务：第一，初步建立浙江省的乡村工匠大数据库；第二，通过乡村工匠数据库对乡村工匠进行分级、分类和筛选；第三，根据乡村工匠现状，探究其保护与转型路径。

通过与博士团队一起走进"乡村工匠"，项目团队给出了优质的建议：建立乡村工匠大数据库，以分级、分类、筛选为导向，充分发挥政府保护作用，在积极调动社会保护作用的基础上，逐步探索职业教育保护与培养，形成多方联动的保护路径。其中在"乡村工匠"职业教育转型与培养方面，调研小组给出了独到的见解：

第一，学校可以通过开设兴趣小组和手工作坊，聘请手艺高超的工匠走进校园，开展教学。一方面，可以为社会紧缺的工匠技艺培养青年后备力量，为濒临失传的工匠技艺寻找传承；另一方面，也是提升学生综合职业素质，丰富学生课余活动的有效途径。

第二，地方高校可以根据地域划分，对接就近县区，成立乡村工匠专项学生志愿者服务队、教师专家志愿服务队。学生志愿服务队主要通过视频拍摄、新媒体宣传等手段为乡村工匠及其手工艺品进行宣传和推广；组织学校教师专家志愿服务队定期下乡开展培训，为有技术咨询需求的乡村和乡村工匠提供技术支持，为工匠解决生产经营中的切实问题。

第三，电子商务、新媒体产业、乡村旅游等都是浙江省的优势产业，高职院校可以结合区域产业特色与实际情况，组织开设农村电子商务、农产品新媒体营销、乡村非物质文化遗产传承、乡村旅游等培训课程，为乡村工匠提供此类培训和继续教育课程，提升他们的创新能力，开拓转型与创新思维。

图 4－15 为浙江特色小镇汇报演讲图。

图 4－15　浙江特色小镇汇报演讲

注：图片由作者拍摄。

三、特色小镇课堂创新实践总结

在特色小镇建设的浪潮中，职业院校要以区域经济社会发展为导向，进一步增强综合实力和区域服务能力，通过“特色小镇进校园”“特色小镇挑战杯项目”“特色小镇创业创新行动”等一系列活动，实现专业优化、人才培养、文化交流、服务创新等工作，推动区域功能完善，推进职业教育与特色小镇协同发展。

在上述第二课堂的“走进乡村工匠”的实践活动中，教师和学生团队成员通过调研发现职业院校应积极展开校地合作，形成乡村工匠与职业院校的良性互动交流。一方面可以邀请、聘请工匠来学校教学或是担任学生的实习导师；另一方面，可以组织学生、教师专家成立乡村工匠专项志愿服务队，为工匠提供宣传、技术咨询等服务，为其开设电子商务、新媒体、乡村旅游等培训课程。

浙江众多传统企业都期待通过“互联网+”的方式实现产业的转型升级。特色小镇建设顺应了“大众创业、万众创新”的新浪潮，同时也为大学生营造了良好的就业和创业环境。宁波职业技术学院商贸学院通过特色小镇课程实践活动，提高了学生的学习兴趣，点燃了大学生创业创新的激情和热情，为学生迈入社会打下了良好的基础。

第五章　大学生竞赛中的特色小镇

为了增强大学生的实践创新能力和团队协作精神，培养大学生的创新意识、创意思维、创业能力。浙江省各高校对接区域经济发展，开展了挑战杯、“互联网+”创业创新、大学生乡村振兴、电子商务、企业经济案例等多项有意义的竞赛。在众多竞赛中，我们都能看到特色小镇、特色产业、乡村振兴的身影，他们成为当前经济转型升级和改革创新的亮点。

第一节　挑战杯竞赛走进“乡村工匠”[①]

2018年，我们的教师团队一起指导学生参加了浙江省第十六届挑战杯的竞赛，并获得了浙江省挑战杯大学生课外学术科技作品一等奖。挑战杯是“挑战杯”全国大学生系列科技学术竞赛的简称，该竞赛在促进青年创新人才成长、深化高校素质教育、推动经济社会发展等方面发挥了积极作用。近年来，全国各大高校以“挑战杯”竞赛为龙头，不断丰富校园内外的学生活动和社会实践活动，拓展第二课堂项目，把创新教育纳入学生教育，使挑战杯竞赛成为大学生参与科技创新活动的重要平台。

“挑战杯”竞赛有两个并列项目，一个是“挑战杯”中国大学生创业计划竞赛，另一个则是“挑战杯”全国大学生课外学术科技作品竞赛，我们指导学生完成的作品《乡村振兴背景下传统乡村工匠的现代转型与培养研究》就属于大学生课外学术科技作品。该作品基于乡村振兴战略，以民间手工业者、乡村工匠等群体为主要调研对象，通过对传统技艺传承的

---

① 本节内容选自第十六届“挑战杯”大学生课外学术科技作品一等奖《乡村振兴背景下传统乡村工匠的现代转型与培养研究》。

缺乏开展研究，建立浙江省的乡村工匠大数据库，通过数据库完成对乡村工匠的分级、分类和筛选；其次，通过对乡村工匠的数据分析，归纳主要因素，引起社会关注；最后根据乡村工匠现状，探究其职业教育培养与转型路径，让越来越多的人知道传统手艺，让更多年轻人愿意去传承它们。该项目的研究和文本写作主要分为三个部分：提出问题、研究问题、分析问题。

一、提出问题

乡村振兴战略和三农问题是党中央工作的重中之重，各级政府积极响应，为农村建设提供了良好的契机与强有力的支持。然而农村建设的道路是漫长而曲折的，一方面，农村和城市的生产力差距与贫富差距仍然较大；另一方面，随着机械化生产逐步向农村渗透，使很多传统工匠技艺濒临失传，许多乡村也因此失去了地域特色。因此如何科学有效地进行美丽乡村建设，既保留乡村风情、地域特色，又解放生产力，提高生产效率是各级政府亟须解决的社会问题。

乡村工匠是乡村传统技术、技艺的传承者，他们有一技之长，又扎根乡土文化，是乡村振兴战略的重要实践者，美丽乡村的重要规划者。自近代以来，工匠群体分化为两个类型：一类是坚守在农村地区的传统手工艺人（包括非物质文化遗产的传承人和其他文化技艺者）和民间手工业者，如泥瓦匠、木匠、铁匠等；另一类是在人口迁徙和就业流动中，逐渐进入工业和城市领域，成为专业技术人员，如电焊工、机床工等。目前，我国的传统手艺濒临失传，造成手艺失传的主要原因便是手艺者无传承人，而乡村工匠就是典型代表，工匠们缺乏传承人，现代人不愿意去传承手艺，手艺无法让工匠们的生活变得更好等都是使手艺失传的重要原因。

因此，我们组织项目团队学生成员按照生源地就近走访原则，学生团队先后赴浙江省 11 个地级市 76 个乡村，共计发放问卷 1450 份，收回有效问卷 1413 份。通过有效问卷的统计分析，收集了 1413 名乡村工匠技能情况、年龄、受教育情况、收入、传承情况、转型期望等数据，根据调研样本发现，乡村工匠现存问题主要如下：

第一，年龄结构上缺乏中青年从业者，据本次调研样本可知，20～30岁的乡村工匠仅占2.34%，50岁以上的乡村工匠占比42.24%，传统工匠技艺即将面临断档。从性别结构上看，73.96%的乡村工匠为男性，男性乡村工匠远多于女性工匠，据了解其主要原因有两个方面：一方面，乡村传统的“男主外，女主内”的家庭观和职业观对女性就业有一定的影响；另一方面，大部分工匠技艺需要体力支撑，更加适应男性从业者。从工作年限上看，76.33%的乡村工匠已从事本门手艺达20年以上，其主要原因是：一方面，很多乡村工匠文化程度不高，学成一门手艺后，便长期从事此行业，以此为营生；另一方面，农村青年群体宁愿选择外出打工，也不愿意去乡村做一名乡村工匠，因而青年工匠数量欠缺。

第二，收入差距较大。乡村工匠总体收入能够与浙江省人均收入持平（样本平均收入为4.53万元，当年的浙江省平均人均收入为4.58万元），但乡村工匠的收入差距较为明显，收入满意度与收入不成正比。29.79%的乡村工匠收入较低，主要集中在3万～5万元这个区间，但这部分工匠的满意度较高；满意度最低的是收入在5万～10万元的乡村工匠；当然，也有收入在10万以上的工匠，占比27.66%。从以上几组数据可以发现乡村工匠的收入差距和满意度的差距还是比较大的（如图5－1所示）。走访的学生负责人廖珊珊表示：“在走访途中我们遇到许许多多的工匠，他们收入低，但是又不敢停下自己手中的工作，怕断了唯一的收入来源，我们知道他们生活的艰辛。但他们也非常希望自己的手艺能被传承下去，不愿意手艺断在他们的这一辈，这更坚定了我们为传统乡村工匠尽一份自己力所能及的力的决心。”

第三，乡村工匠受教育程度普遍不高，对继续教育诉求强烈，但对于新兴和陌生的学科知识缺乏学习和掌握的信心。乡村工匠的教育水平主要集中在初中阶段，占48.9%。在学习内容上，乡村工匠对技能学习的期望较大，对计算机、商务知识等的学习期望较小。但走访中，我们发现工匠们接受继续教育的诉求总体还是比较强烈的，其中愿意在技能手艺方面接受继续教育的占51%，其次是计算机技能，占16%（如图5－2所示）。

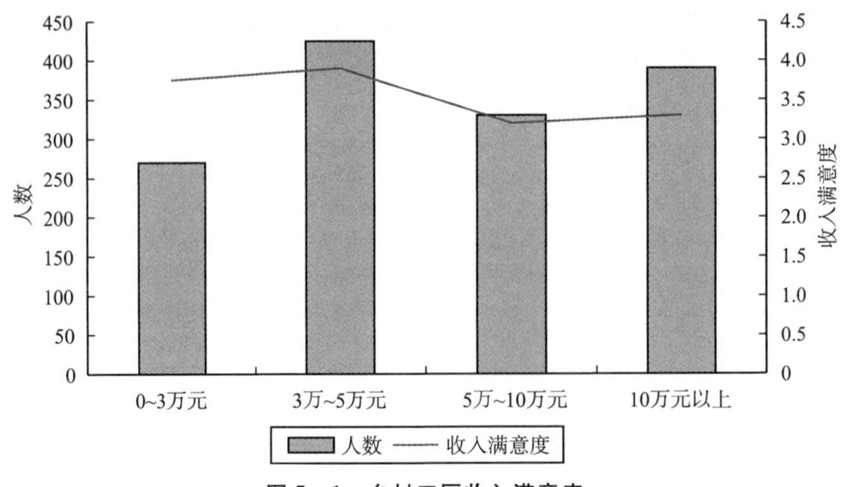

图 5－1　乡村工匠收入满意度

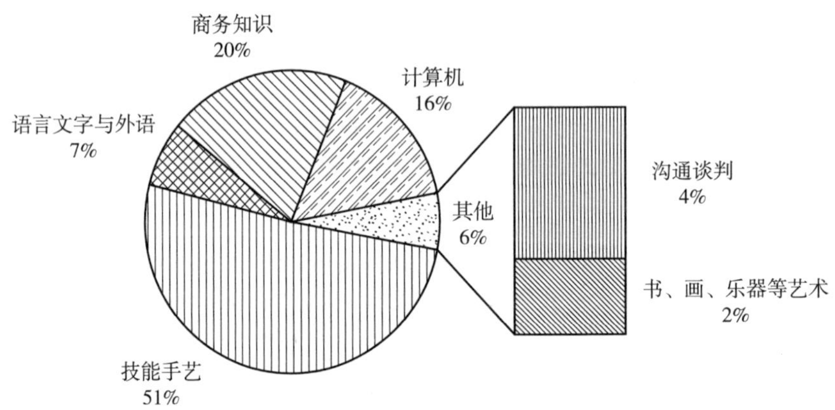

图 5－2　乡村工匠期望接受的继续教育内容

第四，社会范围的职业认可度不高，“重道轻技”的风气仍然存在。本项目小组首先在所调研的工匠较为集中的村镇中对村民进行乡村工匠认可度的调研，发现乡村工匠在村镇范围内的认可度较高，职业认可度较高，达到4.2，但是在对乡村工匠的深入采访中，很多工匠表示没有受到足够的尊重。为了挖掘更为深入和全面的原因，本项目小组调整了调研对象，面向城市居民展开了乡村工匠的职业认可度的调研，其认可度为3.76，低于村镇居民对乡村工匠的职业认可度。根据分析主要原因为：乡村工匠及其工匠技艺和工艺商品主要服务于村镇居民，村镇居民的生活也离不开这些传统工匠技艺，职业认可度相对较高。图5－3为几种本次调研中常见工匠的村镇居民认可度和城市居民认可度。

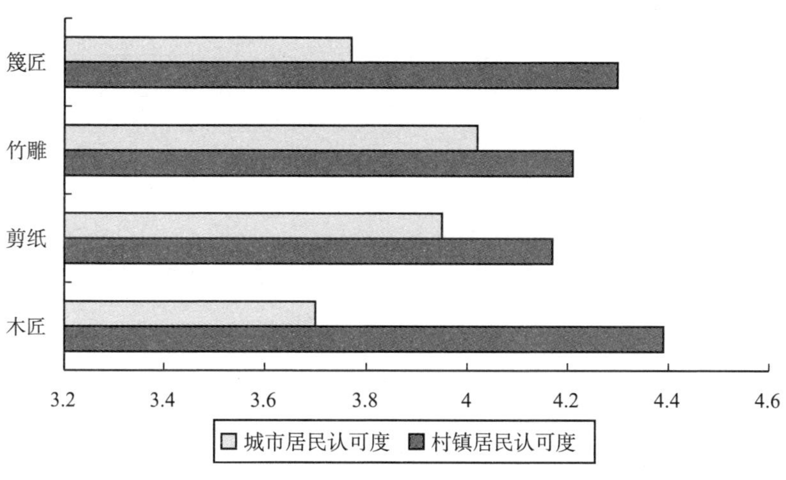

图5－3　村镇居民与城市居民对工匠的认可度

二、研究问题

随着时代的发展，越来越多的工作及产品的制作逐渐被机械化取代，很多承载着老一辈智慧的优秀文化正在慢慢消失。这个项目研究的最大意义在于让社会重新审视这些文化的精髓，并且探索出一条能让这些宝贵的文化更好地传承与发展的创新之路。根据ERG需求理论①，项目组团队成员认为乡村工匠作为一个职业群体其全方面的需求也应当由生存需求、相互需求、成长需求三个层次构成（如图5－4所示）。从这三个方面的需求满足情况可以全面了解乡村工匠的职业现状，同时也可以围绕三个方面的需求开展关于乡村工匠的调研问卷设计。

① ERG需求理论：该理论认为人类共有三个核心需求，即生存（Existence）的需求、相互关系（Relatedness）的需求和成长发展（Growth）的需求，因而这一理论被称为“ERG”理论。

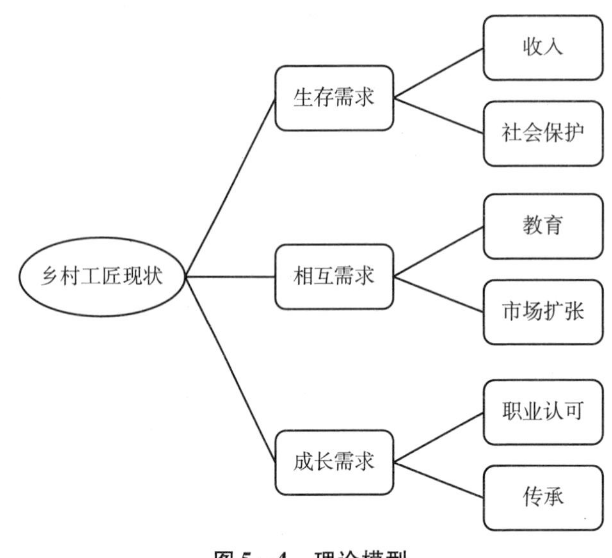

图 5－4　理论模型

（一）问卷调研法

学生团队的调研方法是从第二课堂活动开展过程中逐渐组建形成的，其中“乡村守望者调研小组”学生团队从乡村工匠们的工艺结构、年龄结构、学历结构进行分类，完成了乡村守望者调研小组“乡村工匠”调研问卷。为确保问卷的有效性，避免年龄、地域、受教育情况等对调研结果的影响，本项目采用随机选样的方法选取所调研的工匠样本，具体受调研工匠样本结构如表 5－1 所示。

表 5－1　受调研的乡村工匠人员结构

类别	受访人数	百分比（%）
工艺结构	工具器械制作工艺（100 人）	7.08
	传统饮食加工工艺（100 人）	7.08
	传统建筑工艺（100 人）	7.08
	织染工艺（100 人）	7.08

续表

类别	受访人数	百分比（%）
工艺结构	雕塑工艺（100 人）	7.08
	编制扎制工艺（82 人）	5.80
	陶瓷制作工艺（100 人）	7.08
	金属冶煅加工工艺（69 人）	4.88
	髹漆工艺（60 人）	4.25
	家具制作工艺（100 人）	7.08
	文房用品制作工艺（80 人）	5.66
	印刷工艺（80 人）	5.66
	刻绘工艺（80 人）	7.08
	特种工艺及其他（242 人）	17.13
年龄结构	20～30 岁（33 人）	2.34
	30～40 岁（227 人）	16.07
	40～50 岁（656 人）	39.43
	50～60 岁（342 人）	31.27
	60 岁以上（155 人）	10.97
学历结构	小学及以下（511 人）	38.29
	初中（691 人）	48.90
	高中（150 人）	10.62
	大学及以上（32 人）	2.26

乡村守望者调研小组“乡村工匠”调研问卷

问卷（一）

尊敬的××师傅：

您好！我们是乡村守望者调研小组，我们正在做一项关于乡村传统手工艺从业者的生存现状及转型发展方面的调查研究，整个调查会占用您 3 分钟左右的时间，您的意见对我们深入研究极为重要，问卷结果仅用于研究，内容不会涉及您的隐私，所获得的信息不用于任何商业目的，请您放心并尽可能客观地回答。谢谢！

基本信息：

姓　名：__________　　年　龄：__________　　性别：__________

户籍地：__________　　居住地：__________　　职业：__________

技能情况：

1. 您从事现在的这门手艺多少年了？

A. 1～5年　　B. 5～10年　　C. 10～15年　　D. 20年以上

2. 您是如何习得这门手艺的？

A. 拜师学艺　　B. 家族祖传

C. 自学成才　　D. 技术学校或职业学校学习

E. 其他__________（请补充）

3. 您觉得您的这门手艺的技能水平在同行业中是否具有竞争力？（1为完全没有竞争力，5为非常有竞争力，依次递增）

1　　2　　3　　4　　5

收入情况：

1. 您现在靠这门手艺一年的收入是多少？

A. 0～3万元　　B. 3万～5万元　　C. 5万～10万元　　D. 10万元以上

2. 您对现在的收入满意吗？（1为很不满意，5为很满意，依次递增）

1　　2　　3　　4　　5

3. 您现在的收入稳定吗？（1为很不稳定，5为很稳定，依次递增）

1　　2　　3　　4　　5

4. 您是否享受过政府对于乡村手工艺匠人的优待政策或者任何形式的补贴？

A. 完全没有　　B. 有但很少　　C. 较多　　D. 很多

教育情况：

1. 您接受的教育程度是？

A. 小学及以下　　B. 初中　　C. 高中　　D. 大学及以上

2. 如果是无偿的，您目前是否还愿意继续学习？（1为很不愿意，5为很愿意，依次递增）

1　　2　　3　　4　　5

3. 您觉得您的受教育情况对您从事这门手艺有影响吗？（1为完全没有影响，5为非常有影响，依次递增）

1　　2　　3　　4　　5

4. 您目前最想学习的内容是?

A. 技能学习（深化您掌握的技能或学习新的技能）

B. 商务知识（包括营销、财务、贸易等）

C. 语言文字学习（普通话、英语等）

D. 计算机知识（互联网、电子商务等）

E. 其他__________（请补充）

市场情况：

1. 您的产品或者服务主要针对的是哪个市场?

A. 本村镇　　B. 本市　　C. 本省

D. 全国　　E. 境外出口

2. 您是否想要扩大市场范围（1 为完全没想过，5 为非常想，依次递增）

1　　2　　3　　4　　5

3. 您认为您的市场受到局限的主要原因是?

A. 产品或者服务地域特色凸显　　B. 受资金限制

C. 受销售网络和销售渠道的限制　　D. 受自身经营能力的限制

E. 其他__________（请补充）

传承情况：

1. 您觉得自己的手艺是否有发展前景?（1 为完全没有前景，5 为非常有前景，依次递增）

1　　2　　3　　4　　5

2. 您现在有徒弟或者其他传承人可以传承您这门手艺吗? 若有，多少人?

A. 没有　　B. 1 ~3 人　　C. 5 ~10 人　　D. 10 人以上

3. 您是否希望自己的手艺能够传承下去?（1 为非常不希望，5 为非常希望，依次递增）

1　　2　　3　　4　　5

4. 您是否愿意自己的儿女继续从事这门手艺?（1 为完全不愿意，5 为非常愿意，依次递增）

1　　2　　3　　4　　5

5. 您愿意或者不愿意的原因是什么?

____

____

____

转型期望：

1. 您觉得造成乡村工匠、手工艺人逐渐消失的原因是什么（　　）。[多选题]

A. 劳动强度大，得到的报酬少

B. 时代在发展，有先进的机械设备、工艺替代

C. 年轻人不愿意传承

D. 手工艺制作的作品精准度、新潮性不够

E. 其他__________（请补充）

2. 随着机械化大生产向农村推进，您对于这门手艺的发展是否有担忧？（1 完全没有担忧，5 为非常担忧，依次递增）

1　　2　　3　　4　　5

3. 您觉得可以通过出台哪些举措来改变乡村工匠、手工艺人的这种现状（　　）。[多选题]

A. 拓展传统手工艺的增值空间，发展农村电商经济

B. 丰富乡村工匠精神内涵，弘扬、繁荣民间传统文化

C. 加快地方改善民生步伐，振兴乡村工匠队伍

D. 政府抓紧建立研究、保护机构

E. 拓展宣传渠道，通过新兴媒体宣传传统工艺

F. 其他__________（请补充）

4. 您是否愿意尝试电子商务作为新的销售渠道？（1 非常不愿意，5 为非常愿意，依次递增）

1　　2　　3　　4　　5

5. 你是否愿意尝试新媒体（微信公众号、微博等）推广渠道？（1 非常不愿意，5 为非常愿意，依次递增）

1　　2　　3　　4　　5

（二）访谈法

问卷调研虽能较好地收集乡村工匠现状数据，但绝大部分工匠对现有乡村工匠保护路径和职业教育培养路径并没有清楚的认知，也无法提供可行建议。因此，项目组成员相继对参与问卷调研的其中 10 名受过良好教育、有丰富阅历经验的大师级工匠做了深入回访，又访谈了 10 名相关领域的学术专家和 5 名相关部门的政府官员，具体访谈人员结构如表 5－2 所示。访谈主要围绕现有保护路径、现有保护路径的局限和

建议、职业教育培养路径的可行性、职业教育培养路径的建议等采用半结构化式访谈法进行。

表 5-2　　访谈人员结构

访谈时间	专家类型	所属领域/部门	访谈形式
2018 年 12 月	工匠大师 10 人	—	面对面
2019 年 1 月	学术专家 10 人	职业教育、产业经济学	面对面
2019 年 3 月	政府官员 5 人	浙江省人社厅、宁波市农村工作办公室、宁波市文广局	电话、面对面

学生在走访过程中也遇到了一些困难，但团队成员积极地通过各种办法去解决。参与调研的学生余婷表示："我们经常会碰到一些匠人，他们年纪很大了，描述的一些细节不是很清晰。还有一些地方的匠人基本上说方言，很多时候听不懂就只好让他们的子女来帮忙阐述。走访过程中虽然有各种困难，但也有很大的收获，我们看到了很多优秀的文化，像精美的木雕，精彩的舞竹马表演等，不过最让我印象深刻的是这些工匠谈起自己做了大半辈子的事情时总是充满了激情，感觉挺难得的。"

三、分析问题

项目组成员根据乡村工匠现状，结合对相关专家和政府官员的采访认为：应以分级、分类、筛选为导向，充分发挥政府保护，积极调动社会保护的基础上，逐步探索职业教育保护与培养，形成多方联动的保护路径。

（一）政府保护

据调研，64.4%的工匠认为需要依靠政府来牵头来进行工匠技艺的保护，可见乡村工匠对政府的依赖与信任。然而，政府对乡村工匠的保护不应当只局限在经济上的支持与扶助，应作为乡村振兴战略中的重要一环，统筹各级乡村振兴办公室、人力资源与社会保障部门、文化旅游部门、商务委员会等政府部门，群策群力解决乡村工匠传承、保护与转型问题。具体路径如下。

第一，政府应发挥引导作用，通过重大课题招标等形式，引导学者、专家进行乡村工匠的大普查，建立完整的乡村工匠大数据库。我国的乡村工匠基数大，流派、体系、人员庞杂。因此，当务之急应由政府引导统计部门和相应学者专家团队对各地乡村工匠进行大普查，建立完整的乡村工匠大数据库。为后续的分级、分类和筛选工作准备。

第二，基于乡村工匠大数据库对我国庞大的乡村工匠人群进行分级、分类和筛选。我国乡村工匠基数大、技能水平层次不一，应建立明确的分级、分类和筛选指标。政府应联合商务部门、文化部门对各类乡村工匠技艺按文化价值、经济价值两个维度进行筛选，做到发展与保护双管齐下：经济价值大的工匠技艺应融合其他产业，适当提高其产业化程度；文化价值大的工匠技艺应按照濒危等级以口述史、纪录片、馆藏文物等形式作为文化技艺进行保存和保护。经济价值、社会价值大的乡村工匠，人社部门应尽快落实乡村工匠的类职业技能鉴定、探索工匠职称评定体系，并丰富和完善多种形式的职业技能鉴定和职称评定形式，确保乡村工匠收入的公平性和稳定性。对文化价值大的工匠与工艺种类，文化部门和各级档案馆应尽快落实根据技艺掌握人数、该技艺的工匠平均年龄、传承人数量、学习难易度等指标确立濒危工匠技艺的分级申报制度，使得工匠技艺的保护做到有次序、有层次、有轻重缓急。

第三，乡村工匠保护融入“乡村旅游”“绿色发展”等元素协同发展，形成“乡村工匠 + 旅游”“乡村工匠 + 绿色生产”“乡村工匠 + 文创”等跨界组合。乡村工匠及其手工艺产品具有地域特色明显、手工制造、精细等优势，可以有效地支撑当地的乡村旅游、绿色生态和文化创意产业。例如，调研样本中丽水龙泉的铸剑工匠，与当地的旅游产业协同发展，通过龙泉宝剑带动了乡村旅游，又通过乡村旅游提升了龙泉宝剑的知名度，促进了龙泉宝剑的销售①。

---

① 郑叶慧，李珂靓，余婷，华忆迪．乡村振兴背景下传统乡村工匠的现代转型与培养探究[J]．当代经济，2019（8）：119－124.

（二）社会保护

社会保护在乡村工匠中的支持率为21.7%。积极调动企业、行业协会、媒体、慈善机构等各方力量营造工匠友好型的社会环境，树立正确的职业观，杜绝“重道轻技”的社会风气，是乡村工匠持续向好发展不可或缺的客观条件。具体保护路径如下。

第一，抓乡村工匠模范及其事迹，树立典型，进行宣传，促进全社会形成尊重乡村工匠，崇尚工匠精神的社会环境。基层村委、街道办应定期评选“最美乡村工匠”“模范工匠”等，各地电视台应积极报道。通过这类评选活动，增强工匠的荣誉感、自豪感、使命感，营造全社会以劳动为美，尊崇工匠精神的工匠友好型社会环境。

第二，积极深化行业协会的作用，行业协会不应只服务于大型企业，对本行业中的优秀工匠应吸纳为会员，适时推举本行业优秀工匠。行业协会凝聚了与本行业相关的专家、企业，应为个体工匠搭建平台、提供舞台；同时发挥好工匠与政府、工匠与企业之间、工匠与市场之间的纽带作用，积极为本行业的工匠发声。

第三，行业协会、企业家协会应联合政府，积极承办和赞助各类手工艺品博览会，并邀请乡村工匠参展。乡村工匠及其手工艺品由于地理位置的限制、交通的不便利等诸多因素，缺少向社会展示的舞台。因此行业协会、企业家协会等应积极联合政府部门，承办和赞助各类手工艺品博览会，并邀请乡村工匠来参展。通过精美手工艺品和精湛工匠技艺的展示，提升社会对乡村工匠的职业认可度。同时，通过相关博览会，为乡村工匠及其手工艺品扩大市场范围，打开销路。

（三）职业教育转型与培养

乡村工匠的职业教育保护路径在1413名乡村工匠中的支持率仅为13.88%。一方面，这种新的保护路径并没有被广大的乡村工匠所认识到。另一方面，职业教育区别于政府保护与民间保护，是一种内生性的保护路径，是通过职业教育的培养和传承的功能，从源头上提高乡村工匠自身的素养，培养大量优秀青年学习各类工匠技艺和民俗文化。与其说是保护，倒不如说是通过职业教育的培养使传统的乡村工匠能够适当转型与创新以适应现代社会的快速发展。

第二节　模具特色小镇中成长起来的创业大赛精英

作为高职院校商贸类的专业教师，毕业生们的就业水平和创业情况一直都是我们非常关注的问题。浙江省教育厅在对高校毕业生做回访和调研的过程中，很多指标也涉及毕业生的就业和创业情况。近年来，我们走访了杭州、宁波、温州、台州、绍兴等地的毕业生，我们发现很多年轻人在毕业后，积累了一定的工作经验，他们会根据当地产业的发展优势，选择走上创业的道路。

胡晓浩是宁波职业技术学院国际商务专业 2016 届的毕业生，在校期间就是一个热爱思考，有自己独立想法的学生。在校期间，胡晓浩同学的学习兴趣就非常广泛，他涉猎了很多除了本专业之外的书籍，还经常和跟老师讨论一些关于商业模式和经济发展的话题。毕业后，他团队小伙伴一起研发了一款可以上下、前后调整高度和方向的人体工学显示器支架产品，并在模具之乡北仑注册成立了自己的公司，成为宁波职业技术学院一颗创业新星。

浙江省“互联网 +”大学生创业创新竞赛对接浙江区域经济发展，对接数字经济“一号工程”、智能制造、生命健康等重点产业，重在推动互联网在促进产业升级以及信息化和工业化深度融合中的作用。2019 年宁波职业技术学院国贸专业的黄燕老师和王一名老师通过对胡晓浩所在公司的深入走访和指导，带领这名优秀的创业精英一起走入浙江省“互联网 +”大学生创业创新竞赛，他们的作品《“泛星科技”智能支架领跑者》作为宁波职业技术学院的优秀创业项目获得第五届“互联网 +”浙江省大学生创业创新竞赛金奖。

一、小镇公司简介

宁波泛星智能办公设备有限公司创立于 2017 年 6 月 16 日，是一家拥有自主创新能力的高新技术企业。依托北仑大碶模具特色产业集聚区的优势，公司借助全国工业设计协会常务理事李乐山教授的工作站以及北仑工业设计促进中心两大科技创新平台，邀请专家参与公司的新品研发，力争研发和设计适应健康生活的人体工学产品。公司目前产品主要包括人体工学大屏支架和人体工学工作站系列产品。

公司自创立伊始就秉承创意改变生活的精神，高效与健康的办公理念，研发生产集人体工学与数字平面显示相融合，用专业的技术打造可活动的显示器支架。近年来，产品通过不断创新，主要包括人体工学大屏支架、人体工学工作站、智慧医疗、移动医疗系列产品等，广泛应用于金融、政府、医疗领域。公司属于大学生自主创业标杆企业、创新型示范企业，目前公司设有 1 个研发中心，1 个模具开发制造中心，拥有自主专利技术 12 项（含在审）。

泛星Vancin

选择“泛星”来注册品牌，源于创始人本身是个天文爱好者，选择这个名称也是创始人喜欢探索未知世界，充满创新思维的一大体现。Vancin 则是根据泛星的发音，自创的一个英文单词，因为该公司起步于出口市场，需要具有独创性的品牌，体现公司独一无二差异化特征。大写的字母 V，代表着胜利，象征着公司开拓进取的强大自信心，也是公司追求发展追求胜利的体现。将字母 V 的两段延展开来，一方面正是代表着公司最初的旋转支架类产品，同时将中文名称和英文名称联合在一起，也是公司发展的一个关键的理念，即体现中国特征又具有全球视角，力求将国外的先进产品乃至生活理念传递到国内，也希望向世界展示中国现有的科技生产水品。黑白色系则是意味着追求至简的设计风格，用工匠精神做好每一个产品。

二、公司产品

（一）主营产品

公司主要产品的组合应用场景主要涵盖办公领域、生活领域以及专业应用领域等。其中，办公领域的产品包括笔记本支架、电子白板支架、单屏和多屏显示器支架、升降台和升降桌等，这些产品通过改变传统的办公设备和环境，针对性解决职场人群普遍存在的颈椎病、腰椎病等亚健康问题，有效地提升用户的办公舒适度及工作效率。生活领域的产品主要包括平板电视支架等大屏支架产品，这类产品能够实现屏幕的水平移动、多面旋转功能，为客户提供更佳的观赏角度，腾出更多自由的空间，满足消费者个性化、多样化的需求（见表5－3）。专业领域的产品还在开发和研究阶段，该类产品主要应用在智慧医疗、智慧金融、智慧交通等领域，能够解决行业内多屏快速获取信息的需求，打造智慧城市的专业方案。

表5－3　　公司主要产品

<table>
<tr><td rowspan="2">智能支架产品</td><td>平板电视支架</td><td>笔记本支架</td><td>电子白板支架</td></tr>
<tr><td></td><td></td><td>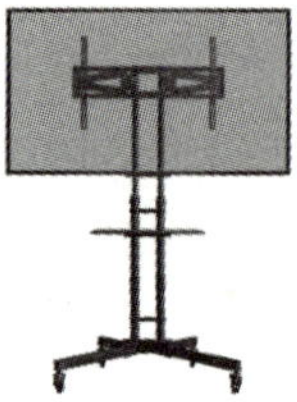</td></tr>
<tr><td rowspan="4">人体工学工作站系列产品</td><td>桌面单屏显示器支架</td><td colspan="2">多屏显示器支架</td></tr>
<tr><td>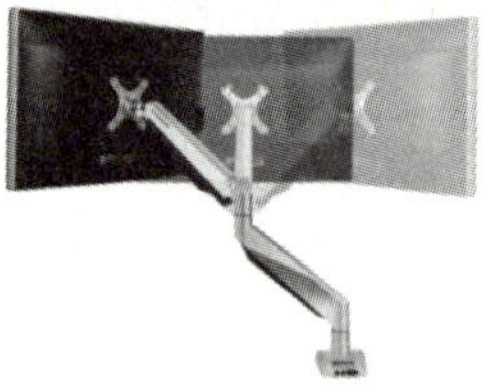</td><td colspan="2"></td></tr>
<tr><td>升降台</td><td colspan="2">升降桌</td></tr>
<tr><td>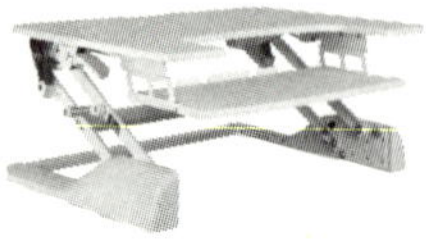</td><td colspan="2"></td></tr>
</table>

（二）产品优势

1. 技术优势

“显示屏万向翻转技术”使人们在“人机交互”由“人主动适应机器”转变为“机器主动适应人”，这是“人机关系”的一个重大改变。使用者能够随意调节显示器的位置，以此来满足工作和生活需求。

该技术的独特之处在于可以通过转换板和连接轴的连接实现显示屏的360°旋转和上下移动。与市面上传统的显示器支架相比，本公司的产品设计理念更加先进、人机交互体验更能考虑使用者的感官体验、更能提高使用者的工作效率和生活方式。

2. 应用优势

该产品采用了“万向翻转技术”实现了角度更灵活的移动甚至翻转，在各类窗口办公的工作环境，完全满足了交互信息的需要，在金融公司的多屏办公场景其转换灵活性使其交互办公的效率大大增加。交互性的优势使产品被广泛应用于金融、互联网企业、政府办公领域以及省市级医院的智慧病房中。公司的多款功能支架、升降台在内的各种自平衡助力产品是这类市场的畅销产品。

3. 目前该公司拥有的主要专利技术如表5-4所示。

表5-4　　公司专利技术

序号	专利名称	专利号	专利类型
1	万向调节液晶显示屏支架	201630297032.2	外观设计
2	一种多功能的液晶显示屏支架	CN201620796774.4	实用新型
3	可自动调节高度的显示器支架	CN201510213202.9	实用新型
4	一种激光扫描式智能显示器支架	CN201510213110.0	实用新型
5	支架（H100）	2019301872650	外观专利
6	支架（G100）	2019301868015	外观专利
7	一种新型显示器支架	2019206085849	实用新型
8	一种多角度可调节显示器支架	2019206212079	实用新型
9	医疗支架	2019302274546	外观专利
10	一种稳定型支架	2019206710233	实用新型

（三）产品生产

公司具体生产环节起初是通过委外加工形式完成，后与工厂签订了长期战略合作协议，为产品生产提供强大保障。工厂名为宁波市北仑金汇模具厂，坐落于模具业发达的宁波市北仑区模具特色产业集聚区，有着10几年的生产经验，是一家专业制造各种高难度和复杂模具的厂家（见图5-5）。该企业具备成套模具的设计和加工的能力，有数控机床、铝压铸机，塑料压铸机，近几年实现产值销售年平均3400万元。主要产品为铝压铸，塑料压铸产品，广泛使用于发动汽车零配件，工业铝用品。

工厂现有员工102人，近年来不断引进人才，有经验丰富的铸造工艺师和模具设计师及铸造模、低压浇铸模重力浇铸模等各类专家。有多年从事CAD、CAM、CAE工作的工程师及高级工程师，并有大批的模具专职技师和生产专业的技术人员，技术力量雄厚。

图5-5　北仑模具产业集聚区金汇模具生产车间

注：图片由作者拍摄。

三、投资与财务

公司非常重视“泛星”G/H系列新产品项目的研发和推广，前期投资共计331万元。如图5-6所示，研发费用共计80万元，占投资总额的

24%，而开模打样的费用高达130万元，占投资总额的39%。50万元用于市场推广，大力开拓自主品牌的营销市场。5万元用于专利技术的申请，保护公司知识产权。

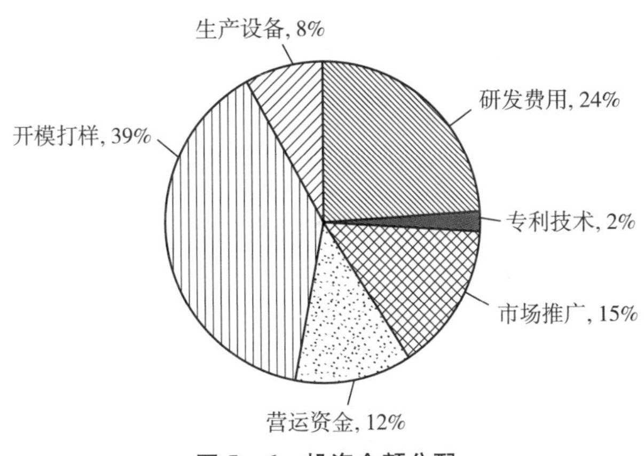

图5－6　投资金额分配

G/H系列新产品，自2019年2月份投放市场以来，销量呈大幅度增长，仅三个月累计销售达7300套，累计销售金额达到176.885万元。如表5－5所示。

表5－5　G/H系列产品销售状况

项目	3月	4月	5月	合计
销量（套）	1000	1900	4400	7300
销售额（元）	272389	513363	983097	1768850

根据"泛星"品牌的发展规划以及当前的销售情况，项目团队做出了五年的销售预估，预计2019年全年销售数量可达到53200套，销售金额达到1496.41万元，到2023年，预计销售数量可达38.3万套，销售金额将超过1个亿。同时，根据"泛星"品牌的项目投入和未来5年销量预测，对该项目的现金流入与流出进行预估，并进行项目可行性分析。从表5－6的项目财务分析角度来看，"泛星"G/H系列产品具有较高的投资可行性和经济价值，是一个能够给投资者带来丰厚利润的高科技项目。

表 5-6　　项目财务分析　　单位：元

项目	2019 年 1 月	2019 年末	2020 年	2021 年	2022 年	2023 年
建设投资	-2410000.00					40000.00
流动资金投资	-300000.00	-300000.00	-300000.00			900000.00
营业收入		14964105.89	29942300.88	59884601.77	89826902.65	107792283.19
经营成本		-13747568.68	-27643341.24	-51492452.39	-76838678.59	-92046414.30
税金		-256147.16	-590749.81	-2253444.52	-3540400.78	-4312574.53
NCF	-2710000.00	660390.05	1408209.83	6138704.86	9447823.29	12373294.35

四、公司发展

说起创业过程，胡晓浩觉得自己得益于机遇和资源。胡晓浩从小生活的小镇是一个模具产业集聚地，他从小就对模具和机械制造有着浓厚的兴趣。在一次参加外贸展会的过程中，他发现了一款人体工学的支架产品，觉得很感兴趣，经过调研，他发现主打健康的办公设备在国内有很大的市场。

虽然模具机械并不是胡晓浩大学的学科领域，但是他凭借着自己在大学积累的学习和思维方法，从头钻研，虚心请教有经验的师傅和老师，掌握了机械类产品的基本生产流程和产品类型。2015 年底，他和小伙伴共同创办了泛星公司，主要研发人体工学办公设备。他说："当时创办企业资金很紧张，刚好学校有毕业生创业的优惠政策，于是班主任黄老师很快帮着联系了学校的大学生创业园。通过创业项目评估，我们的公司顺利入驻园区，还获得房租、税收等方面的政策优惠。"创业是艰辛的，胡晓浩四处筹措资金，找技术人员咨询，利用手头的资源一个客户一个客户去营销，2017 年在阿里巴巴、易贝（eBay）等网络平台上开展产品海外推广。

对于泛星来说，企业最大的优势就是拥有自主创新能力的团队，拥有很强的创造力与革新能力，企业注重联合优势设计开发团队，注重人才的挖掘和培养。但同时，智能支架领域内还有较多中小企业在对同类产品进行研发和生产，使得企业长期处于高水平的竞争之中，从而大大增加了小微企业进行技术创新的风险。

1. 技术水平优势

公司设计研发团队是由多名海外人体工学相关专业硕士及博士组成，在吸收国内外先进设计理念和创新思维方面有着极强的优势，同时还聘请全国工业设计协会常务理事李乐山博士作为专家顾问，来解决在产品设计上的难题，合作工厂的技术人员也有着多年的模具设计开发经验，在批量制造方面，位处宁波北仑这个著名的“模具之都”，产业集聚效应明显，可以得到模具制造技术的支持优势。

2. 产品创新优势

产品创新能力是企业成长和利润的核心基础。公司研发团队成员平均年龄 32 岁，处于创新的最佳阶段，有敏感的市场动向，长期致力于消费者行为研究。公司也在积极搭建平台，参加国内外知名展会，时刻捕捉市场动态和消费需求，针对用户需求及市场特点，能够迅速推出顺应市场趋势和消费需求的新产品。

3. 公司体制优势

公司目前的中等规模与上市公司相比，存在资金运转灵活，对市场的风险更加敏锐，因此在公司的产品进入市场如果遭遇风险时，能更迅速地调整产品生产线，及时的止损。所以本公司面对风险时的调节能力更加灵活。再加上总经理的个人创新意识强烈，在新产品、新工艺投入方面的推进速度快，使企业创新效率明显优于大企业。

虽然公司在产品研发、布局，市场敏锐度等方面占有一定优势，但与人体工学家具领域国内外上市公司相比，公司在资金实力、品牌知名度和国际销售网络等方面有不小的差距。品牌的知名度和美誉度对消费者选择具有较大影响。目前国内同行业大多数企业依然处在 ODM 和 OEM 模式阶段，尚未形成自主品牌，而国外的顶尖厂商（如 Ergotron、Milestone、Humanscale 等）以及国内知名企业如乐歌股份（自主品牌乐歌 Loctek）则拥有自主品牌和产品系列，形成了先发优势。宁波泛星智能办公设备有限公司 SWOT 分析如表 5－7 所示。

表 5-7　　宁波泛星智能办公设备有限公司 SWOT 分析

外部环境	内部环境	
	机会（O）	威胁（T）
	（1）市场需求持续增长 （2）人们消费水平的增加 （3）国家政策的支持 （4）人体工学产业的发展	（1）市场准入壁垒高 （2）智能产品的消费理念还没有完全树立起来 （3）知识产权保护力度不够
优势（S）	优势机会策略（SO）	优势威胁策略（ST）
（1）技术开发基础、产业集聚效应突出 （2）公司的主创团队非常年轻，善于接受新思想，市场敏锐度高 （3）公司规模较小，能灵活规避市场风险波动	（1）满足需求，建立完善的产品质量售后服务 （2）紧跟市场潮流，设计不同价位的产品，进行梯度营销 （3）完善线上销售渠道，进行差异化营销	（1）强化核心竞争力，提高产品质量和服务质量，用服务赢得客户 （2）时刻保持创新，增强产品的竞争力 （3）积极进行产品理念宣传，引导客户的消费习惯 （4）知识产权保护
劣势（W）	劣势机会策略（WO）	劣势威胁策略（WT）
（1）品牌竞争力处于弱势 （2）销售渠道不够完善 （3）资金来源不足	（1）贴合需求，以客户导向，进行产品的差异化营销 （2）积极布置线上销售渠道 （3）完善企业征信，参加相关产业的竞投项目，拓宽投资渠道	（1）运用价格、质量、服务等优势因素抢占市场份额 （2）线上线下联动销售，发展下游经销商 （3）加快产品研发与宣传，尽快投入市场来使公司获得充足的流动资金

第三节　青年大学生乡村振兴大赛显风采

“浙江省大学生乡村振兴创意大赛”以解决乡村振兴中过程中遇到的实际问题为导向，采用“乡村出题+高校答卷+成果落地”的竞赛模式让浙江省各个高校的师生参与其中。大学生乡村振兴竞赛是一项开放性强、综合性强、创新性强的竞赛，整个竞赛以乡村建设为主线，分为乡村产业创意、乡村规划设计、乡村公益创意三大类，该竞赛为高校的青年学生服务乡村搭建一个很好的沟通平台，通过竞赛引导青年学子柔性回流乡村、服务乡村，开发乡村，建设乡村……在乡村的广阔天地中释放青春激情，实现青春价值。

宁波职业技术学院积极响应党和政府号召，积极鼓励青年学生走进乡村，开展乡村振兴“青春建功”行动。校团委通过志愿者进农村、暑期社会调研、校外实践基地、第二课堂等形式，引领大学生融入地方文化，服务区域发展建设，为乡村的全面振兴提供了智力支持，从而成为新时代乡村振兴的生力军。在校团委、创业创新学院的不断摸索中，师生团队一起协作完成了一批优秀的调研作品和创意作品。其中，陈之顺老师指导的《“魅力河头·美丽乡村”——河头村环境改造及乡村文化提升策划方案》等作品在浙江省大学生乡村振兴竞赛中取得了优异的成绩。

一、奉化萧王庙非物质文化遗产与特色小镇的协同、传承、创新

宁波职业技术学院商贸外语学院的大学生团队对宁波奉化萧王庙街道的“萧王庙庙会特色活动”进行深入的调研和规划，把奉化传统“服装业”和萧王庙“特色庙会”巧妙结合，重新定义中国传统庙会，依托庙会特色文化，创意汉服新设计理念和新媒体营销方式，打造汉服“工作室”和“国风”汉服品牌，推动小镇“庙会经济”和“传统产业”融合发展。在采访中，团队成员应珍儿说：“我的家乡就在奉化，这几年奉化变化很大，发展很快。奉化有很多文化传统，我们可以让奉化的现代元素和传统元素融合在一起，让更多的人了解家乡的传统文化和非物质文化遗产。例如，我们在文案设计中把以下元素融入庙会：

第一，‘穿汉服，逛庙会’。把中国汉服文化融入萧王庙庙会中，是我们这次策划的最大尝试，我们旨在把萧王庙庙会打造成一个‘能穿汉服，敢穿汉服’的文化盛宴。

第二，引入‘轻奢主义’的现代庙会。将轻奢主义的现代消费观念打入庙会文化消费市场，让旅客在文化消费也能‘轻奢’，打破文化消费‘高成本、高价格、奢侈化’的现象。

第三，打造全年‘不间断’的特色庙会。融入奉化当地特色桃花节、水蜜桃节等元素，打造‘三月’桃花庙会、‘八月’水蜜桃庙会，助力当

地农副产品的发展。同时还可以迎合‘中秋’‘七夕’‘腊八’等节假日，打造主题特色庙会。

第四，规划仿宋风格文化主题街。建设庙会主题文化街及旅客主要的观光消费场所。萧王庙街道以北宋奉化县令萧世显令人瞩目的功绩而闻名，当地的文化与建筑风格都有浓浓的宋朝气息，主题街以此为背景，彰显了属于萧王庙独有的宋朝文化气息。”

同时，商贸外语学院的大学生团队还通过对小镇居民、地方“非遗”保护的相关负责人及“非遗”传承人进行问卷调查和访谈，对奉化萧王庙庙会在特色小镇建设过程中非物质文化遗产保护、开发及传承的现状、存在的问题进一步研究，并提出实质性的对策建议。他们通过调查，发现非物质文化遗产在保护、开发、利用方面都面临着众多难题，例如在整体规划、项目传承、发展推广、新媒体营销、运行管理、关联产业带动等方面都具有一定的局限性。

在近几年的实践中，宁波的多个特色乡镇“摸石头过河”，在实践中不断探索和创新，形成了多项非遗保护工作的“宁波经验”和“宁波模式”。项目团队积极响应浙江特色小镇建设，贡献青春力量，期待更好地将萧王庙街道变成“重生态、美形态、兴产业、促乡风”的特色乡镇。

二、“魅力河头·美丽乡村”——河头村环境改造及乡村文化提升策划方案

为响应党中央、国务院及省市乡村振兴战略号召，积极参与以“双百双进”为主题教育实践活动，宁波职业技术学院将艺术学院学生团队的暑期社会实践活动主题定为“新农村环境改造与文化内容提升”。经过与柴桥街道进行对接，团队将社会实践地点定在荣获全国文明村、浙江卫生村等荣誉称号的宁波市北仑区柴桥街道河头村。项目的任务是根据村委及村民需求，对村容村貌进行设计规划，并挖掘提升该村的特色文化，让文明村更美、更有特色。本次暑期社会实践活动，不仅让艺术学院学子感受到祖国改革开放40周年的巨变，同时团队成员发挥专业特长，并且把自身专业所学运用到实践当中，为建设美丽乡村出一份绵薄之力。

盛夏的七月，团队成员年轻的身影与这座古朴的江南村落相映生辉。

一张张照片印刻下特色建筑的历史风貌，一个个足迹丈量着青石小路的过往故事。20 多天时间里，所有团队成员齐心协力，共同完成了河头村环境改造及文化提升策划方案的制定。

通过前期的走访调研，在了解村民实际需求及结合现有问题的基础上，团队成员集思广益，最终形成了以文脉、文娱、文化、文创“四文一体”的策划方案。其中，文脉是主线，文娱是基础，文化是内涵，文创是载体。

（一）文脉

河头村形象标志设计。河头村素有“杜鹃花之乡”的美誉，村民以种植花卉为主要经济产业，设计团队选取“杜鹃花”作为该村的文脉提炼，贯穿整个设计过程。把杜鹃花的形象和古朴的图案相结合，向外延伸的花瓣形状象征着太阳光芒，表达了村民对美好生活的追求和向往。

（二）文娱

（1）乡村旅游手绘地图设计。对河头村瑞岩寺、竹山公园、孝瑾堂等特色景点进行了绘制，形成了翔实的旅游手绘地图（如图 5 - 7 所示），将河头村纳入九峰山等北仑区整体旅游体系之中。

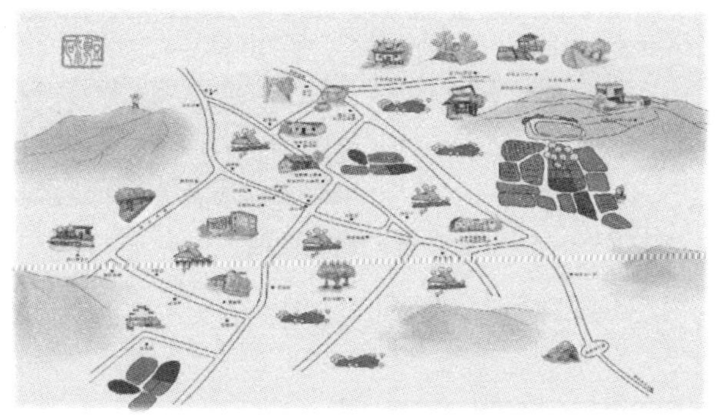

图 5 - 7　旅游手绘地图

（2）村口导视标识设计。根据河头村的概况及特色进行导视牌设计（如图 5 - 8 所示），提升河头村的知名度和游客对村庄的熟知度。

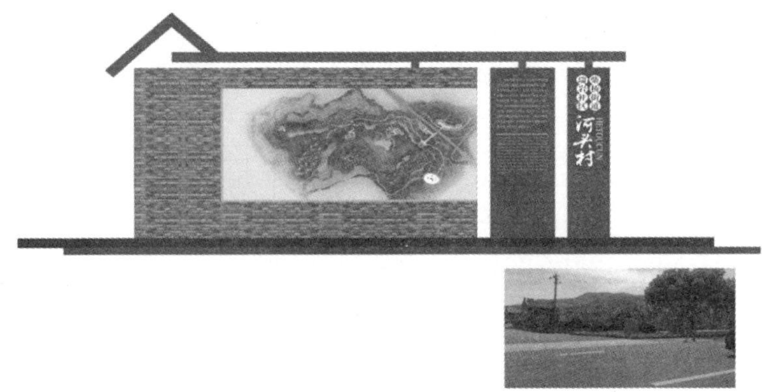

图 5 -8　村口导视标识设计

(3) 特色景点形象设计。对村落中的永安桥、柴桥老味道、孝瑾堂等景点进行外观设计，让历史风貌焕发新的生命。对居民住宅等建筑外墙进行墙绘设计，形成整体风格（如图 5 -9 所示）。

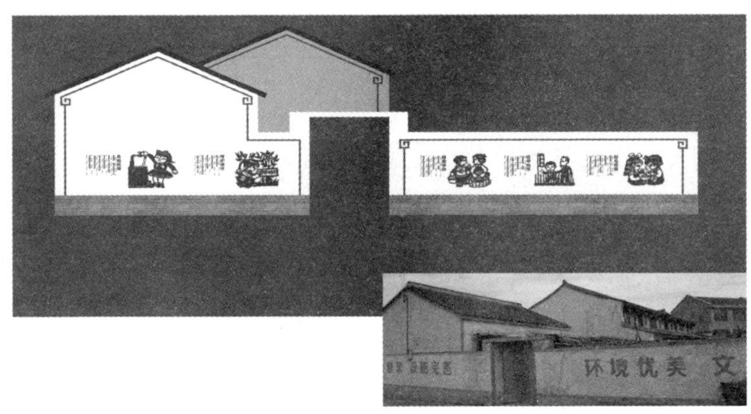

图 5 -9　建筑外墙

（三） 文化

将社会主义核心价值观、中国传统文化的元素、杜鹃花等特色文化应用于村落文化设计，展现了新时代新农村的建设成果及村民对传统文化的崇尚和传承。

（四）文创

团队成员发挥想象力，设计了以杜鹃花、特色景点建筑、传统小吃为元素的文创产品，通过公仔、T恤衫、明信片等形式，进一步扩大河头村的影响力。我们将以此为动力，发挥自身专业优势，展现青年大学生的责任与担当，为美丽乡村建设贡献智慧和力量。

图5－10和图5－11是文创产品的展现形式。

图5－10　老味道标志

图5－11　老味道各种特色食品

三、定塘盛平山村柑橘“网红营销”方案设计

宁波职业技术学院是商贸外语学院组建的“暑期乡村振兴小分队”，其中来自象山地区的学生团队，他们以象山定塘“红美人”柑橘农产品为主线，通过创意广告、创意墙画、百家选美、乡村文化节等活动对“红美人”柑橘产业的重新定位及特色营销，推动了农村电商发展。该团队联合高职院校师资和学生志愿者，提炼定塘盛平山村农业发展的特色，全面打造柑橘“网红小镇”、全面布局柑橘“网红电商村”、全面建设“农村青年创业实践基地”。

定塘镇地处象山的中南部，生态环境优美至极、物产资源十分丰富。近年来，相继获评浙江省首批美丽乡村示范乡镇、浙江省休闲农业与乡村旅游示范乡镇、市新农村建设标准化示范乡镇等称号。定塘镇依托特色农产品“红美人”的优势，决定对盛平山村进行电商村培育，定位为“田园定塘橘光小镇”区域公用品牌旗下以农产品为主题的众创空间，致力于构建社会参与、金融支持、资源共享、创业辅导、空间开放的农村电商创业共享的生态系统。

该团队通过对“红美人”柑橘产业的重新定位及特色营销，进一步提炼了定塘农业发展的特色，充分展现了定塘的自然农业、生态农业、绿色农业的多元形象。

（1）全面打造柑橘“网红小镇”，做大做强农村电商。依托“红美人”象山柑橘优质特色农产品，通过电子商务拓宽销售渠道，充分利用互联网与现代媒体技术，全面提升定塘镇的美誉度。

（2）全面布局柑橘“网红电商乡村”，建立盛平山村柑橘电子商务服务平台、区域柑橘配送服务中心和农村电子商务服务站，大幅减少农产品零售流通环节，扩大农产品产业链。

（3）全面建设“农村青年创业实践基地”，以“红美人”等优质农产品为切入点，发展农村青年创业社会实践基地，吸收农村剩余劳动力，打造“田园柑橘小镇”，带动美丽乡村建设。

定塘盛平山村柑橘“网红营销”计划实施方案如表5－8所示。

表 5-8　　定塘盛平山村柑橘“网红营销”计划实施方案

主题计划	实施方案
“我要变美”计划	①“红美人”吉祥物设计比赛：举办针对象山定塘镇特色产业“红美人”的吉祥物设计大赛，让“红美人”更广为人知，同时以此扩大盛平山村及特色产业“红美人”的宣传度与影响力
	②“红美人”创意墙画大学生实践基地：邀请艺术生参与当地墙画创作，增添当地乡村文艺气息，引人入胜，更是为艺术专业大学生建立了实践基地，发挥其所长
	③“红美人”创意广告变“网红”：充分利用比赛成果，将前期设计推入网络平台，通过平台后台的数据分析，更加了解消费者的需求
“我要选美”计划	①“与我合拍”：通过与橙宝或“红美人”合照的方式，由各大平台票选盛平山村“红美人”，提升网络热度
	②“红美人”乡村文化节　举办属于“红美人”乡村文化节日，与柑橘文化节相呼应，邀请汉舞团，将汉服的古典气息与象山徐福传说融合在一起，为象山增添一份非物质文化遗产。同时邀请社会媒体，对当地文化节进行曝光，加强了对“红美人”的宣传力度
	③“红美人”大学生农业实践基地：为增强市场竞争力，满足消费者需求，使“红美人”种植种类多样化，并且结合农业市场对农业专业人才的需求，与象山红美人种植基地合作，建立大学生农业实践基地，让大学生团队培养出新的“红美人”，让“红美人”能在水果中翘首
“我要最美”计划	①开通运营微博微信公众号“橙宝课堂”：发布文章，文章介绍营养价值高的水果，定期做促销活动，增强消费者忠诚度，并开通购买通道
	②开通网红通道：开通抖音、小红书等社交性软件，平台发布广告，宣传销售“红美人”，产生网红效应，促进销售
	③入驻线上销售平台：改变传统的消费者观念，以乡村集体形式入驻淘宝、拼多多等销售平台，建立乡村服务站，加入“盛平山电商众创空间”，引进大学生加入电商平台，教会农民在“电商平台”如何操作，由村里统筹安排宣传、竞价、销售、发货等一系列流程，使销售的标准化，产业化，能够有力地带动农村经济的发展

团队通过对象山定塘盛平山村“红美人”柑橘产业网红电商营销的运作策划，进一步提炼了定塘农业发展的特色，充分展现了定塘的自然农业、生态农业、绿色农业的多元形象，最终到达让更多的人了解盛平、来

到盛平、推广盛平的目的。本项目将致力于打造不一样的“田园定塘橘光小镇”。以“美”作为营销理念，贯穿整个网红电商营销运作计划，从“变美”—“选美”—“臻美”，一步步将“红美人”柑橘产品的功效及影响价值锁定在消费者心目中。通过各色流量平台，将“健康美”注入产品理念中，结合过“互联网 +”，引起目标群体对产品产生新奇，提升“红美人”柑橘产品的销量。

第四节　新媒体营销闪亮中东欧特色馆

浙江省大学生电子商务竞赛也是全国大学生电子商务“创新、创意及创业”挑战赛浙江分赛区的选拔赛，该竞赛通过提升大学生电子商务理论与实践相结合的能力，激发大学生的兴趣与潜能，培养大学生的创新意识、创意思维、创业能力以及团队合作精神。参赛作品分为技术类和商务类两个类别。其中商务类主要包括以电子商务为主题的已实施或者正在实施的项目，该类别的竞赛侧重于新型的商业模式、营销计划等方面的创新、创意和实用价值，比较适合本科和高职院校商科类的学生参与。2017年初，宁波职业技术学院商贸外语学院深度对接宁波国际会展中心中东欧国家特色商品馆，协同在校大学生开展“一班一馆”“一馆一特”的新媒体营销策划活动。专业教师带领大学生团队，依托互联网、智能手机等科技载体，为各个国家馆的商家量身定制“网络杂志、博客、微博、微信、直播、特色旅游 App、TAG、SNS”新媒体营销方案，为各个馆注入了新的活力和创意思维，提升中东欧特色商品的销量和人气，同时也很好地宣传了中东欧及一带一路国家文化。其中，专业教师指导学生团队完成的《中东欧特色商品馆新媒体营销策划》项目，获得浙江省第十二届大学生电子商务竞赛三等奖。

一、项目背景

中东欧国家地处“一带一路”沿线，主要包括捷克、波兰、匈牙利 、克罗地亚等 16 国，在沿线国家中占据了 1/4 席位。中东欧 16 国自然资源丰饶，经济基础扎实，产业特色鲜明。宁波借力“一路一带”的发展契机和得天独厚的港口优势，已发展成为中东欧进出口贸易往来最密切的城市之一。2015 年至今，宁波已经成功举办四届“中国—中东欧国家投资贸易博览会”，搭建了中国与中东欧国家经贸往来、人文交流的重要平台。随着合作的全面深入，宁波与中东欧国家的贸易额也呈现逐年递增态势。据宁波海关统计，2018 年宁波与中东欧 16 国进出口额达 243.6 亿元，增长 23.1%。“中国制造”的优质产品从宁波口岸源源不断地运往中东欧这片“新热土”，波兰、捷克、斯洛文尼亚等中东欧国家的特色产品也源源不断地来到中国市场。

宁波中东欧国家特色商品综合馆（如图 5 - 12 所示），涵盖中东欧全部 16 个国家近 4000 多种单品，包括捷克的水晶、波兰的琥珀、波兰的乳制品、匈牙利贵腐葡萄酒等。中东欧国家特色馆以国别区分，打造各国特色主题的展厅，并依附专业展厅和短期展销会，形成“前店后仓”以批发为主、零售为辅的独特经营模式。项目团队成员围绕宁波国际会展中心进口商品馆内 16 个“中东欧国家特色商品馆”，探讨在各馆实体店经营的基础上，如何协同在校大学生“互联网 +”的创意创新思维，组织开展“一班一馆”“一馆一特”的新媒体营销策划活动（见图 5 - 13）。

图 5 - 12 宁波中东欧国家特色商品馆

图片来源：浙江日报。

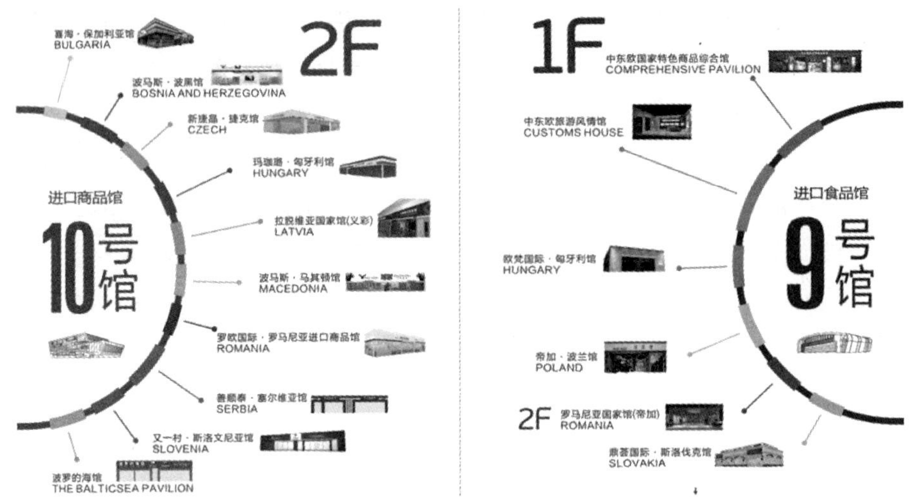

图 5-13　宁波中东欧特色商品国家馆分布

图片来源：http：//www. nftzmart. com/index. html。

二、项目特点

本项目设计围绕宁波中东欧特色商品馆，在各馆原有实体店经营的基础上，应用校大学生“互联网+”的创意创新思维，通过班级特色项目开展“一班一馆”“一馆一特”对接活动，为各个馆注入新的营销模式和青春活力。

(1) 打造中东欧经贸合作示范区、集散地，让宁波更快融入国家“一带一路”倡议和全面推进港口经济圈建设，一步步提升城市国际化水平。

(2) 宣传推广中东欧“一带一路”沿线国家的优质进口产品，让消费者进一步地了解中东欧国家的历史文化、人文地理，促进贸易往来，提高生活品质。

(3) 大学生团队助力中东欧国家馆开展“一班一馆”“一馆一特”新媒体营销策划，引入多种新媒体营销模式，增加中东欧特色产品的销量和影响力。

中东欧特色商品“一班一馆”实践活动如图 5-14 所示。

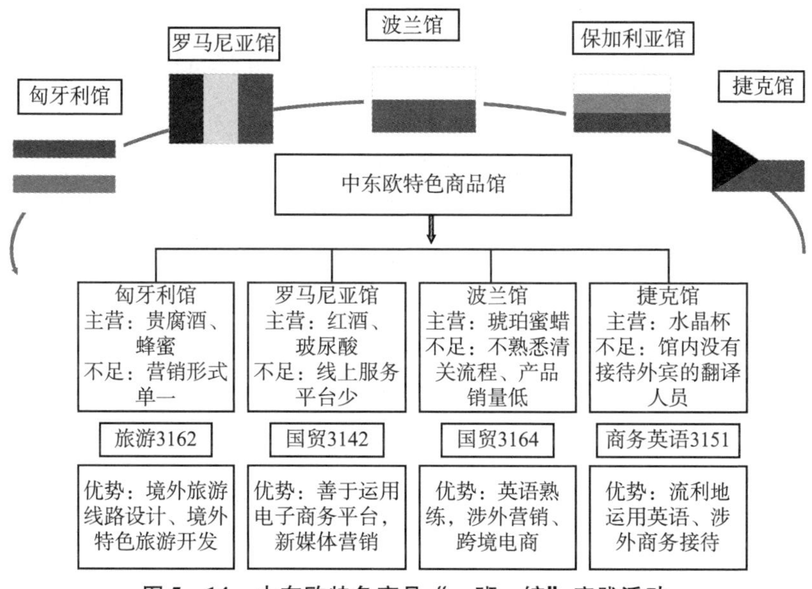

图 5-14 中东欧特色商品“一班一馆”实践活动

三、项目方案——匈牙利特色馆新媒体营销方案

互联网已经全面进入新媒体传播 2.0 时代，依托智能手机、互联网等科技载体开展的新媒体营销方式越来越受到新一代消费群体的关注。本项目设计团队在中东欧特色馆内选取了“波兰馆”“罗马尼亚馆”“匈牙利馆”三个馆作为新媒体营销的典型案例，跟大家分享一下在校大学生如何通过“互联网+”的创意创新思维开展营销。例如，匈牙利馆的“特色旅游 App”带给消费者更全面的境外体验感受，波兰馆的“直播营销”让消费者时时体验最时尚的琥珀、蜜蜡，罗马尼亚馆的“自媒体 App 营销”有各种优惠活动等着消费者参与。这些新型的营销方式更具体验性、沟通性、差异性、创造性、互动性和娱乐性，让消费者有更多的渠道了解商品及体验文化，从而提升了中东欧国家特色商品馆的影响力和销售水平。

（一）匈牙利馆中东欧特色旅游 App①

匈牙利国家馆，位于宁波国际会展中心中东欧特色商品馆的二楼精品展示区。匈牙利馆主要致力于传播和进口匈牙利国家的特色和招牌产品，比如从未过滤过的原生态蜂蜜，花蜜，椴树蜜和槐树蜜等蜂蜜特产，还有优先首推匈牙利国酒托卡伊，被称为黄金液体的白葡萄酒，口味甘甜。近年来，随着中国出境游人数逐年大幅度地增加，中东欧国家也成为中国游客关注的境外旅游目的地。但由于中东欧 16 国有 15 种官方语言，很多游客因为语言障碍，在自由行或跟团过程中往往因为“无言以对”无法很好地深入了解当地的文化和景点介绍。针对出境游客在旅行过程中对景点的不熟悉的问题，匈牙利馆的团队计划打造一款以中东欧国家旅游景点讲解为主题的“中东欧特色旅游”App，并结合 AR 资讯整合技术、VR 与 GPS 技术间的高度融合所呈现的景点信息，辅助游客在完全陌生的环境之下更快的了解周边资讯。

中东欧特色旅游 App 功能如图 5－15 所示。

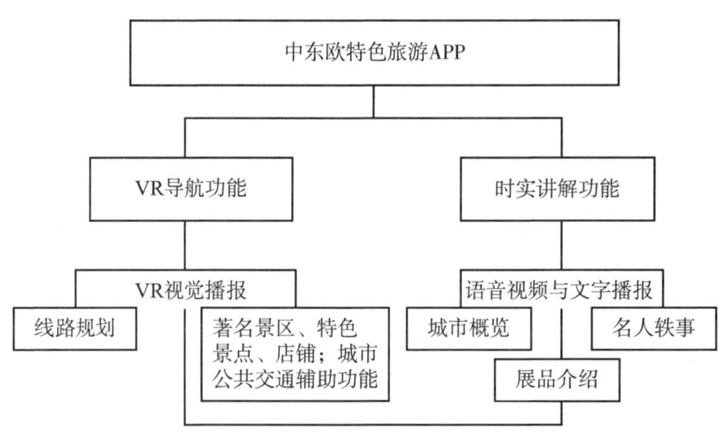

图 5－15　中东欧特色旅游 App 功能

匈牙利馆打造的中东欧特色旅游 App，协同国内大型旅行社（国旅、

① 本节内容选自浙江省第十二届大学生电子商务竞赛三等奖《中东欧特色商品馆新媒体营销策划》。

中青旅、飞扬），以该国的特色产品为主线，组织开发中东欧特色旅游线路。与此同时，让消费者通过这款App，在旅游过程中通过手机了解产品生产工艺和流程，同步了解进口国和各个主要城市的历史文化。以匈牙利的特色旅游为例：馆内有众多贵腐酒消费群体对匈牙利的旅游和酒文化感兴趣，我们可以组织安排以“贵腐酒”为主题的境外特色旅游。协同（国旅、中青旅、飞扬）旅行社，组织消费者前往匈牙利主要城市、著名的历史古迹进行游玩，同时特别安排对贵腐酒产区托卡伊（TOKAJI）进行深度了解和体验。全程通过这款“中东欧特色旅游App”，实现匈牙利特色旅游产品的细致讲解和引导。

（二）SWOT分析

这种颇有特色的产品旅游App产品，会以新颖、有特色的特点映入消费者的脑海，消费者能通过手机App的解说功能，了解所属国家的历史文化、人文地理的同时，还能更直观地了解到产品的生产过程并参与其中。

中东欧特色旅游App的SWOT分析如表5－9所示。

表5－9　　中东欧特色旅游App的SWOT分析

优势（Strength）	劣势（Weakness）	机遇（Opportunities）	威胁（Threats）
◆中东欧特色旅游App在国内市场上较为稀缺，比较新颖、有特色 ◆解决中东欧国家语言障碍 ◆让消费者更直观地了解中东欧国家的风俗文化、地域文化 ◆软件旅游解说主题特色鲜明 ◆以消费者自身的体验经历，对其他群众更有信服力，从而扩大宣传力度	◆耗时耗力，设计App素材搜集需要耗费大量的人力、物力、材料 ◆出境游无线网络覆盖不全，耗费流量较大 ◆若要达到预期的宣传效果，周期较长 ◆前期设计规划准备较长，对网站、路线设计的投入的时间和宣传的成本大	◆中东欧国家成为全球新兴市场的重要组成部分 ◆目标人群为对进口商品有着浓厚兴趣的企业、喜欢体验旅游的人群 ◆越来越多的人在满足物质生活下，越来越享受生活，更喜欢出去旅行来放松身心 ◆有助于宣传中东欧国家的历史文化、人文地理，加强与中东欧贸易往来 ◆消费者旅游兴趣多元化、精细化	◆如果对产品旅游这个项目的宣传力度做得不够，那么来报名参加此次中东欧产品旅游的人数会变少，导致达到预计的效果不佳 ◆会受到一般传统导游解说的竞争压力 ◆对于其他新型销售模式的威胁

（三）营销服务模式设计

境外旅游中，语言不通、没人领路、景点文化不了解等这些问题都能通过中东欧特色旅游 App 解决，这款 App 上有中东欧国家著名建筑、历史文化的详细介绍，同时还具备导航功能。我们通过线上和线下同步进行推广（如表 5－10 所示），设置中东欧特色旅游 App 的二维码，扫一扫行程安排自己掌握。

表 5－10　中东欧特色旅游 App 推广渠道

线上推广	微信、微博等目前较为大众化的社交软件，从文字、视频、图片等展现形式对产品进行描述，达到高曝光率、高接受率和高便利性
	与网络旅游达人签订网络平台推广协议，利用图片、直播、测评等形式产生“网红效应”
	与携程、途牛等大型的网站相互合作，发布广告，根据携程等网站中下载这款 App 的次数，和网站进行利润分成
线下推广	与国旅、中青旅等大城市的旅行社合作，将中东欧特色旅游 App 捆绑它们的出境线路产品进行销售
	与境外实体店铺（特色饭店、特色旅游商品店、机场免税店）等商家合作，采取联合优惠活动

（四）运营管理

匈牙利馆内负责中东欧特色旅游 App 的团队主要由项目经理、软件程序员、美工组成，另外有活动策划和宣传团队为我们提供相应的支持（如图 5－16 所示）。

（1）与当地的旅行社合作，并与进口国实地接洽，并把中东欧特色旅游的 App 融入其中。

（2）收集时常买进口商品的人对于旅游营销的看法，做份中东欧产品旅游调查表，并让被调查者留下联系方式。

（3）通过调研，根据客户的需求设计旅游方案。例如，顾客对于进口酒类等的需求，可以了解到目标群体，然后和旅行社对接，设计合适的境外旅游路线。

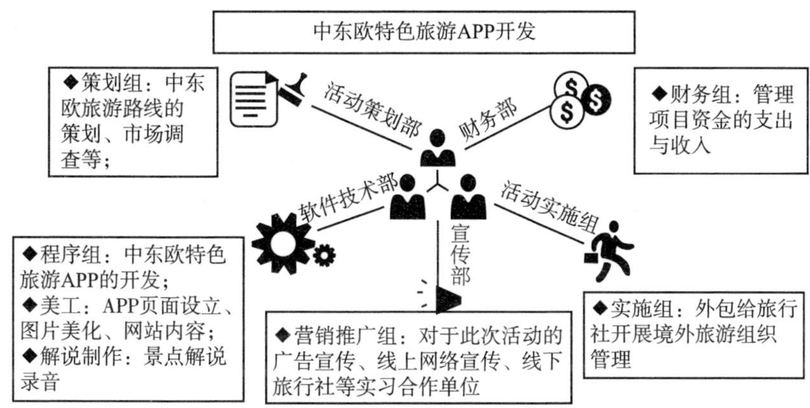

图 5－16　中东欧特色旅游 App 开发团队分工

（4）通过中东欧特色旅游 App，把相关中东欧国家的特色产品、旅游路线都显示出来，大家可以在网上注册报名。

（5）到进口国之后，告知旅游群体要文明旅游，要配合导游的安排和管理，游客们在导游的简单介绍下还想深入了解一下匈牙利的历史，那么可以使用中东欧旅游特色 App，里面有很多关于匈牙利的历史文化、建筑特色、风俗习惯和关于匈牙利著名酒类。

（6）回国后，采访一下消费者对此次旅行的感想，做一个视频发布到网上，也能对匈牙利的产品做宣传，更有信服力。

四、项目成效

宁波职业技术学院商贸外语学院协同 16 个“中东欧国家特色商品馆”，通过大学生参与“班级特色项目”“专业工作坊”“志愿者活动”以及“创业明星培养”活动，以“互联网＋”的营销思维，实现线上线下融合发展，提升了中东欧国家特色商品馆的影响力和水平，打造了具有国际特色的校外实践基地。

（1）通过“班级特色项目”助力中东欧国家馆开展多元化的新媒体营销模式，2016 年，《海外通跨境电商综合服务平台运营研究》获浙江省大学生新苗计划、2017 年《中东欧特色商品馆新媒体营销策划》获得浙江省第十二届大学生电子商务竞赛三等奖。

（2）通过“志愿者活动”提升港城宁波的国际化水平，通过大学生志愿者让世界了解宁波、了解中国，同时为中东欧博览会永久落户宁波提供常态化的语言人才服务，让语言人才“学以致用”，“三会”志愿者活动多次获得宁波市表彰。

（3）通过“专业工作坊”优化商户主体和商品结构，丰富产品品类，挖掘商品优势，优化仓储配套，提升中东欧国家特色馆的产品优势、服务优势、渠道优势，促进中国和东欧国家间的多领域合作。2017 年，《中东欧特色商品馆新媒体营销策划》获浙江省电子商务创意创业创新竞赛三等奖。

（4）通过“创业明星项目”培育创业创新人才，中东欧特色商品中心为大学生群体提供优质的创业条件，大学生通过“互联网 +”思维，打通线上线下数据信息流，运用大数据分析，精准开展基于中东欧进口商品的大学生创业项目。截至 2018 年 5 月，孵化大学生创业公司 4 家，其中年销售额 500 万以上的 2 家。

（5）优化商户主体和商品结构，应用中东欧国家特色馆的产品优势、服务优势、渠道优势以及市场的消费潜力，促进中国和东欧国家间的多领域合作，实现互利合作和共赢发展。

第五节　大学生经济管理案例竞赛中的特色小镇

“大学生经济管理案例竞赛”是浙江省结合地方产业的特色和优势，以本土企业的发展实际，面向全省的本科院校和高职院校开展的案例文本竞赛。通过该类竞赛，能有效促进高校经济管理类专业的内涵建设，鼓励高校师生参与和挖掘当地的优秀企业案例，提升高校师生在经济管理类案例研究方面的水平，提炼、传播新时代我们国家在经济转型升级中的特色和亮点。竞赛的参赛对象包括浙江省本科和高职高专各院校全日制在校学生，大学生们选择某一经济管理领域的研究对象，可以是某个企业、某个行业也可以是某个区域，然后对研究对象进行深度的调研和访谈，运用经济学和管理学的理论，研讨问题，分析问题。最终团队成员通过延伸思考，从不同的角度分析研究对象的成功经验或失败教训，撰写成参赛案例。

近年来，浙江省大学生经济管理案例竞赛中的多个获奖作品的研究对象都是浙江省内颇具特色的一批“特色小镇”或小镇的特色企业和特色产业。例如云栖小镇、诸暨大唐袜艺小镇、磐安江南药镇、嘉善巧克力小镇、横店影视小镇等一批在省内颇具影响力的特色小镇。

通过对特色小镇的深入走访和调研，选取特色小镇中的某一个特色产业或典型企业进行案例描述和分析，并使用了文献分析法、实地调研法、层次分析法、典型案例法、半结构化访谈法结合产业生态圈理论和特色小镇一系列的知识来对特色小镇的出现，以及发展历程、特色、优势和之后要面临的机遇与挑战所要改进的这些方面展开了分析。并从大学生的创新视角分析特色小镇的现状和产业发展的变化，并给出一定的对策建议。

一、案例对象：诸暨大唐袜艺小镇

浙江师范大学校的团队的案例作品《诸暨大唐袜艺小镇创新生态系统形成机理与模式创新》就是以诸暨大唐袜艺小镇为主要研究对象，结合区域创新生态系统理论，采用文献调查法、半结构化访谈法、问卷调查法及个案分析法四种研究方法，以小镇的发展历程为切入点，分析并探讨了不同时期小镇的发展现状及所面临的机遇与挑战。案例主要从以下几个方面展开分析：

首先，陈述了大唐袜艺小镇创新生态系统形成背景。大唐袜业在21世纪初仅是劳动密集型的传统低端制造业，但其凭借完整的产业链和产业集群优势，大唐袜业在2004年前后已成功替代国际袜都佩恩堡。虽然，大唐产业规模大、产业集聚性强，但其整个产业出现了产能过剩、竞争优势弱化、发展不可持续等问题。大唐袜业在新形势下面临的主要发展困境包括竞争者的竞争力增强、供应商的供给优势减弱、替代品的替代性增强等。案例通过调研举例目前市场中主要的两大企业“浪莎袜业”“梦娜袜业”，从侧面阐述了目前该行业市场占有率的竞争十分激烈，在此背景下，2015年6月大唐镇以“重构袜业，重塑大唐”的改革思路，形成了新的创新生态系统。

其次，介绍了大唐袜艺小镇创新生态系统的模式。2016 年大唐镇抓住有利时机，按照政府引导下的市场化运作模式来打造大唐袜艺小镇，以推动产业转型升级促进产域融合，实现人才创业、科技创新、产品创意和环境提升，大唐镇开展了“腾笼换鸟”“机器换人”工程。同时，大唐袜艺小镇创新生态系统也遇到了发展瓶颈，包括资金与土地要素的紧缺、产业转型路径难把握、人才吸引力不足、外部竞争压力加大、产业外移等一系列问题。本案例还运用“波特五力模型”深度解析了大唐袜业曾经历的发展困境，同时还通过大量的举例、列数据的方法阐明大唐袜业目前的不足。

最后，浙江师范大学校团队的成员提出了大唐袜艺小镇创新生态系统进一步发展的对策，他们提到小镇发展需要优化配置创新生态系统内各要素，为系统内各主体的发展提供良好的平台以实现区域创新孵化效应最大化。案例调研过程中学生团队走访了很多小镇社区负责人及店铺主，在附录部分还保留了访谈记录及调查问卷，使我们更直观地了解到大唐袜业小镇的发展情况及他们所面临的挑战。浙江师范大学学生团队通过对特色小镇诸暨大唐袜艺小镇的调研，这不仅提高了他们的实践能力，同时也开拓了思维方式，再多的理论依据也抵不过一次真真切切的实践活动，只有足够多的调研才能够带来足够大的格局。

二、案例对象：云栖小镇

云栖小镇地处于浙江省杭州市西湖区转塘街道，以云计算大数据和智能硬件产业为其特色产业，集聚了上千家基于云计算的创新企业，打造“主导产业特色化”的云计算产业特色小镇。浙江工商大学杭州商学院“咸鱼有梦”团队的学生以杭州西湖区的云栖小镇为主要研究对象，从云栖小镇发展、创新生态系统、成功之道等几个方面解析了云栖小镇如何在政策不断支持下，推进供给侧结构性改革，创造多种有效的供给和创新举措。

首先，案例阐述了云栖小镇的发展。云栖小镇从农业乡镇到工业园区，再从高新企业办公区到如今的全球云计算产业高地的成功转型的特色小镇，从初期面向服装厂、磨具厂、箱包厂等制造业企业到现在产业大数据、覆盖云计算、App开发、游戏、移动互联网等各个领域。他们表明云栖小镇紧紧抓住了以现代通信信息技术为代表的信息技术和信息经济，抢先发展“云”经济，顺应了时代的潮流。其次，案例从多个方面阐述了云栖小镇如何打造创新生态系统。例如，云栖小镇积极构建创新创业生态，注重互联网人才培养，不断吸引优质互联网人才流入，激励人才配套服务措施，凸显小镇的发展优势。最后，案例总结了云栖小镇的成功之道：产业紧跟时代发展趋势、有明确的创新创业目标方向、打造引领创新的品牌名片、引进实力强劲的企业、不断与高校开展合作等。

浙江工商大学“咸鱼有梦”学生团队通过云栖小镇的调研，收获了以下感悟：特色小镇的定位和发展方向都要紧跟国家政策和时代发展趋势，要抓住当今人们最成熟、最普及、最实用的技术趋势；要明确特色小镇的定义，立足于产业的发展，要因地制宜，选择适合小镇发展的产业，从而推动区域内部创新生态系统的建立；小镇的发展与建设，要加强人才的引进，在发展过程中坚持以人为本，与高等院校建立紧密合作关系，建立人才引进机制，鼓励人才的创新创业；要不断提高企业创新能力，立足于高新技术产业和相关技术，从而形成核心竞争力。

三、案例对象：义乌商品小镇

义乌货郎先生贸易有限公司坐落于全球最大的小商品集散地——中国义乌。货郎先生是一家专注于小商品直销超市经营、配送、加盟的综合型贸易公司，致力为供应商和客户构建一个直接的商品订货平台，为超市及加盟客户提供一站式采购服务。

义乌工商学院依托义乌小商品市场和当地的创业资源，在大学生创业创新领域一直名列前茅，学院应届毕业生创业率连续多年保持在12%左右，曾被评为浙江省首批创业型大学建设试点院、全国高校实践育人创新创业基地。“一战到底”团队的优秀作品就是以义乌小商品小镇中成长起来的企业“货郎先生”为典型案例来展开论述的。该作品由义乌工商职业技术学院的学生团队完成，他们以义乌货郎先生贸易有限公司为主要研究对象，从新零售业态下小商品的发展现状分析；新零售对货郎先生小商品营销的影响、发展方式、发展问题等几个方面开始分析：

案例首先谈到在“新零售”趋势下，小商品业态面临的一些变化。包括线上和线下各渠道被数字化技术覆盖、大数据采集方式遍布供应链各环节，使其可以通过对数据变化的快速反应对市场错处科学的预判。随后案例描述了货郎先生如何在新零售业态下实现线上和线下的深度融合。第一，货郎先生推出智能线下买手，只要你把想买的东西告诉店员，他们就能帮你找到商品的位置和产品的信息参数；第二，货郎先生供应链由大数据支持，线下的各个门店就是货郎先生的信息采集点。每天可以把这些信息传输回总部，由采购部的人进行数据分析，其中包括热搜词分析，消费者喜好，消费者行为。所得的结论反作用于供应商和门店。

此外，作品还论述了新零售下货郎先生的不足。第一，后台数据分析科学程度有待提高，后台数据分析的精确性还存在局限性，导致移动客户端对客户进行购买推荐时不能精准抓住消费者喜好，出现不匹配推荐；第二，新零售入门门槛较高，造成两极分化严重，供应链创新都需要极大的经济支持，这些成本对于大品牌还可以承担，对于新型小商品可行性不高；第三，消费者的隐私问题尚未解决。货郎先生对消费者进行喜好，购买行为进行信息采集，客户隐私很轻易被大数据掌握，所以大数据的隐私保护面临极大挑战；第四，作品对货郎先生未来的发展完善，提出了相应建议。

四、案例对象：温州特色民宿

温州职业技术学院的教师和学生团队完成的《隐墅情怀》案例就是研究基于温州民宿行业的发展，对温州乡镇的民宿开展充分调研，选择民宿发展中较好地结合乡村振兴战略，对农村经济有较好发展的标杆企业，对标杆企业现有的经营模式和经营现状进行分析。案例对温州地区各乡镇民宿的经营规模、民宿的分布、民宿的类型开展深入研究，提炼民宿发展的演变路径，解析了民宿发展过程中出现的问题。温州职业技术学院团队通过浙江隐墅乡村旅游有限公司的产业的研究来讲述对该产业链的打造模式。

案例以图表文书结合的方式也直观明确地体现了温州民宿“井喷式”的增长、民宿发展良莠不齐、民宿提供的服务及宣传手段单一等弊端。同时，围绕隐墅的基本介绍、设施、企业文化、宣传手段四个方面讲解了该公司的发展路径。该公司以民宿的规划、设计、运营、装修等一体化的文旅产业开发的模式来带动乡村旅游业发展，搭建了城市与田园相联结的桥梁，与城乡发展一体化、乡村振兴战略等政策契合。在基本设施这一模块中，可以了解到该公司因地制宜的设计理念，根据各自乡村的特色来建设不同风格的民宿，或景点特色，或文化民俗。在发展乡村经济的同时，保留了原有的乡村文化，成功带动了经济、文化的共同发展。其中，通过与农民合作经营民宿，带动了农村的农业、果业等的生态产业链的发展，提高了农民的经济水平；通过组织“民宿联盟”，提供专业服务、促进协会里的民宿与时俱进，更加规范化；通过开展与知名旅游 App 合作（携程、小红书、抖音……），扩大宣传渠道，提高民宿的知名度。此外，案例还通过“SWOT”分析了浙江隐墅的发展优劣势。团队发现浙江隐墅的“众创、众筹、共享”的经营模式可以吸引社会的大力投资，减少资金问题的产生，但对乡村文化挖掘及保护，旺季淡季等问题仍然存在。政府的扶持，市场的需求没有饱和的现状对浙江隐墅来说，是机遇，也是挑战。民宿行业的不良竞争，乡村与现代技术如何结合等也威胁着浙江隐墅的发展。

温州职业技术学院大学生团队通过对浙江隐墅乡村旅游有限公司的调研，他们认为发展民宿不能一味地追求经济利润，而应该考虑文化传承、乡村振兴等多种元素，为乡村发展进步打造了新道路。所以发展行业要学会综合考虑，经济利润是第一要素，但不是唯一要素，要考虑经济、文化等多个方面的全面发展，但文化也是反作用于经济建设的，两者相辅相成、相互促进。温州职业技术学院团队的《隐墅情怀》企业案例竞赛作品，对温州乃至浙江民宿产业的发展具有较强的现实意义和借鉴意义。

第六章　构建特色小镇与职业教育协同创新生态圈

特色小镇建设是一个多方协同创新的过程，小镇需要通过融合多方元素优化产业生态圈、激发区域活力。在这个协同创新的生态圈内，职业教育要优化专业结构，布局一批与产业紧密结合的特色专业和优势专业，推动专业由“对接产业”“服务产业”向“提升产业”“引领产业”发展。同时，特色小镇也要通过集聚人才、信息、文化等高端要素，孕育都市圈框架下的新型发展平台，从而在更高水平上促进区域产业集聚发展，推动职业教育向更高层次迈进。

第一节　浙江特色小镇与职业教育协同创新模式

职业教育的发展与地区经济变化有着密切的联系，在外部环境和内部机制的作用下，高职院校应该主动适应社会经济发展的需求，根据区域产业和技术结构的变化特征，灵活有效地调整人才培养方案、专业设置和课程教学内容，使学校教育与社会需求始终保持一种主动适应的态势。在特色小镇建设浪潮中，职业教育要融合信息、科技、互联网等新元素，主动融入特色小镇建设，积极为企业开拓空间、搭建平台，实现小镇产业发展从资源驱动向创新驱动转变。

特色小镇建设为经济转型升级和城乡统筹发展点燃了勃勃生机，也为职业教育带来了前所未有的机遇。职业院校要主动对接区域产业，积极走进小镇企业、小镇社区、小镇产业园及小镇涉农服务项目，以企业、高校和小镇为利益共同体，以高新技术为载体和手段，通过资源共享和优势互补，彰显职业教育特征，走特色发展之路。本书第四章节提到浙江特色小镇和高职院校的典型合作案例，较好地展现了浙江特色小镇与职业教育协同创新的成果，形成了一套可行性强、可复制性强的产学协同模式，这些模式主要包括：协同共建小镇特色学院、协同共建小镇职教产业联盟、协同打造小镇特色实践基地、协同构建小镇产学研基地、协同建设小镇创业创新基地、协同助力乡村振兴等。我们研究团队走访了浙江多个特色小镇和职业院校，从小镇企业、小镇社区、小镇产业园获得了许多一手资料。

其中，学生团队也一起参与到案例的专题访问中，他们利用课余时间和寒暑假时间，一起参与浙江省特色小镇与职业院校协的人物访谈、现场录制、拍摄剪辑、案例撰写的活动中。在走访特色小镇专题走访过程中，同学们的足迹遍布浙江省的特色小镇，通过触摸碰感受，去领略当地最有特色的景，去聆听当地最有特色的事，去走访当地最有故事的人。在案例素材收集和编排的过程中，同学们会为了一个小细节争得面红耳赤，通过不断研讨，不断修改，最终才能敲定案例编写的细节；在小镇企业、人物、事件的访谈过程中，同学们相互之间分工合作，配合默契，主动肩负起拍摄、录制、采编、排版的工作，主动查阅资料和分析数据，形成良好的团队合作。特色小镇优秀毕业生专访、特色小镇创业创新项目专访、特色小镇农村特派员专访……一个个专题、一幕幕镜头、一份份稿件，可以说，这就是职业教育实践教学中最好的协同创新行动。同学们在小镇实践中更好地将知识、技能转化为成长的力量，在实践中寻找新思路、新理念，为社会发展贡献力量。

一、协同共建小镇特色学院

职业教育依托小镇产业优势，协同小镇企业在工业设计、智能制造、物流电商等领域开展合作，有针对性地进行技术研发和创新，以点带面打造结构合理、功能互补的研发团队，探索职业教育与区域产业协同创新模式。

温州瓯海时尚智造小镇基于温州传统鞋帽、服饰制造优势，打造时尚购物坊、云端定制坊、传统工艺坊等时尚功能区，集聚“时尚智造”和“时尚消费”资源，成为时尚产业创业创新人才的栖息地。小镇与温州职业技术学院合作共建温州设计学院，为温州传统产业注入了创新基因。瓯海时尚智造特色小镇依托温职院的平台优势，积极引进国内外行业大师，培育领军人才工作室，双方联合培养时尚设计人才，扩大了时尚智造特色小镇的影响力，同时也为小镇成为温州都市时尚产业发展的主平台提供了人才和技术支持。

位于宁波经济技术开发区的数字科技园依托区域高校资源优势，紧密结合区域临港产业特色，打造了产业集聚、公共服务平台、科技合作、企业技术服务、人才培养与人力资源服务、青年创业与创新等功能于一体的功能性数字科技产业园区。其中，服务外包学院就依托数字科技园的国家级备案众创空间、宁波市电子商务园、大学生创业园、工业设计产业园、“海享”文化产业园、阿里巴巴北仑服务中心、网易考拉校园实训中心等多个与政府、企业共建的服务平台，为从事跨境电商业务的当地企业提供平台技术外包服务。在发展过程中“数字科技园”和“高等职教园”始终融为一体，通过功能互补、资源共享，重点发展工业设计、电子商务、广告创意、港口物流应用软件开发等服务外包产业，打造区域高端服务外包人才培养和输送基地。目前，数字科技园的企业大部分都与宁波职业技术学院等高校建立了合作办学关系，构建起“院园融合”的校企合作育人新模式（如图 6－1 所示）。一是集成园区内企业的各类资源、生产项目、研发项目，建立企业项目资源库，为学生实践、实习提供更多真实项目，同时为学院的课程资源库建设积累更多素材；二是建立企业参与的学分评价体系，把团队合作、质量管理等职业素质培养落实到整个专业实训过程中，表现优秀的学生由企业推荐实习就业，为园区发展提供人才支撑。

二、协同共建小镇职教产业联盟

小镇职教产业联盟是由参与小镇建设的职业院校、行业企业及相关社会团体组成，联盟成员可以共同参与职业教育人才培养，联合小镇共同开发实践课程，联合共建实践活动场地，为学生拓展企业实践、校外活动的机会，共同打造一个开放、包容、互利、合作的区域产教联盟共同体，协同推进区域经济发展。

园区定位：建设集创业教育、人才培养、企业孵化、产业培育、产业扶持为一体的大学生创业园。

图6－1　三方协同，数字科技园“院园融合”发展模式

位于浙东沿海的宁海县拥有模具、汽配、文具、五金机械等多个特色产业，浙江工商职业技术学院依托宁海特色产业优势，深入产业集聚区，与地方政府共建二级学院“宁海学院”，实现了学校与县域产业的紧密合作。在特色小镇建设浪潮中，宁海传统产业转型升级，以“宁海智能汽车小镇”为代表的一批特色小镇脱颖而出。区域内的职业技术学院积极推进产教融合，协同宁海智能汽车小镇，将其打造成以新能源汽车产业为核心，以智能化为特色，集产业与生活配套、观光与体验为一体的国家新能源汽车基地。在小镇建设过程中，职业院校相关专业派出技术专家和领军团队参与智能汽车的项目研发和智能小镇的规划，协同政府、企业和第三方机构共同组建人才服务联盟，加强了小镇人才集聚效应，提升了当地模具、汽配等传统产业的层次，加快了传统工业与互联网技术的融合，打造了生态链上有效循环的创“新智小镇”。

宁波是外贸大市，集聚了灯具、家电、塑料、服装、模具等外贸产业集群，产业基础雄厚、县域经济发达、小镇特色鲜明。宁波职业技术学院国贸专业主动对接宁波的商贸型特色小镇，以小镇外向型产业为切入点，打造了“外贸职教产业联盟”。首先，由专业教师引导学生通过小镇调研、手绘海报、深入访谈等方式收集数据资料；其次，通过第二课堂了解小镇产业布局、企业品牌和产品特色。最后，把小镇的产品、创意、文化搬入课堂，开展一系列宣传、营销和策划的活动。活动期间，专业老师和同学们协同小镇外贸企业的一起开展跨境电商、微商等新媒体营销渠道的开发，与企业一起研讨“互联网＋”背景下小镇企业如何更好地走向海外市场，受到了企业的热烈欢迎，也点燃了学生们的创业激情。

三、协同打造小镇特色实践基地

打造一批特色小镇实践基地，将课堂项目、实训项目、第二课堂、志愿者活动搬到特色小镇开展，结合特色小镇的特色元素，创建一批特色实践基地。校企合作共建的特色实践基地，不仅调动了企业参与人才培养的积极性，更推动了小镇特色实践基地内涵发展，丰富了小镇实践基地的元素，提高了小镇实践基地的影响力，同时也构建了大学生小镇特色实践活动体系。

例如，宁波职业技术学院对接春晓国际赛车小镇，积极鼓励大学生一起参与国际化的体育赛事志愿者活动，既为小镇解决了体育赛事中的人员配套问题，也让大学生在实践体验中收获汗水和成长。通过多次的合作和赛事互动，区域内的各类大型赛事和活动都会主动与学院开展合作，让学生有机会在世界女排大奖赛、世界房车锦标赛、宁波国际马拉松、CBA 篮球赛等大型赛事中亮相。体育特色小镇是体育产业的一种协同创新，在体育特色小镇发展过程中亟须大量的人才对小镇的产业和发展提供支撑，在对体育特色小镇与高校建设协同创新的摸索中，高职院校可以把专业技能、职业素养与创新创业能力培养相融合，把三个融合要素纳入专业人才培养设计，并作为重要内容纳入实践课程体系和实践教学体系。

宁波职业技术学院援外培训基地是商务部在北仑设立的“中国职业技术教育援外培训基地”，该基地承担了大量发展中国家的援外培训项目。商贸外语学院通过志愿者的形式与援外基地深度合作，让学生一起参与到援外项目的组织、协调、服务、翻译工作中，通过在基地的实践，开拓学生的国际化视野，提升外语应用水平和专业技能水平。负责援外基地学生志愿者管理工作的张老师说："在援外基地和学生团队一起工作，是一种很奇妙的体验。你会因为志愿者们的成长和付出，为他们感到骄傲；你会因为纠正不完的错误，被气得血压飙升；也会在并肩作战的过程中收获满满，看到大家的坚持和信念。有很多问题需要改正，会有很多压力要去面对，但不能因为害怕而停止思考，因为热爱之火永不熄灭。援外基地是一个非常好的大学生实践基地，和援外基地的小伙伴梦一起成长，是一件很幸福的事。"

与特色小镇协同打造实践基地，职业院校要围绕基地特色实践项目，打造协同实践教学育人平台，探索实践教学育人平台的运行机制，构建实践课程体系和实践教学模式，开发实践教学资源，培养与之相适应的"双师双能"素质队伍。

宁波职业技术学院商贸外语学院校内外特色实践基地如表 6－1 所示。

表 6－1　宁波职业技术学院商贸外语学院校内外特色实践基地

基地	定位	学生参与项目
宁波保税区进口商品市场	进口跨境电商实践基地	展会进口商品展销、方案策划
中东欧进口商品交易中心	中东欧进口商品实习基地	中东欧馆的实训任务（商务接待、商务翻译和中东欧国际展会）
"网易考拉"保税仓	跨境电商物流实践基地	"双十一"实训周活动
北仑跨境电商产业园	出口跨境电商实训基地	跨境电商创业班操作项目
宁波数字科技园	小微企业创业创新实践基地	开展院园融合"网络外贸操作培训项目"
春晓国际赛车场	体育赛事基地	大学生志愿者活动
商务部援外基地	国家商务部人力资源援外培训	援外接待、援外翻译，活动策划、协调

四、协同构建小镇产学研基地

职业教育要与小镇建立全面的产学院战略合作联盟，建立人力资源、科技创新、产业服务相互融合的产学研合作基地，实施现代学徒制、订单班等行之有效的人才培养模式，推动人才培养领域的供给侧结构性改革。高职院校要强化服务意识，以服务小镇经济发展为己任，以技术服务为核心，围绕小镇企业的技术需求，组建技术研究团队，积极与企业共建研发机构、工程中心，共同进行产品开发，提升技术服务能力。同时，积极配合小镇做好企业职工培训工作，建立规模以上企业职工培训制度，构建行业、企业与培训机构互动机制。

宁波北仑被誉为“中国模具之乡”，模具企业1700多家，占全国压铸模总产值的60%以上。宁波职业技术学院的模具设计与制作专业是全国现代学徒制首批试点专业之一，该专业与区域产业群深度融合，对接大型模具企业“海天集团”，将“电气控制系统装配”“机械部件装配”“设备试切与调试”等核心岗位引入现代学徒制试点范围。同时，也与小微企业开展师徒结对，开发塑料产品设计、五金产品设计等实践教学项目，提升学生的设计与制造能力，实现“岗位零对接”。

爱默隆生鲜（简称M6）是宁波本土一家深受老板姓欢迎的生鲜连锁企业，在宁波大大小小的社区开设了七十多家生鲜超市，也被称为“社区冷链工作站”。M6之所以能够在商贸流通领域获得成功，很关键的一点是在企业经营过程中，积极与地方社区、特色小镇和职业院校开展多方协作。M6生鲜服务基于社区冷链实体门店，在此基础上开发了M6生鲜e园系列、M6简约配菜系列、M6配送保险等服务。M6协同地方特色小镇，建立特色农产品全数据化管理的“智化大菜场”，通过物联网、移动互联网与本土菜篮子基地合作建立番茄小镇、在象山石浦建立海鲜小镇、在三门湾建立渔业互联小镇等农产品互联网小镇，引导农村青年返乡从事农产品精细化生产，吸引城市居民走进田间体验，进一步丰富生鲜O2O的交易模式。同时，M6生鲜超市还与浙江商业技师学院合作培养面点师，与当地众多职业院校联合培养生鲜供应链领域的管理人才和技能人才，并输送到企业开始实习实训。这些重要的人才岗位包括生鲜驿站项目管理、生鲜网店客服、食品检验检测专员、CBT供应链采购、生鲜冷链超市店长、环球海鲜分割学徒等，M6在与院校协同发展的同时，也为区域行业人才储备做出了重要贡献。

浙江农林大学暨阳学院坚持与地方经济互动，在诸暨“袜艺小镇”设立暨阳学院产学研基地，学院以“公司＋研究中心＋基地”的模式与大唐镇开展产学研合作，服务诸暨袜业产业发展。“袜艺小镇”规划建设的“智造硅谷、时尚市集、众创空间”三大功能区块同暨阳学院培养应用型创业人才的目标契合，学院将园林、视觉传达设计、土木工程、市场营销、电子商务等专业的校外实践基地设在小镇内，使学生能通过具体项目运作来锻炼专业能力。同时，学院围绕“袜业风情小镇”建设，积极开展袜业制造与文化、艺术与设计相结合的文创活动，实现了校地合作共赢。

五、协同打造小镇创业创新基地

职业教育协同小镇产业园，通过产教融合、产研融合，打造一批创新能力强的品牌研发中心和研发机构，从而促进信息、技术、人才、知识等要素集聚融合，助推小镇园区的企业做大做强。近年来，浙江涌现了一批以创新创业闻名的特色小镇，这些特色小镇积极营造舒适、便捷的创业氛围，为青年人才提供理想的就业空间、社交空间和创业空间。例如，杭州城西科创大走廊重点打造的创业创新型小镇——梦想小镇，通过打造一体化产业孵化链条，为“有梦想、有激情、有知识、有创意”的“泛大学生”创业群体提供富有激情的创业生态系统，成为全国创新创业型特色小镇的典范。

杭州的梦想小镇就是在“大众创业、万众创新”的背景下，依托浙江大学、杭州师范大学，以及浙江经贸、浙江金融等一批高等教育资源，集聚了大批科技型、创意型、创业型的优秀人才，在杭州未来科技城打造了全国互联网创业和创新资本集聚高地。梦想小镇为高科技人才、传统企业转型者、草根创业者、在校大学生等符合落地条件的各类创业人才提供了一站式的服务平台，小镇里到处洋溢着创业的激情和梦想。梦想小镇每年举办300多场创业交流活动和各类赛事，创业氛围日益浓厚，各个创业团队之间合作性竞争，多方共赢，充满着创业的激情。新一代的高校毕业生在小镇的摇篮里快速成长，通过“挑战杯”“新苗计划”“电子商务创意创新竞赛”“互联网＋创业创新竞赛”等省级项目，让这些大学生创业者开启毕业梦想，在小镇产业园实现供需对接，共同建设了集聚创新资源和人才资源的特色小镇。

与传统的老型孵化器主要提供给创业者办公场地相比，在梦想小镇，有梦想的年轻创业者能享受更多项优惠政策、服务，还有工作、生活、社交、网络四大配套空间。小镇为创业者和创业项目提供发展的平台，通过打造全产业链式体系，一步一步壮大初创项目。孵化器是小镇帮扶创业者的主要阵地，但由于孵化器内资源、空间也有一定限度，成长到一定程度的项目就会申请进入梦想小镇的拓展区，也就是加速器。加速器为这些从梦想小镇内垂直细分出来的不同产业创造了相同的环境，企业在相同的环境下会结合自身的优势劣势相互竞争与合作，形成良性的互动结构网络。

青山湖科技城作为杭州城西科创大走廊的重要组成部分。在经济转型升级之中，青山湖科技充分发挥科技第一生产的作用，催生了以“互联网+制造业”跨界融合和产学院协同创新的模式，培育了一批有影响力的企业。其中，青山湖科技城的“大孵化器”战略与智能制造孵化器、良仓孵化器、越秀孵化器等签订入职协议，成效显著。位于杭州仓前镇的“良仓孵化器”由阿里系的核心成员创立，重点培养文化创意产业、互联网产业升级等领域的创业型公司，致力于打造标杆型孵化器案例（见表6-2）。

表6-2　　杭州仓前镇“良仓”孵化企业

孵化企业	具体介绍
数澜科技	一家专注于企业数据服务的专业大数据服务公司，团队由阿里云数据专家组成
家居盒子	颠覆传统家居平台，搭建共赢平台，打造集空间 VR 设计和体验、实时渲染、一键施工图预算、建材展示和营销于一体的前沿科技软件
奇点云	数据智能服务初创公司，奇点云的数据中台解决方案，能够帮助商家清晰去透析自己的运营情况
全知科技	开发全知安全审计系统、全知敏感资产地图、数据安全网关等产品，绘制金融、政企、互联网行业解决方案

六、协同助力乡村振兴

人才是实现乡村振兴的关键，特色小镇和乡村的发展，需要一批批有知识、有理想、有文化的知识青年投身乡村振兴中。职业教育协同小镇，动员鼓励广大青年学子积极投身乡村振兴，通过技术下乡、科技特派员、学生社会实践、大学生志愿者、科技竞赛的方式，走进乡村。同时多渠道开展农业转移人口培训、新型职业农民培养、农村科普讲座，提高小镇新型农业人口的科学文化素质，同时也可以让“民间文化”“农村文化”走进校园，让职业教育更接地气。

2018 年浙江省大学生乡村振兴创意大赛在余杭启动，大赛受到了浙江省众多本专科院校师生的积极参与和响应。该项竞赛通过采集乡村面临的现实问题，并将绿色农业、休闲观光、智慧农业、家庭农场、精准扶贫脱贫、生态旅游、医疗保健等乡村亟待解决的现实问题汇合成选题，引导高校师生共同参与，共谋发展。大赛分为招标村赛道和自选村赛道，其中第二届浙江省大学生乡村振兴创意大赛合作基地乡镇覆盖浙江 11 个地级市的 21 个乡镇，40 个招标村。各合作基地乡镇因分布地域不同，在自然风貌、资源禀赋、人文社会环境和发展水平上都具有典型性和差异性，能比较全面展现浙江省全域乡村的经济社会发展情况，为竞赛团队提供了多样性的调研基地和丰富的选题素材，有利于拓展大学生的研究视野，便于各参赛团队发挥专业所长为乡村振兴贡献智慧。通过举办浙江省大学生乡村振兴创意大赛，各高校积极引导青年大学生了解乡村、热爱乡村、服务乡村，同时在乡村实践过程中引导大学生更好地将知识、技能转化为振兴乡村的青春力量。

浙江湖州职业技术学院立足地方经济发展，对接湖州丝绸小镇、安吉天使小镇等特色小镇的涉农服务类项目，探索“高职教育、开放教育、农民教育、社区教育”四位一体的办学模式，开展社区教育、农民工职业技能培训，受益达到数万人，初步实现了多教统筹服务新型城镇化的高职功能定位。同时，湖州职业技术学院的学生社团，积极走进小镇社区，围绕小镇特色产业建成一批职业教育协同创新社团，把非物质文化遗产元素融入职业教育人才培养，把散落在民间的文化艺术和民间技艺大师引入现代职业技术教育，实现了教育园区、产业园区、农村社区联动发展。

第二节　构建职业教育与特色小镇协同创新生态圈

近年来，浙江率先在全国作出特色小镇培育试点的战略决策，特色小镇已经成为各区县集聚创新资源、激活创新要素、转化创新成果的新平台。职业教育要融合信息、科技、互联网等新元素，主动融入特色小镇建设，积极为企业开拓空间、搭建平台，实现了小镇产业发展从资源驱动向创新驱动的转变。

职业教育与特色小镇协同创新生态圈如图 6－2 所示。

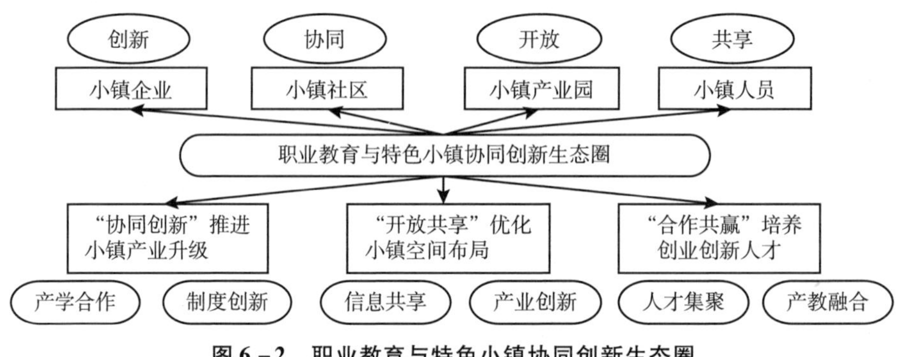

图 6－2　职业教育与特色小镇协同创新生态圈

一、协同创新，推进小镇产业升级

特色小镇是集产业链、信息链、创新链、人才链和服务链于一体的多维创新生态系统，我们可以拓展多元化的职业教育模式，通过师资、课程、空间的共享，集聚人才和技术，并通过协同创新的方式对产业、资本、智力、人文等要素进行重构，营造特色小镇良好的生态环境。当然，小镇的发展也会对职业院校的育人、科研和社会服务产生一定的影响，职业院校可以依托小镇的优良环境，合作建设一批融产学研和社会服务功能于一体的共享型的校外实践基地，实现小空间大集聚、小平台大产业、小载体大创新，推动产教融合，深化专业教学改革。校外实践基地的运行要遵循“由易到难、由单项到综合”的教学原则，设置实践课程模块，推行“课程联动、行业参与”的过程化考核模式，针对特色小镇企业生产经营项目新兴业态、经营模式涌现，动态调整综合项目实战的教学内容。

二、开放共享，优化小镇空间布局

特色小镇是产业创新升级的摇篮，可以尝试从空间布局角度对特色小镇的块状功能进行整合，强化互动、提升、推进。结合小镇新技术、新工艺、新业态的发展要求，政校企三方合作建设一批集实践教学、职业培训、技能鉴定、技术革新、师资培训等功能于一体的生产性实训基地，让特色小镇与职业教育在更高层次上完善支撑彼此的功能要素，实现共同发展。在小镇产业园建立高校师生创业实践基地，引进创业教育新模式，组织创新创业大赛及学科技能竞赛，为创业者提供低成本、便利化、开放式的创业服务，打造专业化、集成化、网络化、便捷化的“众创空间”，实现基地内人力资源、空间资源、项目资源、信息资源的效益最大化。

三、合作共赢，培养创业创新人才

特色小镇是开放共享的众创空间，打通职业教育与产业发展之间的鸿沟，通过“产教融合”反哺小镇的发展。职业院校要与时俱进地优化和完善创业创新教育体系，联合小镇开展大学生创业创新实践活动，提高学生的学习兴趣，点燃学生的创业激情；组建特色产业人才培养联盟，协同各类社会主体开展特色小镇创业创新型人才、技能型人才、中高级管理人才的培养，引进一批国内外知名的高端培训项目与培训机构，为产业转型升级培训高水平应用人才，包括高水平服务人才、高端经营人才等；共建创业创新工作室、工作坊，带领学生参与小镇企业技术服务、技术改造、技术协作，开展一系列有利于科技产生、科技交流、科技应用的活动；建设面向大学师生的创新创业基地，加快新领域拔尖创新人才的培养，为区域和产业发展提供人才和智力支持。

四、创新发展，建立小镇产学研创新体系

落实“创新、协调、绿色、开放、共享”的发展理念，组建产学研战略联盟，建立产学研相结合的特色小镇技术创新体系。第一，高职院校要以技术服务为核心，培养技术服务带头人，与企业共建研发机构，共同进行技术研发、新产品开发，提升技术服务能力；第二，设立特色小镇产业集群创新计划，建立“网络化、开放型、创新型”的中小企业技术创新平台、产业集群促进机构，提升小镇产业集群和特色产业基地的创新发展能力；第三，积极发挥小镇产业集聚区的作用，探索市场化的产学研协同创新模式，提升产业集群和特色小镇产业基地的创新服务能力。

五、优化资源配置，提升双师队伍水平

协同打造校内外优质师资力量，优化教育资源配置，建立广泛的职业教育培训体系，实施特色小镇职业技能提升培训工程，重点提升小镇新增就业和转岗就业人员的技能水平，为企业打造一批优质的经营管理人才、技能人才和生产一线工人。同时，高职院校的优质师资团队也要积极参与中小企业的社会化服务体系构建，力求在产业结构调整时期减轻企业的负担，充分利用高职院校本身具备的技术和人才优势，与企业共同开拓新的合作路径。在人才培养方案制定、教学研究和技术服务、课程与教材等教学资源开发、教学实施、考核考评等方面与特色小镇的特色产业、特色基地、特色企业、特色项目开展进行深入合作，小镇方也可以派出业务骨干、技术能手组建讲师（导师）团，进行实践性教学和工作坊指导，通过“聘用”“结对”“转型”“访问工程师项目”“企业锻炼挂职锻炼”等途径增加校内外实践指导教师数量和提升专业技能水平。

第三节　推进职业教育与特色小镇协同创新对策建议

在特色小镇建设的浪潮中，职业院校以区域经济社会发展为导向，进

一步增强了区域服务能力以及综合实力，协同特色小镇开展了人才培养、专业优化、文化交流、服务创新等工作，推动了区域功能完善，推进了职业教育与特色小镇协同发展。

一、协同培养优秀的职业人才

（一）协同优化专业结构

深化高职院校工学结合人才培养模式进行改革，优化专业的结构，和特色小镇协同开展人才培养，提高人才培养的质量。第一，高职院校专业的设置应该从地方产业发展出发，围绕着重点产业发展及区域小镇产业结构调整，培育一批地方特色专业，避免专业重复和趋同竞争；第二，推动专业群与小镇产业园、企业对接，设立小镇兼职教师资源库，吸纳高技能、多类别的兼职教师，共建高水平“双师型”基地；第三，围绕区域产业结构调整和重点产业发展，适时调整高职院校的专业结构，主动对接信息经济、智慧经济、生态经济等特色产业，优化专业设置，调整人才培养定位，培养一批能够胜任“重点产业、特色产业”发展的专业人才。

（二）协同培养小镇人才

实施职业技能提升培训工程，重点提升新增就业和转岗就业人员的技能水平，为小镇发展打造一批优质的经营管理人才、技能人才和一线工人。第一，配合做好小镇企业职工培训工作，有条件地建立社区学院，构建行业、企业与培训机构互动机制，利用现有职业教育资源，对退伍军人、新进职工、外来民工、待业人员等人员开展技能培训；第二，推进现代服务业公共职业培训平台建设，加快国内外高端培训资源和专业技能证书引进工作，培训一批高水平应用人才，包括高水平服务人才、高端经营人才等；第三，培养一批专兼结合的技术专家，开展服务中小企业“种技术”、科技特派员进乡镇、企业技术专家门诊等活动，让小镇企业收获真正的效益和市场竞争力。

（三）协同构建人才评价体系

一是探索建立行业企业对高职院校人才培养质量的评价体系，推进行业、地方与高校共建。政府要通过建立健全相关评估和激励机制，找准与地区经济社会发展的最佳结合点，在服务地方中形成特色，提升水平。二是以校企合作为平台，以双导师（学校专任教师和企业师傅）共同参与指导为支撑，聘请合作企业的技术能手、业务骨干来担任学生的导师，共同打造育人团队，解决项目实战训练指导能力不足的问题。小镇企业与院校双方采取共建校内外实训基地、组建订单班联合招工招生、共同投入试点资金等方式，构建“学校＋小镇＋企业”的实践教学平台和专兼结合教学团队。三是在协同育人平台中，通过实施“互聘共培、双岗双带头人”制度，培养校企“双主体”协同育人团队，激励教师和企业导师协同育人、协同开发项目与教学资源，解决了“双师双能”队伍缺乏和项目实战训练不足的问题。

二、协同构建产学研创新体系

（一）发挥集聚区平台作用，加快产学研区域创新体系建设

我们应该充分利用科技服务集聚区平台，提高产业集聚区的创新能力，建立新型的产学研技术创新联盟，鼓励形成企业为主导、高等院校和科研院所积极参与的产学研合作体系；强化区域创新载体建设，加快培育发展一批高端生产性的服务业集聚型的特色小镇和产业集聚区，从而大力推动发展高经济社会效益、高科技含量、低污染排放资源消耗、低资源消耗的产业发展；建立一批特色小镇产业创新集群保障平台，建设“时效性强、开放度高、覆盖面广”的小镇企业网络技术创新支撑平台，提高特色小镇产业基地和产业集群的创新发展能力；引导高校的技术人员和企业进行合作，从单纯的项目合作向、联合开发、成果转化、人才交流等多方位的服务转变，推进与长三角各城市间的科技合作和人才交流，吸引更多的资金流、信息流和生产要素集聚高效、协调地推进整个长三角地区的产学研合作。

（二）加强产学研中介服务系统，建设创新服务体系

搭建具有区域性、公益性、战略性的科技中介服务平台。产学研中介服务机构要能够掌握全球科技产业发展趋势及动态；定期提出分析报告为企业发展提供咨询诊断，为政府提供决策服务，为院校开展人才培养分析。加快特色小镇科技服务广场的建设，培育形成科技孵化服务体系、科技投融资服务体系、科技人才培训体系、科技咨询服务体系、科技创业创新服务体系等科技服务机构集聚区，满足广大科研机构、科技企业和科技人员的服务需求；在完善线下技术服务市场的前提下，加强线上技术服务市场建设，构建知识文献和科学数据的共享，方便中小科技企业开展咨询决策；风险投资的分析判断；定期举办成果发布、科技信息交流、科技论坛沙龙等，促进科研院所、金融投资、高校与企业间的交流与合作，推进技术成果对接和创投资金。

（三）加强三方联动，搭建产学研合作平台

政府、高职院校和中小企业都应积极参与社会化服务体系构建，努力搭建产学研合作平台，为创新创业人才培养、产学研结合、高新技术企业孵化、高校科技成果转化提供有力的支撑。第一，高职院校可以与政府、企业共建大学科技园区，将高校的社会优势资源和综合智力资源优势相结合，为企业和政府提供管理咨询和技术等服务，以服务求支持；第二，高职院校应该加大与产业集聚区对接的力度，加快科技创新改造传统产业的步伐，有效提升集聚区特色产品的市场竞争力，开辟高校服务地方经济的新领域；第三，构建开放、高效的特色小镇科技创新公共服务平台，鼓励各类技术转移平台、创新创业孵化平台的发展，积极吸引留学人才、高层次青年人才回归小镇，创建小镇创新驿站、高新技术创业服务中心。

三、协同打造服务型职业教育体系

构建现代职业教育体系的重要举措是深化服务型职业教育体系建设。高等职业教育要形成体现终身教育理念、让老百姓有不断学习的动力，高职院校要承担起社会培训的重任，学历教育与社会培训协同发展，建设适

应区域经济发展方式和产业结构要求的现代职业教育体系。

（一）构建特色小镇服务型职教体系

第一，积极构建服务型职教体系，以科技创新为小镇科技服务突破口，根据小镇重点产业、特色产业，配套建设科技创新平台、特色服务平台和科技创新团队，以专业的知识学科体系引领小镇生产建设更上一层楼，争取产生一些生产生活实际需要的科研成果。第二，实施特色小镇创新型紧缺人才培养和劳动者素质提升工程，做好小镇企业职工培训工作，尤其对规模以上企业职工培训要建立专门的制度，开展学习型企业建设和评选活动，构建行业、企业与培训机构互动机制。第三，加快特色小镇高端培训机构建设，加快引进国内外高端培训机构和专业技术证书，利用现有职业教育资源，对退役军人、外来民工、待业人员等人员开展技能培训。

（二）构建特色小镇科技创新服务平台

构建特色小镇科技创新公共服务平台和服务型职教体系。第一，强化高职继续教育机构建设，依托高校、职业学校、社区学校，在特色小镇和特色产业集聚区建设一批面向社会、面向成人终身学习的继续教育基地；第二，实现有效共享的数字化资源，实现小镇行业企业和高职院校信息资源合作共享与外向延伸，达到技能培训、人力资源开发、区域科技服务于一体的综合性功能；第三，构建跨区域的公共创新平台，推进与长三角各城镇之间的科技合作和人才交流，协调和高效地推进整个长三角地区的产学研合作。

（三）构建特色小镇现代职业培训平台

根据区域产业结构调整和转型升级的需要，构建市场化运作的特色小镇公共职业技能培训平台，通过“培训服务 + 产业服务”创新职业教育社会培训运作模式，提升小镇人员的就业水平和就业层次。第一，协同职业院校的优势专业，推进小镇先进制造业公共职业培训平台建设，从技术培训、政策咨询、安全生产、人才对接等多个方面开展服务。第二，构建小镇现代服务业公共职业培训平台，重点服务区域内的服务企业，从服务业人员的招聘培训、法律服务、社会保障、知识产权服务等多个方面开展对接。第三，以新经济、新人才为理念，建设特色小镇信息化培训项目，开设小镇数字公共讲堂，建设小镇数字公共图书室，在信息经济时代开启小镇智慧互联模式，依托小镇生态圈开设各类电子商务的主题沙龙和讲座，开展社群电商培训班、自媒体微商培训班、片区化运营培训班等新业态、新模式的培训指导。

四、结束语

特色小镇建设是新时代中国特色社会主义建设重大举措，是乡村振兴和新型城镇化发展的关键所在。职业院校与特色小镇在协同创新中共同成长，共同进步，它们通过协同培育新型职业人才、协同构建产学研创新体系、协同打造服务型职业教育体系，形成全产业链式产教融合生态圈。在智慧互联的时代，特色小镇将不断地集聚人才、科技、信息等高端要素，构建多维的特色产业生态圈，同时，不断地优化区域产业生态系统，成为青年人才就业和创业的新空间。

参 考 文 献

［1］陈根．特色小镇创建指南［M］．北京：电子工业出版社，2017.

［2］刘海斌．中国特色小镇从存活到夺目（特色小镇全新价值链构造及价值创造过程）［M］．成都：四川大学出版社，2018.

［3］吴福象，沈浩平．新型城镇化、创新要素空间集聚与城市群产业发展［J］．中南财经政法大学学报，2013（4）：36－42.

［4］赵冉，韩旭．高等教育、创新能力与经济增长耦合协调发展及空间演进分析［J］．黑龙江高教研究，2019（2）：24－29.

［5］廖淑．产业集群区域创新体系建设初论［J］．经济与社会发展，2008（9）：81－84.

［6］邱璐轶．服务外包产业集聚与协同创新发展研究［J］．哈尔滨商业大学学报，2014（5）：99－106.

［7］徐琪．江苏沿江地区专业化小城镇地域类型与发展研究［J］．南京晓庄学院学报，2004（4）：99－102.

［8］黄可人．产业链整合与特色农业产业集群化发展路径［J］．现代经济信息，2015（21）：335－336.

［9］陈宇峰，黄冠．以特色小镇布局供给侧结构性改革的浙江实践［J］．中共浙江省委党校学报，2016（5）：28－32.

［10］宁波市人民政府．宁波市人民政府关于实施协同创新战略全面提升高等教育服务经济社会发展能力水平的若干意见［A］．宁波市人民政府官网．

［11］宁波市“一带一路”国家职业教育合作发展三年行动计划［R］．宁市人民政府，2018.

［12］邱璐轶．产业经济视角下特色小镇与职业教育协同发展模式探究——以浙江省为例［J］．三江论坛，2017（10）：33－35.

[13] 段言．德国职业学院，双元制人才培养模式及启示 [J]．职业技术教育，2014 (5)：73 -77.

[14] 徐春红，董鸿安，邱璐轶．澳大利亚职业教育培训包对高职学分制改革的借鉴与启示 [J]．中国职业技术教育，2015 (23)：57 -62.

[15] 王伟，吴东兴，朱青．剑桥科技园的投融资环境与模式研究 [J]．科技管理研究，2013 (6)：116 -118.

[16] 秦梦迪，李京生．德国慕尼黑大都市区小城镇就业空间关系研究 [J]．国际城市规划，2018 (33)：27 -35.

[17] 姜大源．当代世界职业教育发展趋势研究 [M]．北京：电子工业出版社，2012.

[18] 邱璐轶，丁镭．特色小镇与职业教育协同创新实践 [J]．职业技术教育，2018 (6)：54 -57.

[19] 秦诗立．特色小镇建设须着力特与色 [J]．浙江经济，2015 (12)：39 -40.

[20] 盛世豪，张伟明．特色小镇，一种产业空间组织形式 [J]．浙江社会科学，2016 (3)：36 -38.

[21] 沈陆娟．高职教育与区域产业结构的互动研究 [J]．职教论坛，2010 (27)：11 -15.

[22] 刘永泉，李萍．特色小镇与高职院校协同培养创新创业人才模式研究 [J]．农村经济与科技，2019 (4)：282 -285.

[23] 童晶．以生态圈理念构建产业功能区的路径选择 [J]．生态建设，2019 (5)：52 -56.

[24] 胡清．重构生态圈加速甪直模具特色小镇产业升级的策略研究 [J]．轻工科技，2019 (4)：52 -56.

[25] 杨水根．产业链、产业集群与产业集群竞争力内在机理探讨 [J]．改革与战略，2011 (3)：153 -156.

[26] 唐智彬，杨乐．改进职业院校学生技能抽查制度的思考 [J]．中国高教研究，2015 (9)：102 -105.

[27] 朱文晶．信息经济空间集聚影响因素与经济增长——基于浙江省面板数据的经验分析 [J]．经济经纬，2017 (6)：13 -18.

[28] 杨勐．大学生创客小微创业的浙江实践——以浙江“特色小

镇”为例［J］. 中国青年研究，2016（4）：14－21.

［29］刘天元. 回得去的故乡：“新县城青年”择业行为与偏好的再认识［J］. 中国青年研究，2019（2）：106－112.

［30］程启月. 评测指标权重确定的结构熵权法［J］. 系统工程理论与实践，2010（7）：25－28.

［31］沈翔. 杭州都市圈发展报告——信息经济与智慧城市发展（2016版）［M］. 北京：社会科学文献出版社，2016.

［32］杭州市人民政府. 杭州市国民经济和社会发展第十三个五年规划纲要［A］. 杭州市人民政府官网.

［33］白小虎. 特色小镇与生产力空间布局［J］. 中共浙江省委党校学报，2016（5）：21－27.

［34］徐梦周，王祖强. 创新生态系统视角下特色小镇的培育策略［J］. 中共浙江省委党校学报，2011（9）：33－38.

［35］李强. 特色小镇是浙江创新发展的战略选择［J］. 中国经贸导刊，2016（3）：10－12.

［36］霍伟，李超，王梦然. 浙江省创新创业驱动的特色小镇规划思考——结合特色小镇调研总结［J］. 中国名城，2017（2）：16－21.

［37］沈映春，闫佳琪. 京津冀都市圈产业结构与城镇空间模式协同状况研究——基于区位熵灰色关联度和城镇空间引力模型［J］. 产业经济评论，2015（6）：23－34.

［38］庞庆华，李铭珍，李涵，等. 长江经济带金融集聚、区域创新与生态效率的空间耦合协调发展研究［J］. 工业技术经济，2019（2）：68－76.

［39］赵晶. 区域发展战略视角下的职业教育空间布局优化研究［J］. 职教论坛，2016（12）：11－14.

［40］闵学勤. 精准治理视角下的特色小镇及其创建路径［J］. 同济大学学报，2016（10）：55－60.

［41］许海峰. 刍议区域高校对东阳木雕非物质文化遗产的保护与传承——以浙江广厦建设职业技术学院为例［J］. 前沿，2014（3）：234－327.

［42］邱璐轶，丁镭. 特色小镇与职业教育协同创新实践——以浙江

省为例 [J]. 职业技术教育, 2018 (18): 54 -57.

[43] 张岚. 木雕专业技能教学学业评价研究——以浙江广厦建设职业技术学院木雕制作与设计专业为例 [J]. 太原城市职业技术学院学报, 2013 (1): 56 -57.

[44] 朱伯伦. "大城小镇" 协同发展影响因素与路径——基于浙江特色小镇建设的实证研究 [J]. 学术论坛, 2018 (1): 116 -121.

[45] 宋东林, 侯青. 硅谷是大学城与高技术产业区的融合体 [J]. 科学管理研究, 2013 (4): 115 -112.

[46] 卢一. 临平新城: 凝聚时尚共识, 致敬美好来, https: //zj. zjol. com. cn/news. html? id =764380.

[47] 方维慰. 信息产业空间集聚的机理分析 [J]. 南京理工大学学报 (社会科学版), 2007 (5): 5 -7.

[48] 伍慧琳. 农业供给侧改革下高职院校培育乡村工匠研究 [J]. 农村经济, 2018 (2): 117 -121.

[49] 程洁. 乡村振兴战略下高职院校培育乡村工匠的路径与保障 [J]. 中国职业技术教育, 2019 (3): 75 -79.

[50] 吴越, 宋思远. 杭州城西科创大走廊 "互联网 +" 新兴产业园区空间形态对比研究——以阿里巴巴西溪园区、海创园首期与梦想小镇为例 [J]. 建筑与文化, 2018 (10): 83 -85.

[51] 张勇, 蒲勇健, 陈立泰. 城镇化与服务业集聚——基于系统耦合互动的观点 [J]. 中国工业经济, 2013 (6): 57 -69.

[52] 程中华. 产业集聚对区域创新影响的空间计量分析 [J]. 华东经济管理, 2015 (11): 59 -87.

[53] 闵学勤. 精准治理视角下的特色小镇及其创建路径 [J]. 同济大学学报, 2016 (10): 55 -60.

[54] 孔德议, 陈佑成. 乡村振兴战略下农村产业融合、人力资本与农民增收——以浙江为例 [J]. 中国农业资源与区划, 2019 (10): 22 -24.

[55] 赵宵伟, 姚永玲. 城市服务业动态外部性及其空间效应 [J]. 经济经纬, 2012 (1): 101 -107.

[56] 华忆迪. 宁波市城镇化与健康城市耦合协调关系测度 [J]. 当代经济, 2018 (4): 50 -55.

[57] 徐可明．汽车学院与汽车城的互动关系——汽车城里的大学办学实践 [J]. 课程教育研究，2018 (44)：234 - 235.

[58] 王春红．传统手工艺技能类非物质文化遗产在高职院校深入传承研究——以浙江工贸职业技术学院“一木三瓯”为例 [J]. 科技视界，2016 (4)：62 - 64.

[59] 郑叶慧，李珂靓，余婷，华忆迪．乡村振兴背景下传统乡村工匠的现代转型与培养探究 [J]. 当代经济，2019 (8)：119 - 124.

[60] Gerald A. C. , Satyajit C. . Urban Density and the Rate of Invention [J]. Journal of Urban Economics, 2007, 61 (3): 380 - 411.

[61] Willemen L. , Hein L. , Martinus E. F. , et al. . Space for People, Plants, And Livestock, Quantifying Interactions among Multiple Landscape Functions in a Dutch Rural Region [J]. Ecological Indicators Landscape Assessment for Sustainable Planning, 2010, 10 (1): 62 - 73.

[62] Cloke P. . An Index of Rurality for England and Wales [J]. Regional Studies, 1977, 11 (1): 31 - 46.

[63] Storper M. , Venables A. J. . Face - to - Face Contact and the Urban Economy [J]. Journal of Economic Geography, 2004 (4): 351 - 370.

后　记

2007 年我从英国学成归来，满怀热情地投入家乡的职业教育工作中。作为一名职教领域的老师，我始终围绕区域经济发展，主动服务地方产业，多渠道开拓区域实践教学资源。这十余年里，我带领学生参加各类大学生志愿者活动和社会实践活动，积极辅导学生参与大学生挑战杯竞赛、大学生创业创新竞赛、大学生电子商务竞赛，为中小企业培养和输送了一大批优秀人才。

在课堂里，我喜欢采用开放式、互动式的教学模式，调动学生的积极性和主动性，让他们学在其中，乐在其中；在生活中，我会经常鼓励学生，帮助学生正视困难，在迷茫困惑之时为他们指明方向。担任专业教师和班主任十余年，我和学生们结下了深厚的情谊，于学生们而言，我不仅仅是他们的老师，更是他们生活中值得信任的朋友。

2014 年，在一次与大三毕业生的座谈中，我发现很多学生对于未来就业区域和就业空间的选择发生了一些新的变化。高职院校很多学生并非来自大城市，更多是来自浙江省内的一些小县城和小乡镇，这些学生对于毕业后是否继续留在大城市工作存在着一些不同的看法。有一部分学生表示毕业后依然倾向于留在大城市工作，他们愿意承受大城市快节奏、高压力的职场生活，也愿意支付高昂的生活成本，他们希望在大城市的竞争中收获成就；但也有一部分学生表示不愿意留在大城市工作，他们倾向于回到自己的家乡，回到具有一定产业优势的小县城或乡镇工作，可以有时间陪伴在父母周围，也可以用自己的所学建设家乡。

回办公室后，我一直在思考，浙江民营经济发达、小城镇资源丰富，是中国县域经济最发达的地区之一。其实我们高职院校的学生并非一定要跟研究型大学的毕业生一起“挤”到大城市的写字楼里，我们可以将重心放在小城镇和新农村，部分职业院校的学生毕业后可以柔性回流乡村，在广阔的小城镇和新农村实现青春价值。实施乡村振兴战略是全面建设社会主义现代化国家的重大任务，作为教师，我明白“人才”是乡村振兴战略实施的关键。在过去的五年时间里，我多次走访了浙江省内多个特色小镇和新农村，我发现随着高效的网络体系和完善的交通设施建设，“农村电商”“休闲旅游”“文化创意”等非农产业进入乡村小镇已经成为常态，新产品、新模式、新业态也在乡村小镇建设中生根发芽，特色小镇逐渐成为年轻人择业的主要目的地之一。同时，我还利用寒暑假走访了美国、加拿大、澳大利亚、德国、瑞士、日本等国家的特色小镇，学习了这些发达国家小城镇建设的经验。在进行了充分的前期调研后，我带领专业老师和学生团队开展了一系列特色小镇与职业教育协同创新的活动：包括“特色小镇海报展”“特色小镇产品推介会”“特色小镇案例竞赛”“小镇优秀毕业专访”“小镇电商精准扶贫”“小镇体育赛事志愿者”，这些活动为职业院校的青年人才服务小城镇、服务新农村搭建了很好的平台，让青年大学生有机会走进小镇、了解小镇，主动将知识、技能转化为振兴乡村的青春力量，为乡村的全面振兴提供智力支持。

2017 年，我正式带领专业老师和学生团队组建了“特色小镇行动小组”，行动小组历时近 3 年多时间，对浙江近 30 个特色小镇和 20 余所职业院校开展深入的调研和访谈。通过“专镇专访”“专校专访”“专人专访”“专题专访”，研究职业教育与特色小镇如何在人才培养、社会服务、产业互动中实现协同创新。在走访和调研程中，研究团队开展了一系列职业教育与特色小镇发展的专题访问，包括“特色小镇优秀毕业生专访”“特色小镇创业创新项目专访”“特色小镇农村特派员专访”……通过专题调研，我们引导学生团队根据自己的专业特长，为小镇发展贡献力量，同时，也提炼了若干典型案例，运用到“第二课堂”和大学生创业创新活动中。

我们相信，在不久的将来，特色小镇将通过集聚人才、科技等高端要素，构建特色产业生态圈，使都市圈的网络体系更为紧密；特色小镇也将通过优化区域产业生态系统，成为青年人才就业和创业的新空间。我所工作的宁波职业技术学院在 2019 年底成功入选全国“双高”——中国特色高水平高职学校和专业建设计划。作为宁波市唯一上榜的高职院校，我为我们学校骄傲，同时我也很荣幸能在宁波职业技术学院和这么多优秀的同事和学生一起学习，一起工作，一起进步。未来，我们将继续不断努力，为宁波、为浙江、为中国培养更多优秀的人才。我们也将继续致力于特色小镇的研究，多渠道培育优秀毕业生和青年人才到小城镇发展，为区域经济发展贡献一分力量。

邱璐轶

2019 年 12 月